井冈山笔记
解码红色基因

李宜航 著

羊城晚报出版社
·广州·

图书在版编目（CIP）数据

井冈山笔记　解码红色基因 / 李宜航著. —广州：羊城晚报出版社，2016.9

ISBN 978-7-5543-0363-4

Ⅰ. ①井… Ⅱ. ①李… Ⅲ. ①井冈山精神—学习参考资料 Ⅳ. ①D648.4

中国版本图书馆CIP数据核字（2016）第222265号

井冈山笔记　解码红色基因

Jinggangshan Biji　Jiema Hongse Jiyin

策划编辑　谭健强
责任编辑　谭健强　王志娟
摄　　影　杨春蕾　肖文初　管建军
责任技编　张广生
装帧设计　友间文化
责任校对　胡艺超
出版发行　羊城晚报出版社
（广州市天河区黄埔大道中309号羊城创意产业园3-13B　邮编：510665）
发行部电话：（020）87133824
出 版 人　吴　江
经　　销　广东新华发行集团股份有限公司
印　　刷　广州市岭美彩印有限公司
（广州市荔湾区花地大道南海南工商贸易区A幢　邮政编码：510385）
规　　格　787毫米×1092毫米　1/16　印张25.75　字数360千
版　　次　2016年9月第1版　2016年9月第1次印刷
书　　号　ISBN 978-7-5543-0363-4/D·74
定　　价　88.00元

井冈山
天下第一山

目录

1.1 红军故乡，革命摇篮

2016-5-7　上午　阴

车子穿行在竹海。

这是井冈山——红军故乡，革命摇篮。

初夏，一场小雨落下来，青碧已漫天彻地。竹子最识时节，此时正可着劲儿地勃发，勃发……细细的叶，直直的竿，疏疏的节，无不透着股精气神。远望，近观，皆目酣神醉。

这美景，不由得让我想起一百年前——1916年6月毛泽东从长沙回韶山途中所写：弥望青碧，池水清涟，田苗秀蔚，日隐烟斜之际，清露下洒，暖气上蒸，岚采舒发，云霞掩映，极目遐迩，有如画图。虽地域不同，景色有异，然其趣相近，意兴盎然。

转山梁，过拐角，天忽然放晴，映入一片红。

到了——中国井冈山干部学院。

中国井冈山干部学院（简称“中井院”）坐落在井冈山茨坪镇西北角，两峰夹峙，绿竹环绕，中有挹翠湖碧波荡漾。学院占地面积268亩，建筑面积6万平方米，是国家级培训基地、中央直属事业单位。中央确定其功能定位为“进行革命传统教育和基本国情教育的基地、激发广大党员干部永葆革命青春的‘加油站’、提高领导干部素质和本领的熔炉、开展国际培训交流合作的窗口”。学院由中组部直接管理，中央政治局委员、中组部部长赵乐际兼任院长。

我是来学院参加“第4期年轻干部党性教育专题研修班”的。本期学

员由中组部选调，共66名（实到64名），分别来自各省（自治区、直辖市）、新疆生产建设兵团的厅局级干部，中央和国家机关各部委、各人民团体的司局级干部，中管金融企业和中管企业中层以上管理人员，中管高校领导班子成员。

进东门，入1号楼大厅，报到。肖文初老师款曲周至，告知了一应注意事项。末了，一句：你是第4组组长。

哦，有点意外——我资浅齿少，颇似毛泽东当年批评的“墙上芦苇，头重脚轻根底浅；山间竹笋，嘴尖皮厚腹中空”。不知是否因为我去年参加过中国延安干部学院年轻干部班培训的缘故？如是，当更加如履薄冰，我一直告诫自己要抱着新学员的态度来学习，断不可有“倚老卖老”、“是事可可”之意态。正如我在微信朋友圈所言：“山中何所有，岭上多白云。精神溯源，‘须刚与恒，不刚则隋隳，不恒则退’……”

打开B410宿舍，温馨如家。桌上，欢迎信、学员笔记、学员手册、学员水杯，贝联珠贯；书柜，领袖文选、经典名著、红色读本，齐整如一；

床头，闹钟、鞋擦、蚊香，无一不备……斯是陋室，何陋之有！

11:30，午饭。自助餐，都是最普通的饭菜，汪志军、陈凯、张剑和我围坐一桌。嘿，这第一顿饭居然就吃到了传说中的“红米饭、南瓜汤”。我习惯了北方面食，极少吃米饭，这次斗胆来了一碗红米饭——这是红军在井冈山坚持斗争时期的主食，因米皮呈酱红色而得名，现在已几经改良。细品，嗯，清香，可口，有嚼劲！南瓜汤，则金黄金黄，甜而不腻，有滋有味！粟裕曾回忆井冈山时期说：“吃得也很苦，每天的伙食除粮食外，油盐菜金五个铜板，基本上餐餐吃红米、南瓜。南瓜吃了涨肚子，不好受。战士们风趣地编了一首歌谣：‘红米饭，南瓜汤，秋茄子，味好香，餐餐吃得精打光。’”想想，当年真是充满了革命乐观主义，红米饭里出政治、南瓜汤中有精神啊。

饭桌上，望着“年轻干部班”的牌子，大家相视一笑。是啊，也不太年轻了，全班平均年龄46岁，有的已华发早生，有的已大腹便便，比如在下。好在，大作家塞缪尔·厄尔曼的《青春》可以自慰：青春不是年华，而是心境；青春不是桃面、丹唇、柔膝，而是深沉的意志、恢宏的想象、炽热的情感；青春是生命的深泉在涌流。复又想起大学同学周巍前几天发的一条微信：一路奔跑的青春年华，让我懂得隐忍了但激情未减，思虑周全了但勇气未减，拥有越来越好的自己，是对青春最好的礼赞！周同学，我可以理解为这是信仰之光吗？

有信仰，才会有力量。习总书记曾五次提及一篇文章《信仰的味道》——

1920年的春夜，浙江义乌分水塘村一间久未修葺的柴屋。两张长凳架起一块木板，既是床铺，又是书桌。桌前，有一个人在奋笔疾书。

母亲在屋外喊：“红糖够不够，要不要我再给你添些？”儿子应声答道：“够甜，够甜的了！”谁知，当母亲进来收拾碗筷时，却发现儿子的嘴里满是墨汁，红糖却一点儿也没动。原来，儿子竟然是蘸着墨汁吃掉粽子的！

他叫陈望道，他翻译的册子叫《共产党宣言》。

墨汁为什么那样甜？原来，信仰也是有味道的，甚至比红糖更甜。正因为这种无以言喻的精神之甘、信仰之甜，无数的革命先辈，才情愿吃百般苦、甘心受千般难。

……

筑牢信仰之基，补足精神之钙，这就是我上井冈、再读年轻干部班的全部动因。基于此——

我信奉："为山者基于一篑之土，以成千丈之峭；凿井者起于三寸之坎，以就万仞之深"。

我期待："无论年届花甲，抑或二八芳龄，心中皆有生命之欢乐，奇迹之诱惑，孩童般天真，久盛不衰"。

我愿意：探寻红色基因，抚摸灵魂高度，传承理想薪火……

1.2 《百战归来认此身》

2016-5-7　晚　雨

中午过后，雨就瓢泼而下。

哪里是像雾又像风？简直是滂沱，简直是倾盆，简直是蛮烟瘴雨，像是要下到地老天荒。不知道，历史上井冈山的雨是否也这般模样？

与雨声对抗，放音乐，李健的《月光》——

哦　月光洒在每个人心上
让回家的路有方向
哦　离开太久的故乡和老去的爹娘

哦　迎着月色散落的光芒
把古老的歌谣轻声唱
哦　无论走到任何的地方都别忘了故乡

是什么力量让我们坚强
是什么离去让我们悲伤
是什么付出让我们坦荡
是什么结束让我们成长
……

喜欢李健的歌，质朴、干净、温暖，没有撕心裂肺，只有浅吟低唱。也喜欢他的那篇鸡汤文：《你在阅读上花的每一秒钟，都不会白费》。

边听歌，边捧读陶铸夫人曾志的回忆录《百战归来认此身》。该书生动地描绘了在特殊年代里，一个女革命者如何面对生与死的考验，如何经受血与火的洗礼，一步步成长……

关于朱毛井冈山伟大会师，她这样描述那个历史时刻：一九二八年五月四日，在砻市南边的一个大草坪上，召开了朱毛井冈山胜利会师大会。会议由陈毅主持，他庄严宣布：全体部队改编为中国工农革命军第四军，朱德任军长，毛泽东任党代表，陈毅任政治部主任。

关于井冈山艰苦岁月，她罗缕纪存：井冈山的田地很少，有几个田洞，最大的也只有几十亩，因此当地粮食奇缺。我们上山时虽带了些粮食，但男女老少上千人，一两天后便断粮了。当时正值初春四月，井冈山遍地是竹子，且正是长竹笋的季节，山上的竹笋已长得差不多人那么高了。为了充饥，我们只好把竹笋砍下来，剁成一块块的，放在一口大锅里煮，也没放盐。有的竹笋纤维已经很长很硬，咬也咬不动，吃得多进得少，吞下去的只是一些水和渣子，肚子还是饿的。

关于游击战术，她笔酣墨饱：有一次，毛委员到我们团里开会，给连营以上干部讲解“敌进我退，敌退我追，敌疲我打，敌驻我扰”的游击战术“十六字诀”。他讲得绘声绘色，从实际到意义，再从意义到实际。我们到会的同志聆听了毛委员的讲话后，个个深受启示，信心百倍。

……

“最纯洁的信仰是对于高尚理想的信仰；他是超越个人的祸福观念的。生前的利害不足萦其心，生后的赏罚也不在其念”。不知道借用这段话来概括曾志的一生是否妥当，但我确信，曾志，担得起“有信仰”这三个字。

晚饭，见到广东来的几个熟人——霍敏、王垂林、刘小毅，相谈甚欢。其中，王垂林和我同班，霍敏、刘小毅在厅局班。只是豪雨未歇，饭后散步的约定泡了汤。

夜幕低垂，虫鸣落满双肩，竹语径袭一室，多么美好的时光啊。还是夜读吧。毛泽东讲，“不要割断历史。不单是懂得希腊就行了，还要懂得中国；不但要懂得外国革命史，还要懂得中国革命史；不但要懂得中国的今天，还要懂得中国的昨天与前天”。于是，取《陈毅军事文选》学习。书中有两处，历历如绘：

一是四军之来历。陈毅向中央报告说，四军未成立以前的来源：四军由三种力量组成，一为朱德率领之叶、贺残部，一为由毛泽东率领之卢德铭团（张发奎之警卫团）及湘东农军，一为湘南郴、耒、永、宜、资五县

农军。

二是红军之英勇。陈毅写道：（一九二八年四月至七月）赣军三次进攻皆被击溃，敌军团长阵亡，师长杨如轩、杨池生受伤。尤以六月二十三日龙源口一战，敌以两倍于我之兵力被我击溃为最有名。当时边界群众有两句联语道："不费红军三分力，打败江西两只羊。"最能表示群众的欢迎。

读书，我倒真乐于像一个更夫，从凉风习习的破晓一直深入到渊渊穆穆的寂夜。

2.1 牺牲带

2016-5-8 上午 雨

一条红色的识别带，鲜艳而凝重。

它有一个响亮的名字：牺牲带。

我们每人领了一条，小心翼翼系上，恭恭敬敬整理，“外出学习都要戴上，形影不离”。

牺牲带，有双重含义。一是当年为了区别于反革命的军队，红军战士就在领口上系一条红带子，或是在袖子上绑一条红布条。二是红军战士表明决心，不怕牺牲，愿那春风都入梦，愿那胜利在路上……据何长工回忆，“当时在打仗之前，战士们互相之间只有两句话：一句话是，告诉我的老母亲，她的儿子是在什么时候、什么地方牺牲的；另一句话是，胜利之后，记得帮我在烈士的纪念册上登一个名字。”因此，每当战斗结束，只要看见那根鲜红色的小布条或红带子，大家就可以识别出牺牲了的革命战士。

这牺牲带，是无数红军战士用生命和鲜血染成的。见之动容，戴之感心，不由得想起当年遂川县苏维埃《共产主义者须知》所载：“（共产主义者）不畏难、不怕死、不爱钱，为主义而牺牲。”

8:05，班长于海田从常务副院长梅黎明手中接过院旗，用力挥动……扛着院旗，我们去井冈山革命烈士陵园上第一课。

烈士陵园就在学院旁边，几分钟就到了。此时，仿佛天从人愿，忽然

大雨如注……想必也是在祭奠英灵吧。

撑着伞，静静地，站在风雨中，我们听欧阳慧老师现场讲授——学习革命先烈为理想信念无私奉献的崇高品质。

井冈山牺牲了48000名烈士，但是有名有姓镌刻在革命烈士陵园黑色大理石上的只有15700多名，3万多名革命烈士是无名的。他们为信仰而献身、为理想而殉道、为祖国而赴死，却连一个名字都没有留下，何其壮烈！

在红军队伍中，有一批知识分子。他们，有的是曾经的黄埔军校学员，如朱云卿，有的是毕业于名校的大学生，如何挺颖，有的是毅然归国的留学生，如何长工……据考证，仅参加过井冈山斗争的黄埔军校生就有41名。以何长工为例，他是一个典型的知识分子，出过洋，留过学，当过教书先生，担任过团防局团总。当时，有不少外国人认为红军是“一群无组织、没文化的土匪”。1930年7月红军攻入长沙后，何长工专门召集驻长沙各国领事等300多名外国人开会，用流利的法语、英语宣传红军保护外国人生命财产的政策，要他们通知本国兵舰迅速撤离湘江，要求国际红十字

会支援药品器械，语惊四座，满室寂然。参会的外国人对何长工的学识大为叹服，一改先前的错误认识。西班牙驻长沙领事馆报道："红军根本不是无组织的散匪，而是有文化、有教养、有礼貌的正规军队。"

当然，红军队伍中，更多的是出身贫苦的农民。他们苦到了极点，穿的是单衣，睡的是稻草，洗伤口有时只能用白开水，做手术甚至要用锯木头的锯子。但他们英勇无畏，如同毛泽东1925年所填写的"本人信仰共产主义，主张无产阶级的社会革命"一样，随时准备为了信仰牺牲一切。如杨得志，家里一贫如洗，母亲生下14个孩子，仅活下3人。他8岁随父亲学打铁，11岁帮人放牛，14岁到安源煤矿光着脚挑煤，16岁到衡阳修公路……

这支队伍，主要是青年人组成的：卢德铭，秋收起义总指挥，牺牲时22岁；朱云卿，黄洋界保卫战指挥官，牺牲时24岁；王展程，二十八团参谋长，牺牲时27岁；张子清，红十一师师长，牺牲时29岁；伍中豪，红十二军军长，牺牲时也只有25岁。一排排烈士纪念碑上，其实都镌刻着两个血色大字——青春。

这支队伍，还云集了一批女战士：伍若兰，朱德的夫人；曾志，陶铸的夫人；吴仲莲，原最高人民法院院长江华的夫人；段子英，二十八团参谋长王展程的夫人。她们，都是十五六岁或十七八岁，就怀着理想来到了井冈山。曾志就回忆道："生活是艰苦的，但却很少能听到有人叫苦发牢骚。是革命的意志和热情，激励着每个人坚持斗争，战胜困难，苦中作乐"。

……

两名武警抬着花圈，拾阶而上，来到纪念大厅。

列横队，面对鲜红的党旗，面对革命先烈，我们庄严宣誓：坚定执着追理想，实事求是闯新路，艰苦奋斗攻难关，依靠群众得胜利。

敬献花圈，默哀一分钟，三鞠躬……哀乐低回，哀思无尽。

井冈山革命烈士陵园，坐落在茨萍北山上，占地400余亩，园名由参加过井冈山斗争的老红军宋任穷题写。在烈士事迹陈列室、忠魂堂、纪念碑、雕塑园、碑林，我们都细细地看，静静地听，悄悄地想。

我在想：毛泽东为何痛哭王尔琢？王尔琢，1924年考入黄埔军校第一期，同年秋加入中国共产党。1928年1月，参加领导湘南起义，任工农革命军第1师参谋长；4月，朱毛井冈会师后，王尔琢任中国工农红军第4军参谋长兼第28团团长，协助毛泽东朱德指挥五斗江、草市坳和龙源口等战斗，为保卫和发展井冈山革命根据地作出了重大贡献。1928年8月25日英勇牺牲，年仅25岁。毛泽东挥泪撰联：一哭尔琢，二哭尔琢，尔琢今已矣，留却重任谁承受？生为阶级，死为阶级，阶级后如何？得到胜利方始休！从这副对联，我深切体味到了毛泽东的痛。

我在想：朱老总为何一生酷爱兰花？伍若兰，朱德的妻子。1929年1月，她重伤被俘，受严刑折磨，仍威武不屈。她正告敌人："要想从我嘴里得到你们所需要的东西，除非日头从西方出，赣江水倒流！"1929年2月12日，她被敌人杀害，头颅挂在赣州城门示众。解放后，朱老总重上井冈山，临下山时，什么也不要，只带走了一盆井冈兰……1961年3月3日，朱老总在广州游览越秀公园时赋诗曰：越秀公园花木林，百花齐放各争春。唯有兰花香正好，一时名贵五羊城。从这首诗里，我读出了朱老总的情。

我在想：习近平为何提出接受红色基因教育？今年春节前夕，雪花飞舞中，习近平一大早前往井冈山革命烈士陵园，向革命烈士敬献花篮。他沿着109级台阶拾级而上。在开国元勋、牺牲烈士照片墙和烈士英名录前，习近平认真听取讲解。他说，多来这里看看很有必要，要让广大党员干部知道现在的幸福生活来之不易，多接受红色基因教育。从他的叮咛中，我读出了传承的分量。

我在想：那一团火焰，何以成燎原之势？那一把钢枪，何以夺取全国政权？那一根扁担，何以挑起共和国的重担？

我在想……

2.2 开班式

2016-5-8　雨

开班式，春风化雨。

上午9:50，全班起立，唱国歌。井冈山，是“中国革命的摇篮”、“中华人民共和国的奠基石”。在这片红色的土地上唱国歌，一样的歌词，别样的感动……有人说，人类被赋予了一种工作，那就是精神的成长。我想，若此，国歌一定是那最丰醇、最不可或缺的“营养剂”。

常务副院长梅黎明讲话，言约旨远——

为什么要到井冈山学习？因为它是神圣的山！在这里，创办了我党历史上第一个农村革命根据地，开辟了“农村包围城市，武装夺取政权”的革命道路，培育了伟大的井冈山精神。就在今年春节前夕，习近平总书记第三次登上井冈山时，曾深情寄语“行程万里，不忘初心，井冈山精神要

世代传下去”。总书记还将井冈山精神新的内涵概括成了四句话：坚定执着追理想，实事求是闯新路，艰苦奋斗攻难关，依靠群众得胜利。人们向往、爱戴井冈山，来这里朝圣，寻找精神家园，坚定理想信念，可以说，对它的景仰从未停止过。

来井冈山学习什么？传承红色基因。创办中国井冈山干部学院是党中央的决定，年轻干部班是中组部重点选调的班次，是学院学制最长的班次。大家来之后一定会思考：我们来学习什么？习总书记今年来井冈山时给出了最好的答案：井冈山是革命的山、战斗的山，也是英雄的山、光荣的山，每次来缅怀革命先烈，思想都受到洗礼，心灵都产生触动。回想过去那段峥嵘岁月，我们要向革命先烈表示崇高的敬意，我们永远怀念他们、牢记他们，传承好他们的红色基因。“要让广大党员干部知道现在的幸福生活来之不易，多接受红色基因教育”。

在井冈山怎么学习？结合现实学习党史。有人说，一个不懂自己出生前的历史的人，永远是个孩子。头脑中有党史，工作上有镜鉴，认识上有提高，才能发现规律、把握规律——中国共产党由小到大、由弱变强的规律。要多去看看原著，多去体验当年的艰辛竭蹶，多在精神上“补钙”，不断增强政治意识、大局意识、核心意识、看齐意识，在对历史的深入思考中做好现实工作、更好走向未来。

学习要达到什么目的？增强宗旨意识。在井冈山斗争时期，人民选择了我们，我们也选择了人民，我们和人民形成了血肉联系。当危难来临，老百姓宁愿把自己的儿子交出去，也要保护好红军战士。所以，毛泽东说，“红军的打仗，不是单纯地为了打仗而打仗，而是为了宣传群众、组织群众、武装群众，并帮助群众建设革命政权才去打仗的，离了对群众的宣传、组织、武装和建设革命政权等项目标，就是失去了打仗的意义，也就是失去了红军存在的意义”，“真正的铜墙铁壁是什么？是群众，是千百万真心实意地拥护革命的群众”。要在感悟历史中砥砺品格，增强“全心全意为人民服务”的宗旨意识。

说得真好！高尔基曾经讲：我们的青年是一种正在不断成长，不断上升的力量，他们的使命，是根据历史的逻辑来创造新的生活方式和生活条件。从这个意义上说，梅黎明常务副院长已经用极高远的识见、极质朴的话语、极缜密的逻辑，为我们破了题、指了路。

10:30，主持开班式的匡胜副院长宣布：全体起立，奏国际歌！

……

“关于生命，关于信仰，我们知之甚少”，这是电影中的经典台词，也是现实中不少人的真实写照。信仰，不是与生俱来的，需要在奋进中淬火，在考验中锤炼，在学习中坚定。来井冈山学习，无疑是找到了这“初心”之源、立身之本、强体之魂……一定要敬时爱日，笃学不倦啊。

2.3 班会

2016-5-8　上午　雨

班会进行中。

想到华罗庚先生说过的一句话：搞科学、做学问，要“不空不松，从严以终”。

严点好。严是爱，松是害，老话儿常常是真理。

班主任朱荣兰主持班会，先介绍了带班“五人组”——带班领导：副院长匡胜；组织员：培训部副主任朱荣兰；联络员：培训部肖文初；评估员：教务部肖小华、唐海英。

班主任言简意赅：本班主要是深入学习贯彻习近平总书记系列重要讲话精神，坚持“四个全面”战略布局和“五大发展理念”，依托井冈山及周边地区丰富的教学资源，围绕“加强党性修养、坚定理想信念、保持优良作风”主题，重点开展党章、党的宗旨、党规党纪、党的优良传统、党风廉政建设等学习培训。教学内容分为四个单元：第一单元，坚定信念，增强党性；第二单元，牢记宗旨，为民服务；第三单元，严明纪律，为政清廉；第四单元，实践锤炼，健康成长。

班主任提醒：中组部将进行教学评估，你们要默写入党誓词，每人还要撰写2000字左右的学习小结。

“请注意纪律要求”，班主任说，外出教学实行准军事化管理，每次外出必须整队，学员需提前5分钟到达指定集合地点。现场教学时，必须撑院旗，必须佩戴识别带。

“严格遵守考勤制度”，班主任说，教学时不准无故迟到、早退。原则上不请假，如有特殊情况，需按学院规定办理请假手续。累计请假超过总学时七分之一的，按退学处理。上课时间不会客，22:30以前须回到宿舍。

当年在井冈山挑过粮的“朱老总”常常讲：“人同机器一样，经常运动才能不生锈”。学院在体育锻炼方面早有考虑，班主任特别讲到：学院院内有总长5公里的登山游步道，安装了路灯，可以散步锻炼。山上天热时有时有蛇，一定要注意安全。

对于传说中的“重走朱毛红军挑粮小道”，班主任也提前打了招呼：小道位于井冈山西北面黄洋界下，原名五里横排。路是羊肠小道，很难走。当年的朱德军长年过四十，坚持亲自挑粮，留下“朱德的扁担”的美谈。在朱毛的带领下，红军靠肩挑背驮，硬是把30多万斤粮食运上了井冈山。我们也要走，而且要扛上米袋、枪。但大家要根据身体情况量力而行，切不可勉强走完全程。

班委和各组组长也向大家作了自我介绍。班委由六人组成：班长于海田，副班长周泽光，生活委员华敬锋，学习委员张西立，文体委员张俊英，宣传委员王海。六个小组组长分别为：一组组长田胜伟，二组组长王凌宇，三组组长高琦，四组组长李宜航，五组组长马奎，六组组长刘开树。我很诚恳地表示：希望向大家学习，愿意为大家服务。别拿组长不当干部呀——不是开玩笑，真心觉得为别人做点小事，是幸福的。

好像是傅雷说过吧：一个人对人民的服务不一定要站在大会上讲演或是做什么惊天动地的大事业，随时随地、点点滴滴地把自己知道的、想到的告诉人家，无形中就是替国家播种、施肥、垦殖。

请让我来施点肥！这不，立马建起小组微信群，以方便沟通交流。征求大家意见后，将小组定名为“红四军”，第四期第四组，而且“红四军”当年正是雄姿英发、战功卓著、威名赫赫啊。当然，也有传承的想法在里面，去年在延安学习时，我所在的组就是叫“红四军”，今年继续呗，而且是到了红四军的“根”——井冈山呀。

2.4 特殊的入党誓词

2016-5-8　下午　阴

再厚重的历史，也是细节闪光。

这是一份特殊的入党誓词——“牺牲个人，言（严）首（守）秘蜜（密），阶级斗争，努力革命，伏（服）从党其（纪），永不叛党”。

写在一块布上，24个字中有5个别字。

它出自共产党员贺页朵之手。贺页朵是江西永新县才丰乡北田村的一个贫苦农民，1927年投身革命。在井冈山革命斗争时期，他以榨油为掩护，为红军搜集情报，还参加过红军攻打永新的战斗。1931年1月25日，他秘密加入了中国共产党。入党仪式是在他工作的榨油坊举行的，昏暗的油灯下，他在一块红布上一笔一画写下了入党誓词，并在布片顶端写下了“CCP”（中国共产党的英文缩写）3个英文字母。红布的左右两边画着两个不规则的五角星，星内画有镰刀与斧头，两个五角星的五个角内各写

C.C.P.

犧牲個人
言首紀室
階級鬥爭
努力革命
伏從党其
永不叛党

着“中国共产党”字样。他识字不多，在短短的入党誓词里就出现了5个别字，但这不仅丝毫无损于他的形象，反而愈发折射出其灵魂深处的忠诚。

1934年，贺页朵在一次伏击战中负了重伤。红军长征后，他留下来坚持斗争，后来与党组织失去了联系。在以后的漫长岁月里，他冒死将写有入党誓词的布条用油纸包好，藏在榨油坊的屋檐下，整整保存了18年。直到1951年，中央派慰问团到南方老革命根据地慰问时，他才将这份珍贵的入党誓词亲手交给慰问团负责人。据说，这是现存的最早的中国共产党的入党誓词，弥足珍贵。

这是第一声“中国共产党万岁”——我们党在井冈山斗争时期力量那么弱小、条件那么艰苦，仍然关心民瘼，努力帮助根据地群众解决生产生活问题。毛泽东率领部队到达井冈山后，提出的最响亮的口号就是“打土豪、分田地”。1928年，井冈山地区进行土地革命，老百姓分到了祖祖辈辈梦寐以求的土地，他们第一次发自肺腑地喊出了“中国共产党万岁”。1928年12月，颁布实施了我党历史上第一部土地法——《井冈山土地法》，规定“土地税由县苏维埃政府征收”、“以人口为标准，男女老幼平均分配”……土地革命解决了农民的根本问题，极大地调动了他们革命和生产的热情。稍后的一首苏区儿歌，大概也唱出了井冈山时

期同样的喜悦："好弟弟，好哥哥，大家一起来唱歌。唱的是什么歌，唱的分田歌。先前无米煮，今日有米多。"

这是更原始的"三项纪律六项注意"——1927年秋，毛泽东在带领秋收起义部队上井冈山的途中说：在井冈山建立革命根据地，一定要与当地群众搞好关系，如果没有群众的支持，根据地是建立不起来的。后来就逐步颁布了"三项纪律六项注意"——三项纪律：一、行动听指挥，二、不拿工人农民一点东西，三、打土豪要归公；六项注意：一、上门板，二、捆铺草，三、说话和气，四、买卖公平，五、借东西要还，六、损坏东西要赔。其中，上门板、捆铺草两条直接来自群众诉求。当时有群众反映，红军在当地驻扎后，在归还群众的门板时由于没有记号，经常搞错，东家的还到了西家；铺完的稻草四散一地，群众还得收拾。毛泽东知道后便明确加上了"上门板、捆铺草"的要求。多么尊重群众的感受，多么维护群众的利益啊。

这是更早的"堵枪眼"——1928年6月23日，红军班长马义夫在七溪岭战斗中惊人一跃，用自己的身体挡住了敌人的枪口，为战友铺平了胜利的道路……那路上，一定传唱着那首励志歌谣吧："碰到敌人莫害怕，勇敢拼杀不让他。断头只当风吹帽，负伤如挂大红花。" 而马义夫，这个人如其名、舍生取义的壮士，目前留下的也仅有一个名字，其具体籍贯、出生年月已无从查考，真的是"只解沙场为国死，何须马革裹尸还"。

当这些细节，在井冈山革命博物馆一一呈现的时候，我们都被深深打动了。

井冈山革命博物馆，是中国第一个地方性革命史类博物馆，主要是井冈山革命斗争历史陈列展览。占地面积1.782公顷，总建筑面积20030平方米，其中展厅面积8436平方米，馆藏文物3万余件，珍贵文献资料和历史图片2万余份。

下午在馆里参观的时候，我还被这里的"井冈名言录"给深深震撼了：

国民党就象一口大水缸，我们呢，就象块小石头。只要我们团结一心，依靠千千万万的工农群众，我们这块小石头就总有一天要打破那口大水缸。——毛泽东

革命不要怕吃苦，不要怕流血，不要怕牺牲。哪怕只剩下一个人，也要举着红旗干到底。——彭德怀

共产党人从来不怕死，为人民解放而死最光荣。若要我低头，除非日头从西边出，赣江水倒流。——伍若兰

生是共产党的人，死是共产党的鬼。——刘真

打土豪好比砍大树，砍倒了大树就有柴烧，打了土豪就有饭吃，有衣穿。——毛泽东

中国革命现在失败了，现在也是黑暗的，但是黑暗同样遮不住光明。只要能保持实力，革命就有办法，革命就能成功。——朱德

我们大家要经得起失败的考验，只有经过失败考验的英雄，才是真正的英雄。我们要做失败时的英雄。——陈毅

大家都是娘生的，敌人有两只脚，我们也有两只脚。贺龙同志两把菜刀起家，现在当军长，我们有两营人，还怕干不起来吗？没有挫折和失败就不会有成功！——毛泽东

我们要与群众有盐同咸，无盐同淡。——朱德

有什么枪打什么仗，对什么敌人打什么仗，在什么时间地点打什么时间地点的仗。——朱德

要以理服人，不能以力服人。口服不如心服，只有心服了，才能自觉遵守纪律。——罗荣桓

我天天跑路，钱也没有用，衣也没有穿，但是精神非常的愉快，较之从前过优美生活的时代好多了。因为是自由的，绝不受任何人的压迫。——陈毅安

王次淳前几天还在挑大粪，现在当了大家的县长，但是革命光靠县长一个人不行，还要靠大家同心协力一起来做。——毛泽东

……

这样的“寻章摘句”，第一次觉得理直气壮。

回望，大厅里那一盏大油灯；回望，毛泽东那八个大字“星星之火，可以燎原”……我在想：闪光的固然是细节，伟大的一定是历史本身——细节是外在，内核还是真实的革命。

2.5 井冈歌谣

2016-5-8 下午 雨

从不掩饰对革命歌谣的喜爱。当它们在我耳边骤然响起，甚至只是歌词径入眼帘的一刻，“我对最幸福的国王也不羡慕”。

它，是醒着的诗，是裸露的情感，是奔跑的灵魂……总之，它简单、直接、真实，富有力量，旋律优美，素有“嘴巴上的标语，口头上的传单”之美誉。

下午，在井冈山革命博物馆，我一口气记录了二十一首井冈歌谣。

费提斯不是说“音乐不只是表达的艺术，它还是能引起激动的艺术”吗？那么，你听，那飞扬着喜悦的井冈歌谣：

——一九二七那一年，三湾来了毛司令；带来工农革命军，红旗飘飘闹革命。

——千恩万谢毛委员，工农革命掌政权；穷人翻身做主人，革命到底心不变。

——过新年，过新年，今年不比往常年，共产党军来到了，土豪劣绅哭涟涟。过新年，过新年，今年不比往常年，共产党军来到了，你分谷子我分田。过新年，过新年，你拿斧子我拿镰，要打倒肖家璧，要活捉罗普权。过新年，过新年，你拿斧子我拿镰，高举红旗开大会，打了土豪分了田。

——当兵不要当白军，白军给人指背心；当兵就要当红军，哥当红军妹光荣。

——红旗飘飘五角星，共产党来哩有田分；打倒土豪和劣绅，劳苦大众乐盈盈。

——红军纪律真严明，行动听命令；爱护老百姓，到处受欢迎；遇事问群众，买卖讲公平；群众的利益，不损半毫分。

——红军弟兄真威风，一颗红星戴当中；大家来走红军路，红色旗帜满天红。

普罗科菲耶夫不是讲“音乐歌颂人们的生活，引导人们走向光明的未来”吗？那么，你听，那奔腾着乐观的井冈歌谣：

——秋收暴动毛泽东，闹得湘东满地红；井冈山上朱毛合，创建四军建奇功。

——红军打仗为工农，铲除一切寄生虫；铁锤砸烂旧世界，镰刀割断穷苦藤。

——碰到敌人莫害怕，勇敢拼杀不让他；断头只当风吹帽，负伤如挂大红花。

——此番回去要革命，拖枪再来当红军；革命胜利有时转，劳苦群众欢迎你。

——田里豆子开红花，红军来到笑哈哈；土豪劣绅都打倒，山林土地回老家。

——红米饭，南瓜汤，秋茄子，味好香，餐餐吃得精打光。干稻草来软又黄，金丝被儿盖身上，不怕北风和大雪，暖暖和和入梦乡。

马可不是直言“民间音乐是在人民的斗争生活中产生的，人们歌唱着它、演奏着它总是有感而发，所表现的感情是真挚的、质朴的”吗？那么，你听，那涌动着豪情的井冈歌谣：

——赤卫队员打游击，配合红军勇杀敌。一心跟着共产党，坚决革命最积极。

——韭菜开花一杆心，剪掉髻子当红军；保护红军万万岁，妇女解放真开心。

——红军来到掌政权，春光日子在眼前；穷人最先得好处，人人都有土和田。

——朱德挑粮上坳，粮食绝对可靠；大家齐心协力，粉碎敌人“会剿”。

——树大不怕狂风吹，堤高不怕大水冲；工农有了共产党，坚决革命没二心。

——一月里来梅花香，四军威武出井冈；红旗飘扬高举起，白匪土豪大恐慌。

——松柴烤火千里香，穷人骨头坚如钢；死了要埋井冈山，活着就跟共产党。

——要吃辣椒不怕辣，要当红军不怕杀。茅草过火不断根，春风一吹万万千。

……

这些歌谣来自乡野民间，没有那么讲究，甚至从技巧上讲还不及格。在我看来，这丝毫不影响它们的光芒与不朽——“真正创作音乐的是人民，作曲家只不过把它们编成曲子而已”。歌为心声，歌以咏志，以歌唱史，足矣!

翻阅《苏区革命歌谣》一书，意外知道了两个细节：一是井冈山革命歌谣的来历。井冈山时期革命歌谣的唱响与“彭家将”有密切的关联。湘南暴动后上井冈山的湘南农军宜章营以迎春乡碕石村的青年男女为骨干，“彭家将”正是对这群红军战士的雅称，共有100多人。这批人中有不少在湖南衡阳第三师范读过书，文武兼备，能歌善舞。他们是一个大家族，上井冈山后编入二十九团二营七连。其中有五对夫妻，彭琦与吴仲廉、彭儒与陈正人、彭堃与龚楚、彭谦与朱舍我、彭睽与杨佩兰，有两对兄弟、兄妹，彭琦与彭儒、彭晒与彭希。以“彭家将”女将为主成立了宣传队，她们会唱能唱喜欢唱。1928年4月，朱毛在宁冈龙市会师，彭儒在庆祝大会上又唱又跳，表演了一曲“葡萄仙子舞”，此歌很快就在根据地传开了。后来，《打败江西两只“羊”》、《红米饭南瓜汤》、《空山计》等歌谣，都是“彭家将”编唱的。二是《红米饭南瓜汤》的原始版本。这首歌的原始版本是这样的：“红米饭、南瓜汤、紫茄子、喷喷香，餐餐吃得精打光”；“天当房，地做床，娶个月亮进洞房。不怕北风和雪霜”；“干稻草，软又黄，金丝被盖身上，暖暖和和睡得香”。后来，文艺工作者把它改编成《毛委员和我们在一起》，也就成了今天人们听到的版本。

“天当房，地做床，娶个月亮进洞房”，这样富有诗意、充满浪漫、浸透乐观的歌词，是坐在书斋里能写出来的吗？

必须来源于火热的生活！正如毛泽东所指出的：革命的文艺，则是人民生活在革命作家头脑中的反映的产物。人民生活中本来存在着文学艺术原料的矿藏，这是自然形态的东西，是粗糙的东西，但也是最生动、最丰富、最基本的东西；在这点上说，它们使一切文学艺术相形见绌，它们是一切文学艺术的取之不尽、用之不竭的唯一的源泉。

历史如此幽深，却又如此鲜明地尽在眼前。来吧！年轻的朋友们都来井冈山，听听革命歌谣吧，在红色记忆里寻觅，在文化家园中守望，在历史风雨中行走……

2.6 茨坪革命旧址群

2016-5-8 下午 阴

唤醒沉睡的记忆，没有比“到历史的发生地”更好的方式。

下午的第二站，我们到了茨坪东南的一片土黄色建筑——井冈山斗争中后期党政军的最高指挥中心、如今的茨坪革命旧址群。毛泽东旧居、朱德旧居、红四军军部旧址、湘赣边界前敌委员会、湘赣边界工农兵政府、军官教导队队部旧址、军械处旧址、工农兵政府公卖处旧址……中国革命历史就是在这样一个偏僻的所在被彻底改写。那段历史的影像，随着讲解员的讲述、实物的展示，鲜活起来，生动起来。

那是一株“映山红”的礼赞。电影《闪闪的红星》里的潘冬子，其人

物原型就是井冈山上的一名女青年，叫聂槐妆。她是湖南酃县（今炎陵县）人，1927年嫁到了茅坪苍边村，一年多后参加革命。当时，红军在深山老林里，最缺盐，有50多个伤员急需盐水清洗伤口。她将两斤盐用水化开浸在夹衣里，晾干后穿在身上，外面罩一件蓝布扣衫，挎上一个放有薯片、杨梅干的竹篮，成功通过了敌人的两道哨卡，把盐衣送到了红军手里。她用这个办法一连送了四次，第五次时被敌人识破了。敌人对她严刑拷打，逼她带路去找红军。她始终闭口不语，最后壮烈牺牲，年仅20岁，被当地人形象地称为“最美的映山红”。

那是一颗红枣的启示。当年在对待工商业和中小商人的政策上，我们党内有两种态度。一种是湘南特委，主张对工商业和中小商人采取剥夺一切的政策，认为“只有剥夺工商业者使他成为无产者，才能迫使他们由无产者变成革命者”，这条“左”倾路线是导致湘南暴动失败的主要原因之一；而以毛泽东为首的边界党则坚持实事求是的态度，采取了“保护工商业和中小商人”、“对他们一颗红枣都不能动”的政策，使井冈山的经济得以恢复和发展。后来，毛泽东总结说：“政策和策略是党的生命，各级领导同志务必充分注意，万万不可粗心大意。”

那是一条小道的传奇。当时，领导带头、官兵一致，没任何人搞特殊化。以挑粮为例，朱毛年龄较大、职务最高，战士们都劝他们不要去挑粮。但毛泽东带头背粮食，大约背了40斤。一般的战士走那条小道，只能挑30斤粮食，朱德挑了40斤，比一般的战士还多了10斤。“上之所为，人之所瞻”，战士们深受鼓舞。“雄关如铁旌旗壮，小径挑粮领袖忙。五里横排遗槲树，千秋蔽芾胜甘棠”，这首诗就很好地描述了当年的挑粮情形。

欲知大道，必先为史。在这里，肖小明老师还现场讲授了“学习彭德怀顾全大局的宽阔胸襟”——

为什么要在茨坪革命旧址群讲彭德怀？主要有三个原因：其一，彭德怀伴随毛泽东走过了风风雨雨近半个世纪，是朱毛这个团队中的核心成员之一；其二，彭德怀1929年1月奉命留守井冈山，他说服了不愿意守山的红五军官兵，使红五军统一了守山的思想，顾全大局，肩负起了坚守井冈山的重任；其三，茨坪是井冈山革命斗争后期的指挥中心，彭德怀在这里指挥过红五军守山战斗，这里有彭德怀同志的旧居，有历史的见证与痕迹。

彭德怀，一个铁骨铮铮的共产党人。1928年，他在中国革命处于低潮时毅然领导发动了平江起义，与毛泽东、朱德等老一辈无产阶级革命家共同缔造了人民共和国的军队。平江起义后不久，彭德怀怀着理想与追求，率领红五军两个纵队800多人向井冈山进发。在修水、铜鼓一带，部队遭遇敌军围追堵截，最多的时候一天要打七八仗，部队损失惨重。但彭德怀没有退缩，他仍然满怀信心地激励部队说：“革命就不要怕吃苦，不要怕流血，不要怕牺牲，就是剩下我一个人，也要举着红旗翻山越岭干到底！”正是靠这种坚定的理想和信念，他历经艰险、转战千里，终于在1928年12月10日，把部队带上了井冈山，与朱毛红军会师。

这年的冬天，井冈山的天气极其寒冷，连续下了40多天雪。红军困难到了极点，粮食、食盐、药品、冬衣奇缺，绝大部分战士仅穿两件单衣。加上敌军封锁，红军无法到远地游击，经济相当困难。更为严重的是，1929年初，湘赣两省敌军调集了6个旅、18个团约3万兵力分五路对井冈山革命根据地进行第三次“会剿”。面对如此危急的形势，派部队留守，势必分散红四军主力；全部撤离，党历经艰辛创建的井冈山革命根据地势必落入敌手。是守是撤？这成为摆在毛泽东、朱德等人面前的难题。要坚守，谁来担负坚守的重任？1929年1月4日，毛泽东在宁冈柏露召开会议，经过讨论，果断决定采取“围魏救赵”的策略：朱、毛率领红四军主力转战赣南，将进攻井冈山的湘敌调回湖南，待机在运动中歼敌。由彭德怀、滕代远率领的红五军和王佐率领的红四军第32团留守井冈山。

这个决定，在红五军的干部战士中，引起了不同反响。多数人不同意留守井冈山，认为敌我力量悬殊，加上井冈山给养困难，红五军人地生疏，守山任务难以完成。再说，红五军这次上井冈山的任务是与红四军取得联络，学习建党、建军和建政经验的。现在任务完成了，应当回到湘鄂赣边界去传达党的六大精神，开辟新的根据地，坚守井冈山的重任应该由红四军担任。

彭德怀十分清楚：红军与敌人的兵力相比是1∶18，此时留守井冈山，是一条充满艰难险阻，甚至要付出生命的路。但彭德怀所想的并不是个人的安危，也不是红五军的去留，而是涉及整个井冈山革命根据地生死存亡的大局。他毅然执行组织的决定，并且准备作必要的牺牲。可以说，他此时把生的希望留给了别人，把死的可能留给了自己。他以坚强的党性力排众议，对红五军官兵进行了艰苦细致耐心的思想工作，反复说明坚守井冈山的重要性，并号召红五军与井冈山共存亡，使红五军终于统一了思想，勇敢地挑起了保卫井冈山的重担。

1929年1月26日，黑云压城，大雪纷飞。湘赣两省敌军对井冈山革命根据地发动了大举围攻。彭德怀马不停蹄地往返五大哨口之间，指挥红军顽强地战斗了三天三夜，终因敌我力量悬殊，寡不敌众，湖南敌军在攻破黄洋界和八面山两个哨口后，直扑大小五井。同时，江西敌军也攻破了桐木岭哨口，正直扑茨坪。为了保存革命力量，彭德怀等根据党在柏露会议上的决定，果断选择了突围。他把所剩部队带到了荆竹山，战士们解下腿上的绑带，走的是猎人和野兽爬行的悬崖峭壁，几经辗转，九死一生，终于在1929年4月1日与红四军在瑞金胜利会师。

毛泽东在瑞金召开红四军前委会议。会上，彭德怀汇报了守卫井冈山战斗和突围的情况。毛泽东说："晓得这么危险，当初不应该把你们留下来。"彭德怀听后感到十分内疚，当即主动要求打回井冈山。4月11日，毛泽东在于都召开前委扩大会议，同意彭德怀打回井冈山的请求。4月14日，彭德怀带领部队离开于都，于5月初回到井冈山。此时的茨坪和大小五井，到处是残墙断壁。老百姓说：敌军见物就抢，见房就烧，见人就杀，而且

每隔三五天就轮番上山烧杀一次，残忍地杀害了茨坪的110余人，屠杀了正在小井红军医院的130多名病员，大小五井120多户人家被杀绝了69户。大井被反复烧了9次，小井被烧13次，茨坪被烧七昼夜，2/3的房屋被烧毁。从下庄到荆竹山50多里路内，所有民房一齐化为灰烬。彭德怀一边安慰乡亲们，鼓励他们生产自救，一边发给乡亲们每人一块银圆。许多红军战士也纷纷将自己的衣服、毛巾送给井冈山的亲人们。此后，彭德怀很快与边界各县的红军和地方党组织取得联系，重建地方武装，恢复了井冈山革命根据地。

1930年9月，红一方面军二打长沙失利撤围转移时，彭德怀率领红三军团向赣西开进。此时，蒋介石调动了10万部队开始对我中央苏区实行第一次“围剿”。10月25日，毛泽东和总前委在新余罗坊会议上作出了“诱敌深入”、东渡赣江的战略决策。三军团中有的同志持反对意见，主张“夹江而阵”，三军团不到赣江东岸去，与一军团分兵行动。彭德怀从反“围剿”的大局出发，认为“夹江而阵”的主张是错误的，在团以上干部会议上明确表示服从总前委的决定，有不同意见到赣江东岸去讨论。他与中央代表周以栗一起耐心说服反对过江的同志，率红三军团东渡赣江，从而维护了总前委的决策，为第一次反“围剿”的胜利创造了条件。

从平江起义到上井冈山，从守卫井冈山到回师恢复井冈山革命根据地，从中央苏区反“围剿”到二万五千里长征，从延安保卫战到解放大西北，从抗美援朝到庐山会议，他一如既往以宽阔的胸襟恪守顾全大局的原则，即使在蒙冤的逆境中也仍然以大局为重，以党的利益为重，始终把党和人民的利益摆在第一位。在六年挂甲、八年的铁窗生涯中，他作为一个共产党人，仍然能够响铮铮地喊出三句话：我彭德怀永远不叛党，永远不反毛主席，永远不自杀。生命弥留之际，他说：我现在是什么都没有了，只剩下自己这个身体，我死了以后身体也要献给国家，为医疗事业作一点贡献，这算是我彭德怀一生为党和人民做的最后一件事。

历史是公正的。为人民而生、为人民而死的彭老总永远活在我们心中。1982年3月18日《人民日报》刊登了杨尚昆同志的《读彭德怀自述》一文，其中写道：“他对敌的雷霆之威，对党的赤子之忱，政治上的松柏之节，生活上的冰雪之操和作风上的朴实无华，使我们永远敬重他怀念他，他的伟大风范将长留于天地间。” “山高路远坑深，大军纵横驰奔。谁敢横刀立马，唯我彭大将军！”——毛泽东为个人写的诗很少，而这首写给彭德怀的六言诗，既是彭德怀英勇神武、戎马一生的真实写照，更是毛泽东对彭德怀顾全大局胸襟宽阔的高度概括。

……

此时的茨坪革命旧址群，游人如织，杨梅已开始挂果，杜鹃花虽然盛花期已过，也还有零星开放……多么幸福的生活场景啊！饮水思源，这场景，让我想起了某个纪录片中的一段话：一个人如果没有理想和对理想的追求，就算心在跳，也不过是一块麻木的肉；一个共产党人，如果没有信仰和对信仰的虔诚，就算血在流，也不过是一腔红色的水。对于那些曾经背叛信仰的人，一个也不能宽恕，这不是出于对他们的恨，而是出于对那些为信仰而献身的人的爱。信仰是生命的粮食，有信仰的人是幸福的！

是的，有信仰的人，无论是在人生的春天还是命运的冬季，都是幸福的！

3.1 井冈山斗争与井冈山精神

2016-5-9 上午 阴

“我想问问在座的诸位，假如你是秋收起义部队的一员，到达三湾小村时部队只剩下700多人，革命处于最低潮，你是不是坚信革命一定能成功？”

陈胜华教授这一“三湾之问”，令我一惊。

假如是我？假如是我？假如是我？

坐在第一排的正中间，避无可避。我不由自主地埋下头，不敢正视老师，也不敢瞄一眼同学的反应。

必须得承认，这一问，问得好——我们的理想信念是不是足够坚定？我们需要这样的“诘问”，甚至应该经常这样扪心自问。

……

陈胜华教授是在讲授《井冈山斗争与井冈山精神》时，发出这“三湾之问”的。

陈胜华教授蜚英腾茂，著述甚丰。他显然早已将授课内容内化于心，不仅语速极快，而且逻辑性强，感染力足。他的讲课包括六个部分——

一、井冈山革命根据地的基本概况

（一）区域范围

井冈山革命根据地地处江西、湖南两省之交的罗霄山脉中段，红色区域主体包括六县一山：江西的宁冈县（现与井冈山市合并）、永新县、莲花县、遂川县及井冈山市，湖南的酃县（今炎陵县）、茶陵县，鼎盛时期面积达7200平方公里，人口50余万。

（二）井冈山军事根据地

井冈山革命根据地核心区域是井冈山军事根据地。1928年11月25日，毛泽东在以中共井冈山前委名义向中央写的报告（即后来收入《毛泽东选集》第一卷的《井冈山的斗争》）中，把井冈山军事根据地界定为“五百里井冈”：四周从拿山起经龙源口（以上永新）、新城、茅坪、大陇（以上宁冈）、十都、水口、下村（以上酃县）、营盘圩、戴家埔、大汾、堆子前、黄坳、五斗江、车坳（以上遂川）到拿山，共计五百五十里。“五百里井冈”由此得名。

注意：井冈有大、中、小之分——大井冈是指7200平方公里的“井冈山革命根据地”，中井冈是指“五百里井冈”的“井冈山军事根据地”，小井冈则是指“五大哨口之内的地方”。

（三）创建井冈山革命根据地的代表人物

井冈山革命根据地的创建，是中国共产党人集体奋斗的结果。创建井冈山革命根据地的代表人物包括毛泽东、朱德、陈毅、彭德怀、滕代远等，但无论从理论上讲还是从实践上看，建树盖世之功者，当首推毛泽东。毛泽东是井冈山革命根据地最主要的创始人。

二、井冈山斗争的历史分期

井冈山斗争从1927年10月至1930年2月，历时两年零四个月，经历了创立、巩固、曲折发展和坚持斗争四个阶段。

（一）井冈山革命根据地的初创时期（1927年10月—1928年3月）

这一时期的核心内容：毛泽东引兵井冈，首创井冈山革命根据地。

（二）井冈山革命根据地的全盛时期（1928年4月—7月）

这一时期的核心内容：朱毛会师，井冈山革命根据地大发展。

（三）井冈山革命根据地的曲折发展（1928年8月—1928年12月）

这一时期的核心内容：同党内“左”倾错误作斗争，恢复和巩固井冈山革命根据地。

（四）井冈山革命根据地的后期斗争（1929年1月—1930年2月）

这一时期的核心内容：坚持边界武装斗争，开拓新的革命根据地。

三、毛泽东引兵井冈的历史过程

秋收起义→文家市退兵→芦溪折将→莲花“转向”→“三湾改编”→古城定策→大苍会见→茅坪安家→水口会师→大汾劫难→军至大井→进驻茨坪

应该说，毛泽东引兵井冈，既是历史的必然，也是偶然。

他选择在井冈山建立革命根据地是因为：

一是有利的地理位置。

二是党组织的领导。

三是良好的群众基础。

四是农民武装的存在。

五是丰富的物产资源。

四、井冈山斗争时期的历史经验

（一）建立了一支党领导下的新型人民军队

三湾改编，提出了党对军队绝对领导的原则，架构了党对军队绝对领导的组织体系。

制定了人民军队的“三大纪律、八项注意”。但“三大纪律、八项注意”也有一个形成发展的过程。比如，后来加进去了两条：7. 洗澡避女人；8. 大便找茅厕。

形成了红军游击战争战略战术原则的“十六字诀”：敌进我退，敌驻我扰，敌疲我打，敌退我追。

（二）加强党组织建设，永葆党的先进性和纯洁性

毛泽东从井冈山革命根据地实际出发，独树一帜，从组织上、思想上、作风上、制度上等方面开创了一条新的建党之路，成功地解决了在农村游击战争环境下党的发展与保持党的先进性和纯洁性问题，第一次提出了思想建党的原则，对马克思主义建党学说作出了巨大贡献。

（三）开始实施局部执政，积累了政权建设的经验

毛泽东领导边界军民打碎旧的国家机器，建立新的人民政权，开始实施局部执政，积累了丰富的政权建设经验，为中华苏维埃共和国和新中国的成立奠定了坚实的组织和干部队伍。

（四）开展土地革命，制定和颁布《井冈山土地法》

毛泽东在井冈山领导边界军民打土豪分田地，开展了轰轰烈烈的土地革命。在总结井冈山土地革命斗争经验的基础上，1928年12月，制定和颁布了中国共产党历史上第一个成文的土地法——《井冈山土地法》。

（五）毛泽东的理论创新——毛泽东思想的架构

毛泽东把井冈山斗争和中央苏区斗争的经验总结上升成为一种理论，从工农武装割据，到红色政权理论，到最终形成农村包围城市、武装夺取政权的中国特色道路——井冈山道路，标志着毛泽东思想的初步形成。

1980年8月，邓小平在会见意大利记者法拉奇时曾经说："没有毛主席，至少我们中国人民还要在黑暗中摸索更长的时间。毛主席最伟大的功绩是把马列主义的原理同中国革命的实际结合起来，指出了夺取中国革命胜利的道路"。

五、袁文才、王佐被错杀的原因及历史教训

井冈山斗争虽然只有两年零四个月，但在中国共产党的发展史上占有独特而又非常重要的地位。有成功的经验，但也有深刻的教训，其中，对井冈山革命根据地的创建作出特殊贡献的两位传奇式英雄人物袁文才、王佐被错杀，留给我们的教训极为深刻而惨痛。

（一）从聚众山林的绿林好汉成长为中共党员的袁文才

袁文才：中学生→马刀队首领→农民自卫军总指挥→中共党员→红军指挥员

（二）从绿林好汉到农民自卫军首领的王佐

王佐：裁缝→绿林好汉→农民自卫军副总指挥→中共党员→红军指挥员

1927年10月，毛泽东率领工农革命军到达井冈山，袁文才、王佐两人鼎力支持工农革命军在井冈山创建革命根据地，对井冈山革命根据地的创建作出了重大贡献。井冈山斗争过程中，在政权建设、军事斗争、土地革命等方面作出了巨大贡献。

（三）袁文才、王佐之死的原因与教训

1. 袁文才、王佐之死的原因与教训

（1）党内“左”倾错误政策的影响——是造成袁、王被错杀的根本原因。1928年7月10日的《苏维埃政权的组织问题决议案》指出：（对土匪）暴动前可以同他们联盟，暴动后则应解除其武装并消灭其领袖……他们的首领应当作反革命的首领看待，即令他们帮助暴动亦应如此，这类首领均应完全歼除。1928年5月4日《共产国际执行委员会东方书记处关于中共军事工作的训令》称：土匪队伍第一就须改组，改组时首要的无须注意军官成分的选择，因为大半的土匪领袖是真正的强盗，他们只是妨碍革命的事业。

（2）湘赣边界特委领导人对袁、王错误的政治定位——是袁、王被错杀的重要原因。1929年2月25日，湘赣边界特委书记杨克敏在《关于湘赣边苏区情况的综合报告》中说：“边界的土匪有两部，一为袁文才，一为王佐，历来盘踞井冈山，与各地的土豪劣绅作对，结下了很深的仇怨……但我们与他们的利益冲突，终久是要暴发的……所以夺取土匪的群众，加速急谋能解决土匪首领，应是边界刻不容缓的工作。” 1929年8月，湘赣边界特委书记邓乾元在《关于湘赣边界五月至八月工作对中央的报告》中再次提及土匪问题：土匪问题——对此问题，边界原有三策：第一是调开，此

为上策；第二是敷衍以图安，此为中策；第三是照六次全会指示解决，此为下策。上策能行固好，不能行则请问是否执行下策或另想办法?

（3）中央巡视员、红五军领导人偏听偏信。

（4）激烈的土（原住民）、客（主要是客家人）籍矛盾。

（5）袁文才、王佐自身的不足。

袁、王被错杀的导火线：罗克绍事件。罗克绍身任茶陵、宁冈等5县联防团团总，是红军的死对头。他有个30多人的兵工厂，能生产步枪、子弹、手榴弹。袁文才、王佐一直想把这个兵工厂缴获过来，为自己所用。1930年2月21日，罗克绍带着随身警卫20余人到茶陵县过夜，被袁、王活捉。为了让罗克绍交出兵工厂，二人对罗十分礼遇，等罗答应交出兵工厂即放了罗。边界特委书记朱昌偕得知这一情况，连夜召集会议研究对策。朱昌偕认为，虽然目前尚不清楚袁、王勾结罗克绍反水是真是假，但袁、王不请示特委擅自释放罗克绍已是不争的事实。再说，倘若袁、王反水是真，那后果就不堪设想了。为了革命不遭损失，应先下手为强，除掉袁、王。对于朱昌偕的意见，与会者均表赞同……1930年2月24日，袁文才、王佐双双被错杀于永新县城。

袁、王被错杀，后果十分严重。此后，袁、王的原部下也被错杀了不少人，又逃离和反水了不少，井冈山的革命力量遭受重创。陈正人说：“袁、王被杀，帮助了敌人，使国民党反动派本来做不到的事情，我们反而帮他们做了。也就是帮助国民党反动派夺去了我井冈山革命根据地，使我们苦心经营起来的井冈山长期被敌人占领，直到1949年江西全境获得解放时才得到解放。”

新中国成立后，袁文才、王佐分别被授予革命烈士称号。2016年2月，习近平总书记在茅坪慎德书院接见全国道德模范和革命烈士后代时说：袁文才、王佐为井冈山革命根据地的建立作出了贡献，我们要纪念他们。

2. 袁文才、王佐被错杀的教训

（1）必须肃清党内“左”倾错误的影响；

（2）必须正确区分和处理两类不同性质的矛盾；

（3）必须坚持调查研究，防止轻听轻信；

（4）必须切实提高领导干部处理问题的能力；

（5）必须加强领导干部的团结。

六、弘扬井冈山精神　坚定理想信念

井冈山斗争孕育了伟大的井冈山精神，中央几代主要领导都对井冈山精神有过深刻的论述。

1965年5月，毛泽东时隔38年后重上井冈山，强调指出："日子过好了，艰苦奋斗的精神不要丢了，井冈山的革命精神不要丢了。"

1972年11月，邓小平到井冈山参观考察时说："井冈山精神是宝贵的，应当发扬"，"井冈山精神丢不得"。

2016年2月，习近平在井冈山考察时再次强调：井冈山是中国革命的摇篮。井冈山时期留给我们最为宝贵的财富，就是跨越时空的井冈山精神。

（一）井冈山精神的内涵

1. 井冈山精神的灵魂是坚定执着追理想

2. 井冈山精神的精髓是实事求是闯新路

3. 井冈山精神的本质是艰苦奋斗攻难关

4. 井冈山精神的根本是依靠群众求胜利

（二）井冈山精神的时代价值

井冈山精神是以毛泽东为代表的老一辈无产阶级革命家，在探索中国特色革命道路时形成党性、作风、人生观、价值观、世界观与方法论的体现，是对井冈山革命根据地的历史解释和理论诠释，是具有原创意义的民族精神。井冈山精神在新的历史时期仍然具有重大的时代价值。

1. 坚持和发展中国特色社会主义，协调推进"四个全面"，依然需要坚定理想信念，坚守共产党人精神追求，始终做到心中有党，做政治的明白人。

2. 坚持和发展中国特色社会主义，协调推进“四个全面”，依然需要坚持实事求是的思想路线，拥有敢闯新路、勇于胜利的胆识、气度和理念，做发展的开路人。

3. 坚持和发展中国特色社会主义，协调推进“四个全面”，仍然需要依靠群众，执政为民，真心实意地为群众谋利益，加强与人民群众的血肉联系，始终做到心中有民，做群众的贴心人。

4. 坚持和发展中国特色社会主义，协调推进“四个全面”，依然需要艰苦奋斗、反腐倡廉，保持旺盛的革命精神，保持清正廉洁的政治本色，始终做到心中有戒。

5. 坚持和发展中国特色社会主义，协调推进“四个全面”，领导干部要加强纪律建设，做守纪律讲规矩的表率，始终做到心中有责，做实现中华民族伟大复兴中国梦的带头人。

陈胜华教授激情总结：井冈山是一团火，点燃了中国革命胜利的星星之火；井冈山是一面旗，树立了全国人民必胜的信心；井冈山是一条路，找到了适合中国国情的正确之路；井冈山是一本书，传承历史，启迪未来，开启梦想！

讲授过程中，陈胜华教授并没有回避袁、王被错杀的史实。因为提到井冈山，就不能不提到袁、王，这是虽然敏感但绝对绕不开的一个“结”，也是学员们迫切想了解的真相。讲述这一段，不是为了揭疮疤、宣秘事，而是为了让大家正视历史，明白中国革命从来就不是一帆风顺的，“党早期的一些错误代价是沉重的，后人一定要以史为鉴、以史为镜”，这也表明了我党的实事求是和充分自信。而我，听后第一反应是想起了王尔德在《道连·葛雷的画像》中所写：“凡是美好的事物，往往背后都有某种悲剧的成分。哪怕是一朵小小的花儿，也要熬过了阵痛才能开放。”

课堂上，陈胜华教授例举丰富，其中有三个给我印象极深。反复重温，也许有助于回答“三湾之问”——

关于人民群众支前的写照：“最后一碗米拿去当军粮，最后一尺布缝

在军装上，最后一个娃送去上战场，最后一床被盖在担架上”。

国民党原台湾卫戍司令黄杰剖析说：中共致胜之理由，在其能满足人民之急切需求……中共以土地改革号召农民，因所奋斗者乃求农民在经济上有所收获，故深得贫农拥戴，威信日高。

方志敏在《可爱的中国》中写道：假如我不能生存——死了，我流血的地方，或者我瘗骨的地方，或许会长出一朵可爱的花来，这朵花你们就看作是我的精诚的寄托吧！在微风的吹拂中，如果那朵花是上下点头，那就可视为我对于为中国民族解放奋斗的爱国志士们在致以热诚的敬礼；如果那朵花是左右摇摆，那就可视为我在提劲儿唱着革命之歌，鼓励战士们前进！

是的，方志敏给出了最好的答案：“敌人只能砍下我们的头颅，决不能动摇我们的信仰！因为我们信仰的主义，乃是宇宙的真理！为着共产主义牺牲，为着苏维埃流血，那是我们十分情愿的啊！”

3.2 分组研讨

2016-5-9　下午　阴

飞鸟携大片乌云，将天空征服。唯有室外竹林，貌似没看老天脸色，依然绿得透亮。

室内，也有点意外，第一次分组研讨就热气腾腾。

今天分组研讨的主题是：结合自身工作，谈谈学习习近平总书记系列重要讲话精神的体会。

原以为，学员之间还不熟悉，谈起来可能比较拘谨。没想到，大家平时积铢累寸，博物多识，一讨论起来立马才思各逞，完全无陌生感。华敬锋纵论全国治安，语挟风雷；杨春蕾评介资本市场，自出机杼；代永林畅言巡视体味，深中肯綮；吴万雄分析劳资关系，洞隐烛微……大家还不约

而同地谈到了网络安全和新闻舆论问题。

前不久，习总书记在党的新闻舆论工作座谈会上发表了重要讲话，提出了“高举旗帜、引领导向，围绕中心、服务大局，团结人民、鼓舞士气，成风化人、凝心聚力，澄清谬误、明辨是非，联接中外、沟通世界”48个字的新闻舆论工作职责使命，具有很强的政治性、思想性和指导性，是一篇马克思主义的纲领性文献，为做好新形势下新闻舆论工作提供了强大思想武器和根本遵循。我就此谈了自己的学习体会：

一、总书记用“四个牢牢”回答了“姓什么”的问题。牢牢坚持党性原则，牢牢坚持马克思主义新闻观，牢牢坚持正确舆论导向，牢牢坚持正面宣传为主，理直气壮——党和政府主办的媒体是党和政府的宣传阵地，必须姓党。没什么可商量的，没什么可犹豫的，没什么不敢讲的，必须姓党。羊城晚报，是广东省委主管主办的党报，当然姓党、首先姓党、根本姓党。

二、总书记用“四个角色”阐明了“怎么干”的问题。要做党的政策主张的传播者、时代风云的记录者、社会进步的推动者、公平正义的守望者，方向明确——符合这四个角色定位的，多干、大干、快干；不符合的，少干、别干、不干。

三、总书记用“两个统一”强调了“走得远”的问题。总书记讲：要坚持党性和人民性相统一，舆论监督和正面宣传是统一的。他明确指出：“党性和人民性从来都是一致的、统一的”，“从本质上说，坚持党性就是坚持人民性，坚持人民性就是坚持党性，党性寓于人民性之中，没有脱离人民性的党性，也没有脱离党性的人民性”。他强调要坚持以人民为中心的工作导向，不断解决好“为了谁、依靠谁、我是谁”这个根本问题。也就是说，对党性和人民性、舆论监督和正面宣传要全面、正确理解，不能偏面、孤立地去解读。只有这样，新闻舆论工作才能得民心，顺民意，走得更远。

……

研讨完，我们马上转入第二项教学安排：“拿山调查”课题选题。其实，学院昨晚专门为此召开了班委会，副院长匡胜亲自布置，希望能借此切实展示、提高学员调查研究的能力，形成高质量的调研报告。

我讲了具体安排。同学们个个摩拳擦掌，希望能尽早到井冈山拿山乡去，把脚真正踩在土地上，“进得了门、说得了话、摸得到情况、想得出办法”，交出一份好答卷。

剧透下，本组之所以信心百倍，除了大家各有所长的因素外，还因为“组有一宝”——中国劳动关系学院副院长吴万雄。大教授在，底气足！

期待早一点和井冈山的农民、田野、夏天说说话。

3.3 激情教学

2016-5-9 晚 雨

啊呀来，
要我唱歌那个难，
我心中想你就打寒颤，
喊我等你就等你，
不知不觉就等了几十年，
等了七十年没有见面，
不知道你在哪边。
啊呀来
啊呀来
啊呀来
……

这不是神曲，这是流传于江西省兴国县一带的民歌《啊呀来》；这也不是小说，这是发生在中央苏区的一个真实故事；这更不是著名歌手所唱，这出自一个最痴情的歌者——池煜华，一个从未走出过大山的老人！

池煜华，二十岁结婚。新婚的第三天，丈夫李才莲就参加红军长征了。从此，她每天都站在门口，面向丈夫出征的方向，痴痴地张望，痴痴地清唱——《啊呀来》，整整七十年从未间断。

太阳落了又升，花儿开了又败，她把青春唱成了白发，她把歌词化作了梦呓……可是她不知道，自己深爱着的丈夫，再也不可能回来了。长征途中，李才莲被叛徒杀害，年仅二十三岁。

池煜华每天梳头照的镜子，是结婚时丈夫为她买的唯一一件礼物。每次梳完头，她都深情地抚摸镜子……2006年初，她抱着锈迹斑斑的镜子，永远停止了歌唱。

一面镜子，一首歌，七十年的等待——看完这段录像，耳边莫名而又自然地响起这样的旋律：没有什么能够阻挡，他对理想的向往；没有什么能够阻挡，她对爱情的向往……心中那自由的世界，如此的清澈高远，盛开着永不凋零，蓝莲花……

今晚的教学，分为两个部分。第一部分，是观看三个音像片《理想信念高于天》、《党的纪律要牢记》、《苏区干部好作风》。这些音像片，是学院在采访大量老红军、老战士或其亲属的基础上摄制的，信而有证，一言一泪。

刘真从音像片中走来。1929年7月24日，永新县委书记刘真从南昌返回吉安途中不幸被捕。南昌卫戍区司令王钧亲自劝降，刘真严词拒绝：“我生是共产党的人，死是共产党的鬼，要杀便杀，绝不会与你等反革命为伍！”1929年8月底，敌人用一个大木笼屉将刘真残酷地活活蒸死，其时刘真年仅23岁。

周介甫从音像片中走来。1928年3月，在分田运动中，他把家里保存的土地契约全部拿出来当众烧毁，以示革命到底的决心。5月，他带领游击队员在新开村活动时，突遭敌人逮捕。当晚他写下遗书，托人交给母亲。信上说：“母亲大人，我这次牺牲了，这也是我个人的最后目的达到，您

老人家不要挂念啊！”并写上“为主义而牺牲，虽九死犹不悔”十二个大字。

《苏区干部好作风》的歌声从音像片中飘来。（哎呀来）苏区干部是好作风，自带干粮去办公。日穿草鞋分田地，夜打灯笼访贫农。（哎呀来）苏区干部是好作风，真心实意为群众……好作风的精髓，毛泽东简洁地概括为：关心群众生活，注意工作方法。在苏区，涌现出了“苏区第一个模范”傅连暲、“腰缠万贯的讨米人”刘启耀等先进典型。

党魂军魂，离不开严明的纪律。音像片中有这么一个故事：1927年10月下旬，毛主席率领秋收起义部队向井冈山进发。有一次战士们在行军途中饿了，就随手掰了农民地里的苞谷吃。毛泽东看到后，就从自己口袋里掏出了一块银圆，又让人找来一块木牌。他亲自在木牌上写：我们是工农革命军路过此地，因为行军饥饿，掰了你的苞谷，现放下一块银圆。写完以后，他把木牌插在田里，又把银圆放在木牌下。1933年12月15日，中央执行委员会第二十六号训令第一条，就规定“贪污公款在500元以上者，处以死刑”。

……

紧接着，是第二部分，激情教学——唱革命歌曲。

《团结就是力量》、《三大纪律八项注意》、《映山红》、《毛委员和我们在一起》、《十送红军》、《苏区干部好作风》、《走向复兴》……我们一口气唱了七首。

听，“五朵金花”（女生）唱的《映山红》多么深情：夜半三更哟盼天明，寒冬腊月哟盼春风，若要盼得哟红军来，岭上开遍哟映山红，若要盼得哟红军来，岭上开遍哟映山红，岭上开遍哟映山红，岭上开遍哟映山红……

听，“六十四人大合唱”多么雄壮：我们迎着初升的太阳，走在崭新的道路上。我们是优秀的中华儿女，谱写时代的新篇章。我们迎着风雨向前方，万众一心挽起臂膀，我们要把亲爱的祖国，变得更加美丽富强。前进，前进，向前进，挺起胸膛，何惧风浪；前进，前进，向前进，肩负民族的希望。

……

高唱革命歌曲，重温历史片段，热血沸腾。

雨果曾经写道，历史是什么：是过去传到将来的回声，是将来对过去的反映。从这个意义上说，历史不会睡去，时间永远醒着；世界不会睡去，历史始终醒着。

映山红

故事片《闪闪的红星》插曲

1=♭B 2/4

陆柱国 王愿坚 词
傅庚辰 曲

稍慢 向往、期待地

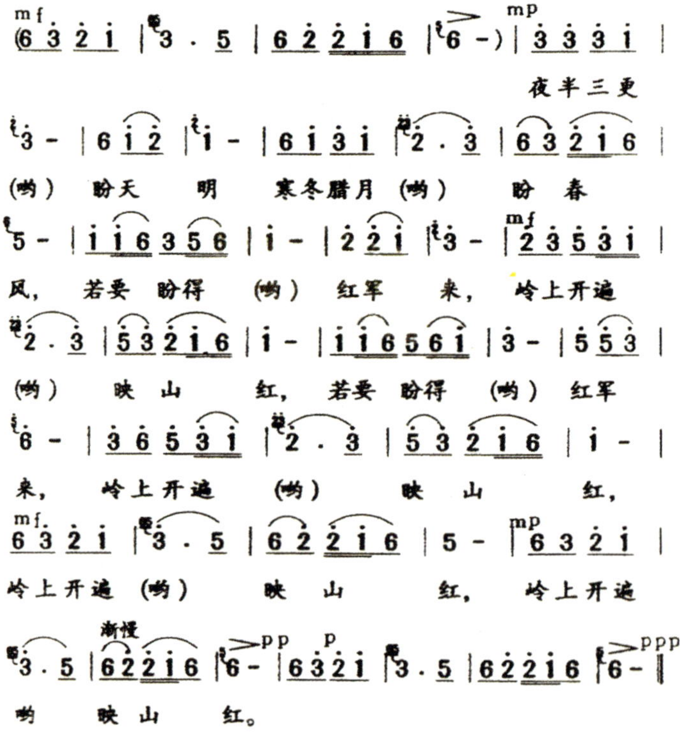

mf (6 3 2 1 | 3 . 5 | 6 2 2 1 6 | 6 -) | mp 3 3 3 1 |
夜半三更

3 - | 6 1 2 | 1 - | 6 1 3 1 | 2 . 3 | 6 3 2 1 6 |
(哟) 盼天明 寒冬腊月 (哟) 盼春

5 - | 1 1 6 3 5 6 | 1 - | 2 2 1 | 3 - | mf 2 3 5 3 1 |
风，若要盼得 (哟) 红军来，岭上开遍

2 . 3 | 5 3 2 1 6 | 1 - | 1 1 6 5 6 1 | 3 - | 5 5 3 |
(哟) 映山红，若要盼得 (哟) 红军

6 - | 3 6 5 3 1 | 2 . 3 | 5 3 2 1 6 | 1 - |
来，岭上开遍 (哟) 映山红，

mf 6 3 2 1 | 3 . 5 | 6 2 2 1 6 | 5 - | mp 6 3 2 1 |
岭上开遍 (哟) 映山红，岭上开遍

渐慢
3 . 5 | 6 2 2 1 6 | 6 - | pp p 6 3 2 1 | 3 . 5 | 6 2 2 1 6 | 6 - ‖ ppp
哟 映山红。

4.1 经济转型与结构性改革

2016-5-10　上午　晴

天，放晴了。

在多雨的井冈山，晴天丽日，真是难得啊。之前几天，大家忍不住打趣：风快过时光，雨快过时光……

我们也从风雨如晦、波澜壮阔的历史，暂时回到“机遇与挑战并存”的当下。

学院请来了有改革“智囊”之称的著名经济学家迟福林教授，来讲“‘十三五’：经济转型与结构性改革”。省部班、厅局班、年轻干部班，三个班一起上课。

迟福林教授是经过长途跋涉，辗转多地，于今天凌晨两点才赶到学院的。但他毫无倦意，出言有章，提纲挈领。

迟教授认为，“十三五”，我国经济转型的历史性特点十分突出：增长、转型、改革高度融合，以转型改革促发展是一个基本趋势；转型发展正处在关键时期，经济转型升级蕴藏着巨大的发展潜力与市场空间；经济转型面临诸多矛盾叠加、风险隐患增多的严峻挑战，转型需要“闯关”。抓住机遇、应对挑战，重在以结构性改革破解经济转型的结构性矛盾。

他的讲授分为三个部分：

一、“十三五”：经济转型升级大趋势

经济发展的活力在于结构变化和制度创新。“十三五”，我国经济转

型将呈现结构升级、内需潜力释放的趋势性变化，这是转型发展的突出优势与独特“资本”。

（一）产业结构变革正由工业主导向服务业主导转型

1. 向服务业主导转型的大趋势。第一，2000年以来，我国服务业发展迅速，服务业规模每五年翻一番。第二，服务业占比明显提高，从2001年的41.3%提高到2015年的50.5%，首次突破50%。第三，服务业成为拉动GDP增长的主导力量。2014年，第三产业对国内生产总值增长的拉动为3.5个百分点，比第二产业高出0.1个百分点。第四，服务业成为创业的主要领域。2015年，我国新登记注册服务业企业358万户，增长24.5%，占全部新登记企业总数的80.6%。第五，服务业成为吸纳就业的主要领域。2015年末，服务业就业人员占全部就业人员比重为42.4%。

2. 工业化后期服务业主导是一个规律。工业化后期，比工业、农业更高附加值的现代服务业发展是产业结构演进的大方向。在这个特定时期，服务业占比一般都在60%以上。

3. “十三五”服务业发展的预期目标。首先，“十三五”或者更长一段时间内，服务业占比年均提升1.2个百分点是有可能的。预计到2020年，服务业占比将由现在的50.5%提升到58%左右，有可能接近60%，由此将基本形成以服务业为主导的产业结构。其次，服务业有望保持8%～9%左右的增长速度，服务业规模到2020年时超过50万亿元人民币。再次，服务业结构明显优化，预计在国家创新战略驱动下，到2020年，我国生产性服务业占GDP比重将达到25%左右，这将成为我国制造业转型升级的巨大推动力。

4. 服务业发展的主要条件。一方面，新一轮科技革命和全球制造业变革的大趋势推动生产性服务业发展。目前，全球500强企业所涉及的51个行业中，有28个属于服务业，56%的企业在从事服务业。另一方面，居民消费结构的变化推动生活性服务业发展。当前，教育、医疗、健康、旅游等服务型消费需求将全面快速增长，成为产业结构变革和现代服务业发展的重要推动力。

（二）城镇化结构正由规模城镇化向人口城镇化转型

1. 城镇化仍处在快速发展的阶段。2014年，我国规模城镇化率达到54.7%，2015年提高到56.1%。从总体上看，城镇化水平还远落后于工业化进程。从实践看，工业化后期，常住人口城镇化率一般应达到65%左右。目前，我国常住人口城镇化率刚刚超过55%，仍有10个百分点的发展空间。

2. “十三五”基本形成户籍人口城镇化的新格局。无论是从城镇化与工业化相协调，还是从全面建设小康社会的现实需求看，“十三五”人口城镇化发展都应当达到以下两大目标：第一，常住人口城镇化率不低于60%。第二，户籍人口城镇化率将达到50%左右。

3. 人口城镇化历史条件发生深刻变化。20世纪50年代末期，我国实行了城乡二元户籍制度。工业化发展到今天，户籍制度产生的历史条件已经发生了根本性变化：第一，城乡一体化进程明显加快。第二，农民工的结构发生重要变化。第三，以居住证取代城乡二元户籍制度的历史条件已经形成。

（三）消费结构正由物质型消费为主向服务型消费为主转型

1. 消费结构变化的历史关节点。2008年以后，我国总体上进入一个以人的自身发展为重要目标的发展型新阶段。城乡居民的消费更多地用于人的自身发展上，这是社会发展阶段发生深刻变化的集中体现。

2. 消费结构正在快速升级。第一，从生存型消费向发展型消费升级。城镇居民的消费需求已由工业品为主向教育、医疗、健康、旅游等服务消费为主转变，农村居民的消费需求已由生活必需品向工业消费品为主转变。第二，从传统消费向新型消费的升级。人们对绿色消费、信息消费、便捷消费等新型消费的需求进一步提高。例如，过去10年城乡居民的信息消费规模以年均20%左右的速度增长。第三，从物质型消费向服务型消费的升级。2014年服务型消费支出比重达到45.32%的高位。

3. “十三五”消费结构升级的目标判断。“十三五”，我国城乡居民服务型消费将进入全面快速增长的新阶段，由此使消费对经济增长的贡献率将明显提升。

二、“十三五”：经济转型升级与经济增长潜力

“十三五”，一方面，我国经济增长将呈现“L”型；另一方面，新的增长动力开始出现，经济结构发生明显变化。总的来看，“十三五”将保持6%～7%的经济增长，平均增速有望达到6.5%。这不仅意味着我国将成功跨越中等收入陷阱，而且意味着我国对新阶段世界经济增长将带来稳定的贡献。

（一）转型增长的突出特点

1. 增长对转型的依赖性明显增强。“十三五”，经济转型蕴藏着巨大的经济增长潜力。实现经济转型的突破，不仅能缓解短期经济增长压力，而且将形成中长期可持续增长的重要基础。

2. 一个地区能否成功转型是决定这个地区经济增长的重要决定因素。

3. 经济转型升级将释放增长潜力。

（二）现代服务业发展对经济增长的主导作用

1. 服务业对经济增长的作用。第一，初步测算表明，到2020年，我国服务业增加值占GDP的比重将达到58%左右，服务业对经济增长的贡献率将从2014年的62.8%提高到72.5%～79.6%。第二，初步估计，“十三五”期间服务业每增加1个百分点，对经济增长的贡献率将提升0.49个百分点，由此可以带动3.8～4.3个百分点的经济增长。

2. 现代服务业对创新的影响。以区域创新为例：服务业每增加1个百分点，区域创新能力提高10.4个百分点；区域创新能力每增加1个百分点，服务业占GDP的比重将提高4.3个百分点。

3. 以现代服务业推动制造业转型升级。我国制造业做大做强的关键在于加快生产性服务业的发展，以生产性服务业引领制造业走向中高端。

4. 以服务业为主导的产业结构引领经济新常态。第一，形成6.5%左右的增长新常态。第二，形成新增就业不断扩大的新常态。第三，形成大

众创业、万众创新的新常态。第四，形成利益结构逐步优化的新常态。第五，形成绿色增长和绿色转型的新常态。

（三）消费对经济增长的拉动作用

1. 消费是拉动经济增长的重要驱动力。服务型消费的快速增长，使投资与消费在拉动经济增长中的地位作用发生历史性变化，消费在拉动经济增长中的“主角”地位逐步确立。2015年，最终消费对GDP增长贡献率为66.4%，比上年高出14.8个百分点，消费在拉动经济增长中“第一推动力”的地位逐步稳固。

2. 我国13亿人的消费全面快速增长不仅是经济增长的最大亮点，也是经济转型的突出优势。

3. 以服务型消费引领新业态快速发展。

（四）新型城镇化对经济增长的重大作用

1. 人口城镇化仍是推动经济增长的重要动力。有研究表明，城镇化水平每提高1个百分点，可拉动GDP增长1.5到2个百分点。预计到2030年，中小城镇将成为我国经济增长的最大推动力，其对城镇GDP增长的贡献将达到40%。

2. 人口城镇化能有效带动投资。有测算显示，近些年每增加1个城镇人口，可带动10万元左右的投资，如果2.6亿农民工转化为市民，将带动26万亿元政府投资。预计2020年我国常住人口城镇化率将达到60%以上，由此带来的投资需求约为42万亿元。

3. 人口城镇化能有效拉动消费。研究表明，城镇化率每提高1个百分点，城镇居民人均年消费支出将增加2%。目前，我国城里人的消费是农民消费的3.6倍。

（五）“十三五”转型发展要着力解决好五大关系

第一，速度与结构。第二，短期与中长期。第三，政策与体制。第四，政府与市场。第五，顶层设计与基层创新。

三、以经济转型升级为主线的结构性改革

结构性改革的重要目标是促进经济转型升级。适应经济转型升级的趋势，推动经济转型升级是“十三五”规划的一大亮点。以结构性改革破解经济转型的结构性矛盾，关键取决于结构性改革在多大程度上能适应经济转型的需求与趋势破题发力；取决于能否以结构性改革破解经济转型的结构性矛盾；取决于尽快推出一批具有重大牵引作用的供给侧结构性改革举措，以实现供给与需求的动态平衡。经济转型升级对结构性改革提出了内在需求，对结构性改革的依赖性明显加大，结构性改革是促进经济转型升级最重要的条件。

（一）以服务业市场开放为重点的市场化改革

1. 从工业市场开放到服务业市场开放是个大趋势。无论是从工业主导向服务业主导的转型升级、从物质型消费为主向服务型消费为主的转型升级、从规模城镇化向人口城镇化的转型升级，都对服务业市场开放提出新的要求。

2. 服务业市场开放滞后是市场化改革的“突出短板”。第一，服务业市场化程度低。第二，服务业对外开放的程度较低。第三，服务化水平低。第四，服务价格高。

3. 服务业市场开放是市场化改革的“最大红利”。以健康服务业为例，预计到2020年我国消费总规模将高于医疗消费总规模，健康服务业市场潜力高达8万亿元人民币。

4. 服务业市场开放的重大任务。第一，处理好行业利益和部门利益，打破服务业市场的行政垄断与市场垄断。第二，推进服务业市场的便利化改革，使社会资本成为现代服务业发展的主体力量。第三，全面放开服务业市场价格，以形成统一开放、公平竞争的市场体系。第四，加快调整服务业与工业用地政策，实现工业与服务业政策平等。目前，服务业用地价格高于工业用地4～5倍，有的甚至高达9倍。第五，全面完成服务业营改增。

5. 以政府购买公共服务为重点加快公共服务业市场开放。

（二）以优化企业发展环境为重点的结构性政策调整与结构性改革

1. 经济转型时期优化企业发展环境具有紧迫性。

2. 向企业“放权”要有新突破。第一，借鉴国际商事制度经验，全面实施企业自主登记制度。第二，适时取消企业一般投资项目备案制。第三，以公平竞争的政策取代产业政策。

3. 激发企业家精神，依法保护企业家财产权和创新收益。

4. 破题混合所有制。

（三）以服务贸易为重点的二次开放

1. 经济转型升级对服务贸易依赖性明显增强。与2001年我国加入WTO时的对外贸易不同，“十三五”我国外贸转型的突出挑战是服务贸易的双向市场开放。第一，国内消费结构的升级要求加快以服务贸易为重点的对外开放进程。第二，全球新一轮贸易自由化的聚焦点在于服务贸易。第三，服务贸易开放成为我国扩大开放的基本趋势。

2. 服务贸易发展滞后成为我国供给侧的“短板”。我国早已成为世界货物贸易的第一大国，但服务贸易比重过低。2014年，全球服务贸易占整个对外贸易的比重为20%左右，我国仅为12.3%。2014年，我国服务贸易额为6043亿美元，不足货物贸易额的1/7。

3. 以服务贸易为重点加快二次开放。

4. 发展服务贸易需要特别重视建立中欧自贸区。

（四）以监管转型为重点的简政放权

1. 监管变革是简政放权向纵深发展的关键。

2. 监管体制转型要有新举措。要解决监管权和审批权不分的矛盾，关键是实现审批权和监管权相分离，并在监管转型中实现决策权、执行权、监督权相分离。

3. 保障市场监管机构的独立性、权威性、专业性。

4. 监管变革是一场深刻的政府革命。监管变革涉及政府理念、利益和权力结构等一系列变革，具有深刻性、复杂性，需要进一步凝聚改革共识，并以更大的决心和魄力破除既得利益。

……

两个小时，直面当下，深入浅出，“信息量大得惊人”。迟教授还多次谦逊地表示：有些观点是一家之言，供大家参考……

4.2 “扛一辈子长工”

2016-5-10　下午　晴

做“长工”，一天，不难。

难的是，一辈子。

何长工却做到了。正如他在1985年给党中央的信中所说：“党的需要就是我的志愿！……伟大的共产主义理想是我终生奋斗的目标。”他用顽强奋斗的一生，践行了为党和人民“扛一辈子长工”的誓言。

下午第一站，大井朱毛旧居。井冈山由五个“井”字形的村落组成，分别为大井、中井、小井、上井、下井。当地民谣说“行洲府，茨坪县，大小五井，金銮殿”，就是在说五井的繁华。而大井村，是其中最大、最繁华的。

照例，先现场教学，由罗庆宏老师讲授：学习何长工为国为民做“长工”的高尚品格。

何长工，原名何坤，后来毛泽东根据他曾在长辛店做过工的经历为其改名为“长工”。秋收起义部队上井冈山后，与党组织失去了联系，毛泽东派他去寻找湖南省委。何长工只身一人，巧妙躲过敌人的一道道盘查，经过千辛万苦，终于在长沙一家纺织厂找到了湖南省委，沟通了这支弱小红

军与上级的联系。当得知省委遭到敌人破坏、南昌起义部队已去往广东后，他又立即从长沙绕道武汉，经香港到达广州，再涉险犯难前往韶关，终于找到了朱德、陈毅率领的南昌起义部队，为以后朱、毛两军会师奠定了基础。

1928年春天，他又临危受命——毛泽东派他去改造井冈山的“山大王”王佐，“不入虎穴，焉得虎子？先给他当长工，再当党代表”。

改造工作十分艰难。何长工先取得了王佐母亲和心腹的信任，又帮助王佐将仇敌、当地反动民团头目尹道一歼灭，才与王佐建立了不同寻常的关系，为这支农民武装的改编作出了卓越的贡献。而王佐，这位绿林好汉也在何长工的影响下，加入了共产党，其武装也被成功改编为工农革命军第一军第一师第二团，成为一支革命力量。

1930年7月，何长工率部攻克长沙。反动军阀何键气急败坏，疯狂报复，命令华容县长宋寿眉于7月30日将何长工的妻子孟素雅和5岁孩子光球、3岁孩子光星以及哥嫂、堂兄弟等一家30余口全部杀害。殷红的鲜血染红

了沱江水……

谁能想到，新中国成立后，何长工担任地质部副部长，宋寿眉的儿子竟在他领导的地质部门工作。1957年反右斗争扩大化时，有人认为宋的父亲血债累累，他又是出身官僚地主家庭的“臭知识分子”，主张将其划为右派。何长工审阅材料后，认为他不是右派分子，不能乱划。专案人员说：“宋寿眉杀了你的全家，我们就是要专他儿子的政。”何长工严肃地批评说：“不要因为他父亲杀害了我的亲人，我们便报复他，那不是共产党人的风格，也不是共产党的政策。他是知识分子，是新中国的宝贵人才，我们还要重用他。”后来，何长工按党的政策办事，将宋寿眉的儿子从内蒙古调到北京，从事地质科研工作，发挥其专长。这是何等宽广的胸襟和境界啊！

毛泽东为他改名长工，他确实为中国革命扛了一辈子“长工”。也许，几位老战友的挽联可以约略概括他甘于奉献的一生：胸怀坦荡为国为

民，气度豁达能屈能伸。

紧接着，讲解员带我们参观。那是布满弹孔的“白屋红墙”——毛泽东旧居，那是思考中国命运的“读书石”——毛泽东读书的地方，那是具有神秘色彩的“常青树”——毛泽东常在这树下看战士操练……讲解员娓娓道来，那么真切，那么感人。

讲解员特别讲述了那两株“常青树”。屋后，有两株大树，一株是南方红豆杉，一株是椤木石楠，四季常青。当年，毛泽东和朱老总就经常坐在这树下，纵论天下，思虑未来，“沙场秋点兵”……1929年，敌人焚烧了这两棵大树，但树根仍然留着；新中国成立，两棵树新蕾萌发；1965年毛泽东重上井冈山，两棵树开满了如雪似银的小白花；1976年毛泽东逝世，两棵树因虫害枝枯叶黄；1979年，两棵树又枯木逢春……现在，两棵树郁郁葱葱，绿阴如盖。应该说，这两棵常青树的枯荣与国家命运的起伏，似有巧合之处，甚至可能会有一些演绎的“树通人性”色彩。但我想，这也可以理解——它真切地寄托了井冈山人民的美好愿望，表达了井冈山人民最朴素的情感，你

看，井冈山人民就是亲切地称它为“感情树”呢。

有学员似乎发现了“秘密”——这个讲解员不一般，仿佛在讲家事，深情款款，历历如绘。

有人轻声问：您贵姓？讲解员礼貌答：我姓袁。

又有人轻声问：是袁文才的“袁”吗？讲解员笑着答：是的。

更有人好奇了：那您和袁文才……？讲解员轻声答：他是我的曾祖父。

啊，袁文才的曾孙女！太意外了！

不追星的学员们，此时迅速围拢过来，请求合影。

啪啪啪，啪啪啪，一张，又一张……大家那个高兴的笑啊，灿如烟火。

4.3 红军医院·11个字的墓碑

2016-5-10　下午　晴

为自己的狭隘感到羞愧。

一直以为对曾志大姐是了解的，因为刚刚读过她的回忆录《百战归来认此身》，还因为她的丈夫陶铸当年力主创办《羊城晚报》，并为此付出过巨大心力。也正是陶铸向黄文俞转达了那句至今激励着羊城晚报人的名言——毛主席说：“我看《羊城晚报》。”作为羊城晚报的一员，我因此格外尊敬陶铸，并读过不少他的文章。

但在小井红军医院听张庆杭老师讲述曾志大姐的一生后，我委实措颜无地——老师深情缅怀的是她的灵魂与信仰，而我津津乐道的只是她的传奇与轶事。

张老师说，小井红军医院是井冈山时期红军为医治伤病员和群众看病而建立的，也是红军初创时期的第一所正规医院。

秋收起义后，毛泽东率部队到达井冈山，先后在附近的茅坪、大井建

立了医务所。后因战斗十分频繁，伤病员不断增多，边界党的二大决定：要建设较好的红军医院。虽然当时群众都很贫穷，战士每天也只有五分钱菜金，但是听说建医院，大家有钱的出钱，有物的出物，很快筹得了1000块大洋……经过两个多月辛苦劳动，医院在1928年冬天建好，取名红光医院。

医院的医疗条件当时非常简陋。由于敌人的经济封锁，药品非常缺乏。没有消毒药水，就用盐水代替；没有药棉，就用蒸煮过的旧棉花蘸上金银花水消毒。医疗器械也是就地取材，当时做外科手术，没有骨锯，就用木匠用的小锯子做断骨手术……红四军第十一师师长张子清，1928年4月在酃县接龙桥战斗中负伤，弹头深嵌在他的踝骨里，因为缺医少药，医生只有用菜刀割掉那些溃烂的皮肉，用竹夹子来镊骨肉里的弹头。前后手术五六次，每次都疼得他大汗淋漓，子弹却始终没取出来。他不顾个人安危，将分发给他用于伤口消毒的一点食盐节省下来，毅然献给了因伤势感染、生命垂危的战友。战友得救了，而张子清却因伤口感染献出了年仅28岁的生命。

曾志大姐，曾任医院的党支部书记。她15岁就面对党旗立下铮铮誓言：从今后我生为党的人，死为党的鬼，奋斗终身，永不叛党。湘南暴动后，她随朱德、陈毅来到井冈山。修建医院时，怀有七个月身孕的曾志和战士们一起上山劳动，为建设医院作出了贡献。

为了革命事业，曾志忍痛先后将三个儿子送了人。1928年11月，曾志初为人母，由于战争环境的艰苦，离开井冈山时，她不得不含泪将刚出生26天的儿子送给了王佐部队的一个副连长。1952年，在井冈山地方政府帮助下，曾志和儿子石来发在广州见面。母子相见，百感交集，泪流满面。儿子多么想留下来照顾母亲，曾志又何尝不想让儿子留在身边呢？但面对儿子“喜欢井冈山、熟悉井冈山、希望回到井冈山”的请求，她对儿子说，那就回井冈山吧。石来发回井冈山后担任护林员，直到退休，他的儿子和孙子至今也在井冈山。

1931年11月，曾志在福州生下了第二个儿子铁牛。由于厦门中心市委急需经费，便作出组织决定，将孩子送给了一个富裕人家。尽管曾志很喜欢这个孩子，但她还是服从了组织决定，依依不舍地把孩子交给同志抱走了。由于刚出生两个月就断奶，又到了一个新的环境，加之麻疹流行，孩子染上了麻疹，夭折了。尽管大家都尽力瞒着曾志，可她还是知道了这一噩耗。后来，曾志在回忆录中写道：“我努力压抑住心中的无限痛楚，一声不吭，默默地忙碌着，只是到了深夜，才一任泪水纵横，小铁牛的音容笑貌又仿佛浮现在我眼前……”

第三个儿子也是出生不久就送了人。1950年，在方毅的帮助下，母子才在汉口相聚。不过孩子四岁时因营养不良患了淋巴腺结核，后虽做了手术，但却去掉了两根肋骨，切除了一个肾脏，腿也跛了。回到母亲身边，孩子才开始上学。之后考取了一所技术学校，毕业后在东北长期从事炸药研制工作，后来才调到广东乐昌任工程师，凭着勤劳的双手，过着自食其力的生活。儿子从没有要求母亲对他过去的遭遇做出任何的补偿，曾志也没有给儿子谋取任何的私利。

作为一个母亲，三个儿子都送了人，这是多么残酷的事情——曾志在

回忆录中曾经写道："每一次把小孩送给别人，就是从自己身上挖走一块肉"。对此，今天的我们也许难以理解，甚至不敢相信。但是正如曾志所说："共产党人，革命利益高于一切，除了有信仰之外，一切都是可以舍弃的，包括自己的鲜血和生命"。

"文化大革命"中，曾志失去了丈夫陶铸，自己也被错误批判并遣送到农村劳动。对此，她不埋怨、不消极。她说："我是自觉参加革命的，从一开始就不是为当官、为名利地位的，当普通老百姓，仍是共产党员，也能做贡献。"当女儿问起她对这段遭遇的看法时，她说：革命并不是靠个人感情和恩怨，而是出于信仰。我对我选择的信仰至死不渝，我对我走过的道路无怨无悔！

临终前不久，她要女儿帮她清理存款和现金，女儿从80只工资袋中掏出了几万元的现金，那是曾志多年逐月存下的。她反复叮嘱女儿："工资袋一定不要丢掉，它可以证明这些都是我的辛苦钱，每一笔都是清白的。"尽管此时剧烈的癌症疼痛使她浑身颤抖，但她仍集中意志说了这样

一番话：共产党员不应该有遗产，我的子女不得分这些钱，要将钱交给中组部老干局，给祁阳和宜章贫困地区建希望小学……

弥留之际，曾志从昏迷中醒来，她失声的喉咙中发出费力的请求："不要把我抬得太高！不要把我抬得太高！"1998年6月21日，曾志在北京逝世。当天，女儿拆看了母亲在牛皮纸袋里留下的遗嘱："生命熄灭的交代"——死后不开追悼会；不举行遗体告别仪式；遗体送医院解剖，有用的留下，没用的火化；将骨灰一部分埋在井冈山的一棵树下当肥料。

不久，她的部分骨灰埋在了小井红军医院旁一处小丘的松风石下，她又回到了曾经战斗、深深眷恋的这片红色故土。

我们去瞻仰了曾志的墓。绿树掩映中，一米见方的墓碑上，镌刻着这样11个字：魂归井冈——红军老战士曾志。

墓地很小，仅能立足，但安息的却是一位平凡而高尚的灵魂；碑文也简约，但彰显的却是生生不息的伟大信仰！默哀，三鞠躬……

山风猎猎，松涛阵阵，深情凝望。凝望，凝望这最普通的墓碑，凝望这最直白的碑文，凝望这五百里井冈之一隅，心灵震撼。如果还"戚戚于贫贱，汲汲于富贵"，如果还"是非纷妄作，宠辱坐相惊"，如果还只是"把信仰悬挂在墙壁上"，那么请到小井来——

看看这11个字的墓碑。

4.4 小井红军烈士

2016-5-10　下午　晴转阴

各位学员：

现在我们来到了小井红军烈士墓前，共同缅怀安葬在这里的130多位红军烈士。80多年前，为了心中的理想，他们舍弃了青春与生命，永远地倒

在了这块红土地上。

1928年底，湘赣两省敌军集中6个旅18个团，兵分五路对井冈山革命根据地进行了第三次“会剿”。从1929年1月26日开始，敌军集结重兵对黄洋界、八面山、桐木岭等哨口发动了猛烈的进攻。1月29日，在正面进攻不能得手的情况下，敌军用200块银圆买通当地一个游民，在其带领下绕过黄洋界哨口，从龙潭方向突袭小井。正在小井红军医院接受治疗的130多名重伤员和部分医护人员来不及转移，不幸落入敌手，被押解到这里。面对敌人的严刑拷打和威逼利诱，红军战士宁死不屈。当敌人在他们的面前架起机枪的时候，这130多位红军战士十分清楚：他们的人生即将结束！

在面临生死抉择的时候，要想生存其实也很简单，只要说出红军主力的去向、只要说出指挥机关的地点，就能够活命。然而，始终没有人开口，没有人说出一个字。最后，这130多名手无寸铁的红军战士被就地枪杀，其中包括一个年仅14岁的孩子！烈士的鲜血染红了小井村的潺潺溪水。躲在山上的百姓目睹了这一切，夜晚，他们悄悄地下了山，含着眼

泪，忍着悲愤，冒着生命危险，就地掩埋了烈士的遗体。解放以后，当地政府在掩埋烈士遗体的地方，建起了我们眼前的这座红军烈士墓。

站在烈士墓前，让我们共同来思考这样一个问题：人最宝贵的是生命，属于每个人的生命只有一次。在面临生死抉择的时候，是什么样的力量让我们的战士毅然决然地选择了死亡？为了名吗？由于医院被烧，花名册被毁，这130多位烈士最后只被回忆出17位的名字，其他烈士的英名就永远地镶嵌进了井冈山革命烈士陵园那块无名英雄碑上！为了利吗？几十年过去了，烈士用生命和鲜血换来的“光荣烈属”的牌匾都无法悬挂到他们的家门上。烈士的亲人盼来了革命的胜利，却没能盼来烈士的回归。

不为名，不为利，到底是什么力量在支撑着他们呢？打开尘封已久的历史，翻开浩如烟海的党史文献资料，我们从中找到了答案，那是1928年遂川县工农兵政府印发的一本小册子，有一篇题为《共产主义者须知》的文献，上面明确写道：“共产主义者，不畏难，不怕死，不爱钱，为主义而牺牲”。

正是这种对“山沟里的马克思主义”的坚定信仰，对“星星之火，可以燎原”的坚定信念，使他们义无反顾，在践行理想的旗帜上写下了壮美的诗篇。他们都是为理想而来，为主义而争，为信仰而战，留下了一曲曲荡气回肠的英雄赞歌。

在遂川县，就有这样一位英雄的母亲，她用自己的生命支持儿子闹革命。她就是解放后第一任中共江西省委书记陈正人的母亲张龙秀。1928年初，毛泽东率领工农红军攻克了遂川县城，全县上下迅速掀起了打土豪、分田地、闹暴动、建政权的热潮，陈正人担任中共遂川县委书记。作为一名母亲，张龙秀看到自己的儿子是革命运动的组织者，深感欣慰，于是自己也与儿子为伴，走上了革命的道路。然而，革命势力的蓬勃发展使国民党当局寝食难安，很快，他们派出两个团侵占了万安县城，威逼遂川。为了保存实力，毛泽东率领红军回师井冈山，遂川县党、政、军机关也一并撤离。就在红军走后没几天，敌人便侵占了遂川县，张龙秀不幸被敌人抓捕。

凶恶的敌人烧毁了张龙秀的房子，把她关押在一间暗室里，对她进行严刑拷打，逼她说出红军和遂川党组织的情况，并试图利用她逼迫陈正人投降。面对苦痛和折磨，张龙秀毫不屈服，始终没有说出一个字。最后，丧心病狂的敌人竟然使出了对付女性最狠毒的手段——残忍地割掉了她的乳房。她咬紧牙关，忍着这惨无人道的折磨，愤怒地痛斥敌人，不久，便晕死过去。疯狂的匪徒又用冷水把她泼醒，在她身上连刺了28刀，见她还在喘气，又用“开膛剖腹”的酷刑残害了这位年近花甲的妇女。

青山不会忘记，绿水不会忘记，每一个井冈儿女都不会忘记，这位为革命献出了生命的英雄母亲。

在信仰面前，张龙秀用生命诠释了一个母亲最无私的爱，这是一种超越了个人生死的崇高大爱。正是这份爱，伴随着陈正人南征北战。为了让更多的孩子不再失去父母，为了让更多的妻子不再失去丈夫，为民族独立、人民解放，他贡献了自己毕生的精力。

什么是信仰？信仰，就是把生命交给自己认定的事业，无论艰难险

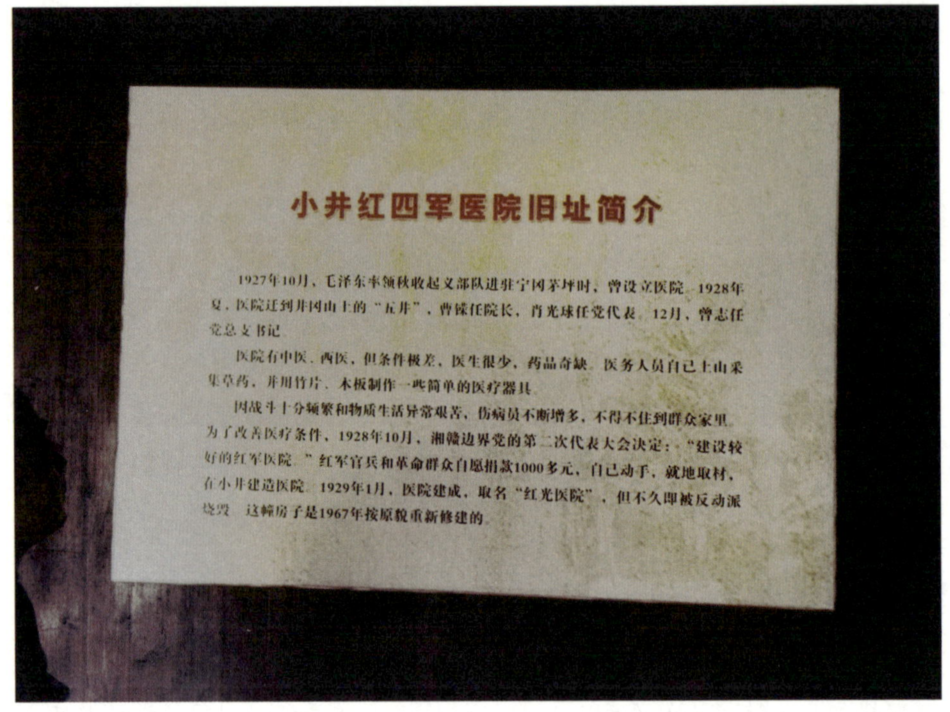

阻，不管成败与否。什么是信念？信念，就是对信仰的坚守和执着，明知前途也许坎坷，道路也许曲折，但永不言弃！

现场讲授的是一位年轻的老师，姚玉珍。

姚老师讲得动情，几欲哽咽；我们听得入心，眼角噙泪。“人类的生活，必须时时刻刻拿最大的努力，向最高的理想扩张传衍，流传无穷”，“苟利国家生死以，岂因祸福避趋之”，“人类最震撼的秉性，就在于为他人而工作，为后代而牺牲”……这不再是书本上的励志语录，分明是红军战士为理想慷慨赴死的生动写照！

姚老师打开了随身携带的小扩音器，《思念曲》缓缓响起，径直沁入心扉……绕小井红军烈士墓一周，我们献上了小小的白花。一朵，又一朵，一行，又一行……我们的脚步那么的轻，唯恐惊扰了先烈们；我们的

泪那么的急，只怕不足以表达敬意……

在烈士墓对面的小井植物园，全班你培土，我浇水，共同种下了一棵桂花树——“何须浅碧轻红色，自是花中第一流”。

他日来寻故地，愿这桂花依然“情疏迹远只香留”……

5.1 重走朱毛红军挑粮小道

2016-5-11 上午 晴

又是一个大晴天。

阳光正好，打在那些知名或不知名的花儿上，平添了几分亮色与暖意。石楠花，雪白雪白，此时开得正旺，山野漫卷，像一幅幽深的油画；杜鹃花，殷红殷红，虽然盛花期已过，仍“捉迷藏”似的冒出来，像一片灿烂的织锦。

美哉，井冈山！

大美的背后，往往是奇崛——今天算是真正体味到了。

今天要重走朱毛红军挑粮小道。

8:00，穿上红军服，戴上红军帽，挎上红军枪，系上皮带，扎上绑腿，背上斗笠，挑上粮食……出发！看得出，个个都有点小兴奋，“晴空一鹤排云上，便引诗情到碧霄”。

一个多小时后，到达茅坪的一处山脚。挑粮小道的碑石上，这样介绍：1928年12月，根据边界党的“二大”关于建设巩固的军事根据地的决议，朱毛红军在井冈山掀起了一场挑粮运动。红军领导人35岁的毛泽东、42岁的朱德亲自参加挑粮。红军挑粮上山，往返近百里，一天挑两次，共挑20余天，走的是羊肠小道，山高路陡，崎岖不平。杨至诚上将在《艰苦的岁月》中回忆说：“从山脚挑粮到山上的五井，大约有30多里的山路，一天挑两次。我和粟裕等同志挑着粮食到了半山时，才放下了担子休

息”。朱良才上将曾写了《朱德的扁担》一文，脍炙人口，传为美谈。王紫峰中将回忆说：“1928年冬季整训，担任副官处司务长的我，被调去组织了300多人挑粮，挑了20多天。”红军挑粮的出发地为宁冈的茅坪、大陇，到达地为茨坪、大小五井。

我们走的挑粮小道，全长3.1公里，垂直高度约为600米；出发点为源头村，目的地是黄洋界哨口。

山高路又滑，坡陡林又深，真心难走啊。我感觉，之所以难走，一是特别陡，二是特别窄，三是很少有歇脚之处。有同学打趣说，直升机在这都得喘气儿。

100米，健步。

200米，没事。

300米，还好。

400米，气喘。

500米，大汗淋漓。

……

此时，彭勃同学唱起了山歌，给大家鼓劲。有人说，洋洋盈耳。惜乎此时我已气喘如牛，腿若灌铅，完全“充耳不闻”了，不知道她唱的是不是那首——“一根扁担两头弯，毛委员用它把米担，来回走了百多里，从宁冈一挑挑上了井冈山”。对不起了，彭勃同学。也有同学谈笑风生，纵横捭阖，抱歉，不能互动，只能羡慕你们了！

蜿蜒，匍匐，拄杖，搀扶……各具姿态，各尽其能，各有其妙！哈哈，世上无难事，只要肯登攀，“挑粮小道的满头大汗，胜过教科书上的千千万万”。

10:20，杨学农、华敬锋等同学第一批登顶。很快，杨春蕾、边巴拉姆等女同学也到达黄洋界。虽然湿透了衣衫，大家仍难掩兴奋之情，争相合影留念——这是靠坚强的毅力爬上来的！会当凌绝顶，一览众山小啊！最难得的是，负有殿后之责的肖文初老师陪着几位同学，坚持坚持再坚持，终于在11:30最后登顶了，一片欢腾！

因为各种原因，包括我在内的八位同学在中途实施了“战略转移”，所以也没机会拥抱五里排山巅上那棵著名的荷树——1928年秋的一天，毛泽东坐在荷树下歇脚时，问战士们站在这里能看多远？战士答：能看到江西和湖南。毛泽东听后坚毅地说：“站在这里不仅能看到江西和湖南，而且还要看到全中国、全世界。”红军官兵备受鼓舞，增强了革命信念。

不过，我们也真没闲着，进行了另一种攀登——认真学习革命歌谣呢：

挑起担子送军粮

桑木扁担韧又长，
挑起担子送军粮。
刀山火海我不怕，
三天一餐好平常。

桑木扁担溜溜光，
劈死白军狗豺狼。
有朝一日枪到手，
扁担开花红满堂。

不让红军断半餐

砍根毛竹做扁担，
望挑粮食送龙山。
只要我有一口粮，
不让红军断半餐。
……

于我，美其名曰“战略转移”，实则是“畏葸不前，临阵脱逃”，愧怍万分啊。毛泽东早在一百年前就直言身体是“载知识之车而寓道德之舍”，体育对于我们“实占第一之位置，体强壮而后学问道德之进修勇而收效远”，“勤体育则强筋骨，强筋骨则体质可变，弱可转强，身心可以并完”，“夫体育之主旨，武勇也。武勇之目，若猛烈，若不畏，若敢为，若耐久，皆意志之事”。

想起《毛泽东年谱》曾记载：毛泽东以“二十八画生”笔名，在《新青年》第三卷第二号发表《体育之研究》，文章介绍了他自编的一套“六段运动”体操。

这体操会是什么样子呢？好奇。

5.2 新民主主义革命

2016-5-11　下午　晴

它是站在海岸遥望海中已经看得见桅杆尖头了的一只航船，它是立于高山之巅远看东方已见光芒四射喷薄欲出的一轮朝日，它是躁动于母腹中的快要成熟了的一个婴儿！

——毛泽东《星星之火，可以燎原》

在清水里泡三次，在血水里浴三次，在碱水里煮三次，我们就纯净得不能再纯净了。

——托尔斯泰《苦难的历程》第二部的题记

听完孙伟博士《新民主主义革命的光辉历程及基本经验》的授课，我认真抄录了上述两段熟悉的话。我觉得，以此来归纳新民主主义革命是贴切的，安安合适。

毛泽东在1941年写道：特别重要的是中国共产党的历史和鸦片战争以来的中国近百年史，真正懂得的很少。近百年的经济史，近百年的政治史，近百年的军事史，近百年的文化史，简直还没有人认真动手去研究。

习近平在2013年指出：历史是一面镜子，也是一部教科书，它照亮现实，也昭示未来。党领导人民进行革命的伟大历史，是中国近代以来最为可歌可泣的历史篇章，所蕴含的智慧与营养深邃且丰富，值得今天的共产党人好好借鉴与汲取。

实事求是地说，要讲好新民主主义革命这一课并不容易。一是内容实在太繁复，参错重出，万绪千端；二是常识广布，很难独出机杼，一新耳目。孙伟博士抽丝剥茧，视野开阔，给了我很多启迪。

新民主主义革命的历程分为五个阶段：

一、五四运动和中共的创立时期（1919.5—1923.6）

1920年初，南陈（陈独秀）北李（李大钊），相约建党。

1921年7月23日，中国共产党第一次全国代表大会在上海法租界望志路106号召开（现兴业路76号）。13名代表，代表50多名党员。

此乃中国历史上“开天辟地的大事变”，“自从有了中国共产党，中国革命的面貌就焕然一新了”。

二、大革命时期（1923.6—1927.7）

国共“党内合作”，蒋介石夺取国民党的党、政、军领导大权，北伐战争，国共合作的大革命失败。

共产党太年轻，理论准备不足，匆忙投入革命，缺乏有效应对突发事变的经验。

从党的一大到五大，毛泽东的主张在党内不占主导地位。

三、土地革命战争时期（1927.8—1937.7）

毛泽东说：被人家一巴掌打在地上，像一篮鸡蛋一样摔在地上，摔烂很多，但没有都打烂，又捡起来，孵小鸡，这是一大经验。被人家打了一枪，发了气，再干，干得很好。

毛泽东、朱德领导开辟了“农村包围城市，武装夺取政权”的新道路；长征，遵义会议，逐步确立了毛泽东在党和军队的领导地位。

张学良感慨：红军经过两万五千里长途疲惫，还能击败东北军，是值得深思的。我常对我的部下说，我们都是带兵的，这万里长征，你们谁能带？谁能把军队带成这个样子，带的都跟你走？还不是早就带没了！

四、全民族抗日战争时期（1937.7—1945.8）

日本前后12次要与重庆谈和。蒋介石说：只要中国领土上有一个日本兵，我就不跟日本谈和；只有在中国的领土上没有一个日本兵的情况下，我才与你们谈和。

博古回忆："其实我和一些同志当年都还只是学生，只学了一些理论，拿了一套公式和教条就回国了，当时我们完全没有实际工作经验，因此过去党的许多决议，不过是照抄照搬国际的指示而已，完全没有结合中国的实际。"

毛泽东《论联合政府》：不管什么阶级，什么政党，什么社会集团或个人，只要是赞成打败日本侵略者和建设新中国的，我们就要加以联合。

五、全国解放战争时期（1945.8—1949.9）

1949年5月，上海解放。荣毅仁像往常一样，推开大门，看见惊人一幕：门前的大街上，躺满了解放军战士，没有发生一起入住民房的事件。荣毅仁感叹：国民党再也回不来了。

共产党取胜的根本原因：民心所向。经济上，获取土地；政治上，当家作主；心理上，人格尊严……从而极大地调动了广大农民的政治热情和生产积极性，起来支持战争。1945年4月24日，毛泽东在《论联合政府》中说：孙中山先生的"耕者有其田"的主张，是一种资产阶级民主主义性质的主张，并不是无产阶级社会主义性质的主张，是一切革命民主派的主张，并不单是我们共产党人的主张。所不同的，在中国条件下，只有我们共产党人把这项主张看得特别认真，不但口讲，而且实做。

那么，新民主主义革命的基本经验又有哪些呢？

第一，以马克思主义和中国具体实际相结合的思想——毛泽东思想作为党的指导思想，实现马克思主义中国化。

刘少奇《答宋亮同志》：因为马克思、恩格斯、列宁、斯大林诸领

袖，都是欧洲人，而不是中国人。他们的著作都是用欧洲文字发表的。在他们的著作上说到中国的事情并不多。而中国社会历史发展的具体道路和欧洲各国社会历史发展的道路比，有其更大的特殊性。

第二，独立自主，艰苦奋斗，走自己的路。

刘少奇说：得了天下，要能守住，不容易。很多人担心，我们未得天下时艰苦奋斗，得天下后可能同国民党一样腐化。他们这种担心有点理由。在中国这个落后的农业国家，一个村长，一个县委书记，可以称王称霸。胜利后，一定会有些人腐化、官僚化。如果我们党注意到这一方面，加强思想教育，提高纪律性，就会好一些。

第三，形成了一个成熟的团结一致的领导集体。

以毛泽东为核心的第一代领导集体，政治上成熟、团结一致，可谓英雄辈出，群星灿烂，盛极一时。这些人的年龄，除朱德外，当时50岁上下，正年富力强，又有丰富的经验和坚定的信念。

第四，坚持真理，具有敢于正视错误，修正错误的伟大胸襟。

陈毅说：毛泽东伟大之处，就在于他“不二过”。

1945年4月21日，毛泽东在《中国共产党第七次全国代表大会的工作方针》中说：在二十多年的工作中，无论在军事、政治各方面，或在党务工作方面，我都犯了许多错误。这些东西都没写上去，不写并不是否定它。因为按照真实历史，真实情形，我是有错误的。

第五，坚定理想信念，加强党性修养。

“为有牺牲多壮志，敢教日月换新天”。毛泽东为党和中国革命，牺牲了6位亲人——妻子杨开慧、大弟毛泽民、小弟毛泽覃、堂妹毛泽建、侄儿毛楚雄、长子毛岸英，丢失或夭折了6个子女。

……

正所谓：苦难辉煌——“军阀有枪，我们有真理，有人民！”

正所谓：人心是最大的政治。

正所谓：哪里有正义，哪里就是圣地。

6.1 《党委会的工作方法》

2016-5-12 上午 晴

推开窗，暖风恣意，闯进来，把每个角落都吹得亮堂堂的。井冈山这地方啊，自然景观与人文景观俱佳，历史风貌与自然生态都好，很多人都有“一遇井冈深似海，从此天堂是路人”之慨。

这时候，自学《党委会的工作方法》，真是欣欣自得，一室生春。

《党委会的工作方法》，是我党的一篇光辉文献。67年过去了，毛泽东这篇文章的基本思想历久弥新，对于我们掌握科学的工作方法和领导艺术，学习领会党的政治纪律和政治规矩，切实加强思想政治建设、作风建设和能力建设，仍然具有重大指导意义。

你看，它对书记的定位多准确——党委书记要善于当“班长”。党的

委员会有一二十个人，像军队的一个班，书记好比是“班长”。要把这个班带好，的确不容易……当然，书记和委员之间的关系是少数服从多数，这同班长和战士之间的关系是不一样的。这里不过是一个比方。

你看，它对政治规矩讲得多清楚——要把问题摆到桌面上来。不仅“班长”要这样做，委员也要这样做。不要在背后议论。有了问题就开会，摆到桌面上来讨论，规定它几条，问题就解决了。有问题而不摆到桌面上来，就会长期不得解决，甚至一拖几年。

你看，它对沟通交流看得多重要——党委各委员之间要把彼此知道的情况互相通知、互相交流。这对于取得共同的语言是很重要的。有些人不是这样做，而是像老子说的“鸡犬之声相闻，老死不相往来”，结果彼此之间就缺乏共同的语言。

你看，它对倾听意见说得多透彻——不懂得和不了解的东西要问下级，不要轻易表示赞成或反对。有些文件起草出来压下暂时不发，就是因为其中还有些问题没有弄清楚，需要先征求下级的意见。我们切不可强不知以为知，要“不耻下问”，要善于倾听下面干部的意见。先做学生，然后再做先生；先向下面干部请教，然后再下命令。

你看，它对领导艺术表达得多艺术——学会“弹钢琴”。弹钢琴要十个指头都动作，不能有的动，有的不动。但是，十个指头同时都按下去，那也不成调子。要产生好的音乐，十个指头的动作要有节奏，要互相配合。

……

看了一遍，又一遍，越看越觉得若“河出龙门，一泻至潼关。东屈，又一泻到铜瓦。再东北屈，一泻斯入海”。而这磅礴气势的背后，是思想的深邃。

王垂林来电，约我和杨学农去院内走走。

说是走走，其实就是登山——学院依山而建，群山环抱。我们跨两桥——修远桥、敏行桥，过三潭——卧龙潭、飞龙潭、天龙潭，登八亭——听泉亭、八角亭、诚心亭、公明亭、弘道亭、临风亭、步云亭、仰

日亭，神清气爽，赏心悦目。我也算把昨天重走挑粮小道的“欠账”补了一部分，哈哈。

边走边聊，还是离不开毛泽东的这篇文章。“班长不能变为家长”，“班长弹钢琴，班委不能只是抬钢琴”，“年轻干部尤其要力戒骄傲，骄傲害死人”……

其实，对这篇文章的学习，昨晚就开始“预热”了。

昨天晚饭后，见天色尚早，我和于海田、林青山、汪志军等人，到学院附近散步。路上，大家不约而同地谈到“党委会的工作方法”问题：一把手如何讲民主又不失集中，讲集中又体现民主？副职如何到位不越位，有为不乱为？如何建立容错机制，为改革者撑腰壮胆、保驾护航？

仔细想想，我们既当过正职，也当过副职，有时候是班长，有时候是班委，但真正清醒定位的时候有多少？糊涂的时候有没有？比如当正职时，有没有过“以一当十”、“老大就是老大”的逞强？当副职时，有没有过“多一事不如少一事”、“饱知世事慵开口，看破人情但点头”的懈息？细思恐极！

……

必须要承认我们的无知，或知之甚少。是的，作为年轻干部，“第一，学习，第二是学习，第三还是学习”，“下苦功学习。下苦功，三个字，一个叫下，一个叫苦，一个叫功，一定要振作精神，下苦功”。

6.2 长征画卷

2016-5-12　下午　晴

缘分啊！

十年前，我为“长征十讲——纪念长征胜利70周年大型报道”写下开篇语：

“红色的青年战士志气昂……冲锋陷阵，无坚不摧谁敢挡”——70年前，刘华清唱着这首歌秘密出发，踏上了烽火长征路；70年后，这位担任过中共中央政治局常委、中央军委副主席的老红军欣然挥毫，为本报即将推出的纪念长征胜利70周年大型报道题写了“长征十讲”四个大字。

长征是英雄史诗，长征是巍峨丰碑——从1934年10月到1936年10月，红军斩关夺隘，抢险飞渡，翻越了18条山脉，跨过了24条河流，长驱二万五千里，纵横十多个省，完成了一次世所罕见的战略大转移。毛泽东大气磅礴地作了这样的解读：长征是宣言书，长征是宣传队，长征是播种机。自从盘古开天地，三皇五帝到于今，历史上曾经有过我们这样的长征么？

时光流转。但作为中华民族最宝贵的精神财富，长征精神生生不息，代代相传。

十年前，本报记者率先“重走长征路”，弘扬长征精神，一路发回大量报道，并催生出影响甚广的“播火者行动”。

十年后的今天，本报另辟蹊径，用“长征十讲”的形式来重新解读这部壮丽史诗。在两个月的时间里，本报记者兵分十路，采访了一批开国将领、老红军和军史专家，请他们用珍贵的亲身经历或渊博的知识来“讲”长征。

这组大型报道将以“血色征途”、“战地黄花”、“薪火相传”等为题，从长征地理、长征生活、长征精神等十个角度进行解读，力求为读者呈现一个全方位、新视野、立体化的长征。

……

报道推出后，反响强烈，广东人民出版社想结集出版。该社负责人推荐我把书稿送给著名党史学家、时任中央党史研究室副主任、曾参与《关于建国以来党的若干历史问题的决议》起草组工作的石仲泉先生审定。

石仲泉先生当时正在甘肃兰州参加一个纪念长征胜利70周年的会议，于是，我立即飞赴兰州，见到了这位党史权威……

没想到，十年后的今天，在井冈山，居然又有幸聆听了石仲泉老先生的讲课，主题恰好也是《红军长征与长征精神》。

从2003年开始，石仲泉老先生不仅基本走完了中央红军、红二方面军和红四方面军的长征路，同时走了红二十五军的部分长征路。2013年还对西路军悲壮历程作了考察。

正因为有这样的重走长征路，石老先生的课才真切生动，惓惓之忱，仿佛打开了一幅长征画卷——

一、红军长征的基本概念、基本内涵

红军长征，就最后到达陕北这个历史的主线而言，毫无疑问，以中央红军的长征为历史起点。但是，整个红军的长征是“3＋1”的长征。即红一（中央红军）、二（最初称红二、六军团）、四方面军的长征，再加红

二十五军的长征。红军长征开始的时间，以1934年10月中央红军离开中央苏区算起；长征结束以三大主力红军（红二十五军于1935年11月并入红一方面军系列）于1936年10月在甘肃会宁和今属宁夏的将台堡会师为标志。

关于红军长征的里程，过去比较多的是讲二万五千里。这是讲的中央红军走的长征路。据军史资料统计，红二方面军的长征历时11个月，转战8省，行程两万余里。红四方面军的长征历时19个月，转战6省，有的三过雪山草地，行程1万多里。红二十五军的长征历时10个月，转战4省，行程约1万里。将上述四支红军的长征路，历经14个省的里程加在一起，长征的实际总里程为6.5万多里。

1934年10月，蒋介石自南京飞抵庐山，部署对中央红军的第五次围剿，制定了一个庞大的《铁桶合围计划》。参加完庐山会议的德安保安司令莫雄，派在他司令部里工作的共产党员项与年（项南的父亲）把计划交给中共中央。项与年立即将情报用四角号码字典的字码编成密码，记在一本字典上，连夜起程。为了安全，他敲掉了自己的四颗门牙冒充乞丐，历尽艰辛找到了瑞金的红军司令部，把计划交给了周恩来。中央三人团综合分析、研判后，做出了突围转移的决定。

二、红军长征史上的若干热点问题

（一）湘江之战和遵义会议

湘江之战，从1934年11月25日军委下达作战命令，到12月3日中央红军后卫部队被歼，共血战9天。红34师师长陈树湘率队担负全军后卫，与十几倍于自己的敌人殊死激战四天五夜，后陷入敌人的重重包围。他在率部突围时腹部中弹，伤重被俘。在被敌人押送途中，他愤然从伤口处掏出肠子绞断，慷慨就义，实现了他“为苏维埃新中国流尽最后一滴血”的誓言，年仅29岁。

湘江之战，红军广大指战员表现了顶天立地的英雄气概和大无畏的牺牲精神，歼灭了不少敌人，但红军自己也折损了3万多人。这是建军以后在一次战役中所遭受的最惨重损失。

“三年不喝湘江水，十年不食湘江鱼”。湘江之战打得如此惨烈，教育了红军广大指战员，认识到当时中央的错误领导和指挥的严重恶果，为遵义会议的召开奠定了实践基础。

毛泽东在遵义会议上当选为中央政治局常委，随后成为党和红军的实际领导核心。

1935年2月初，中央红军长征一渡赤水到达“鸡鸣三省”那个村子，周恩来同博古作了谈话。他说：南昌起义、广州起义失败，说明中国革命的源泉在农村，必须走农民战争道路。这以后，我就在考虑，我们党必须找一个熟悉农村革命的人当统帅。我虽然长期做军事工作，军队干部也拥护我，但我有自知之明。你虽然有才华，但不懂军事，很难领兵打仗。行伍出身的人不会服你。你和我都是做具体业务的人，不合适做领袖，当统帅。毛泽东擅长农民运动，深知在中国干革命，离开了农民将一事无成，

农民战争是中国革命成功的基石。他经过井冈山斗争，总结出打游击战、运动战的经验，很适合驾驭目前的战争。他喜欢历史，善赋诗词，文笔豪放，是一个很有智慧的帅才。当然，人无完人，但战争需要他率领红军打败蒋介石，这是最重要的……希望你能抛弃和他的前嫌，同心同德，一切为了打败蒋介石、建立无产阶级新政权这个大局。这一席谈话，使博古解开了思想疙瘩，服从革命事业的需要，顺利交权。

（二）张国焘的“九九电报”

主要争论的是两个问题：一是有没有1935年9月9日的电报；二是电报的内容究竟是什么。在石老先生看来：

第一，应当承认有此电报。毛泽东1937年3月在延安召开的中央政治局扩大会议上批判张国焘的错误时讲过此事。第一个看到电报的叶剑英，多次说过此事的具体情况。张国焘坚持“南下”的思想很顽固，电报很多，这不过是一个具体情节。还有，不妨设问，如果没有这个电报，怎么解释毛泽东率原中央红军部队和机关突然在半夜出走巴西和在俄界召开会议通过的关于批评张国焘错误的决议？

第二，关键是电报内容。目前都以毛泽东1937年3月下旬在延安批判张国焘的会议上讲的为准。其核心内容是“南下，彻底开展党内斗争”。

（三）西路军血战河西走廊

西路军是土地革命战争时期极其悲壮惨烈的一幕。西路军出征时总人数为21800余人；战死者7000余人；被俘后遭残酷杀害者约5600人；被营救返回延安者约4700人；失散流落在沿途的约4500人。

西路军妇女先锋团有1300多名红军女战士，在作战中英勇顽强，遭受巨大牺牲，最后结局更为悲壮惨烈。团长王泉媛，1935年与王首道结婚，西路军失利后被俘当“压寨夫人”，好不容易逃出来，红军身份却受到质疑，她就徒步乞讨回乡，自食其力，恢复名分已是60年后的事……她说得很朴素：“为穷人打天下，自己没有做错，这就够了。”

三、伟大的长征精神

（一）对革命的无限忠诚和对党的坚定信念，是红军长征精神的根本要义。

（二）不怕任何艰难险阻，不惜付出一切牺牲，是红军长征伟大精神的集中体现。

（三）实事求是的思想路线和机动灵活的战略战术，是红军长征精神得以发挥的正确指南。

（四）顾全大局、严守纪律、紧密团结、互助友爱的高尚品德，是红军长征精神转化成凝聚力、战斗力的一个重要条件。

（五）紧紧依靠人民群众，获得人民群众的支援与帮助，是红军长征精神形成的重要外部条件。

……

掌声雷动，献给伟大的长征！长征的胜利，确立了毛泽东在党中央的领导地位，逐步形成以毛泽东为核心的中央领导集体。这是党和革命事业不断开创新局面的最重要保证。

长征，对国家对民族意义非凡，对个人的启迪也是无穷的。至少，更加认同马丁·路德·金所言：如果你的梦想仍然站立，那就没有谁能让你倒下。

6.3 专场演出

2016-5-12　晚　阴

我是红军的后代。

我是红军的后代。

我们是红军的后代。

……

声声涤荡人心，曲曲催人泪下——由红军后代组成的“长征源合唱团”，今晚在学院举行了《长征组歌》专场演出。

1965年，为纪念红军长征胜利30周年，曾参加过长征的肖华将军回顾他在长征中的真实经历，完成了12首感情真挚的史诗《长征组歌》，热情讴歌了中国工农红军在党中央、毛主席的领导下，历尽艰险，不屈不挠，英勇作战，无私无畏的革命精神。随后，作曲家选择其中的10首谱成了组歌，并巧妙地把各地区的民间曲调与红军传统歌曲的曲调融合在一起，最终汇成了一部主题鲜明、内容丰富的大型声乐套曲。

江西省于都县是中央红军二万五千里长征的集结出发地，伟大的长征精神在这里起源，在这块土地上生活的人们都以自己是红军的后代而自豪。2010年11月，于都县“长征源合唱团”正式组建，来自全县70多个单位不同工作岗位的120名干部职工，怀揣着唱响主旋律、弘扬伟大长征精神的共同愿望自发地凝聚在了一起。六年来，该合唱团走南闯北，义务演出100多场。中国作协主席铁凝曾评价他们：一支业余的团队，唱出的是专业水准；从你们的表演看到了专业演员那很难看到的纯净和激情。

今晚的演出以诗歌朗诵为序曲，将合唱、重唱和领唱等表演形式与快板、情景再现、动作表演等方式相结合，依次表演了《告别》、《突破封锁线》、《遵义会议放光辉》、《四渡赤水出奇兵》、《飞越大渡河》、《过雪山草地》、《到吴起镇》、《祝捷》、《报喜》、《大会师》10首经典歌曲，生动再现了长征的传奇历史、经典场面。

听，那如泣如诉的《告别》声——红旗飘，军号响。子弟兵，别故乡。王明路线滔天罪，五次“围剿”敌猖狂。红军主力上征途，战略转移去远方。男女老少来相送，热泪沾衣叙情长。紧紧握住红军的手，亲人何时返故乡？乌云遮天难持久，红日永远放光芒。革命一定要胜利，敌人终将被埋葬。

看，那铁军奔袭《突破封锁线》——路迢迢，秋风凉。敌重重，军情忙。红军夜渡于都河，跨过五岭抢湘江。三十昼夜飞行军，突破四道封锁墙。不怕流血不怕苦，前仆后继杀虎狼。全军想念毛主席，迷雾途中盼太阳。

来了，《四渡赤水出奇兵》——横断山，路难行。天如火来水似银。亲人送水来解渴，军民鱼水一家人。横断山，路难行。敌重兵，压黔境。战士双脚走天下，四渡赤水出奇兵。乌江天险重飞渡，兵临贵阳逼昆明。敌人弃甲丢烟枪，我军乘胜赶路程。调虎离山袭金沙，毛主席用兵真如神。

挺住，《过雪山草地》——雪皑皑，野茫茫，高原寒，炊断粮。红军都是钢铁汉，千锤百炼不怕难。雪山低头迎远客，草毯泥毡扎营盘。风雨侵衣骨更硬，野菜充饥志越坚。官兵一致同甘苦，革命理想高于天。

欢腾吧，《大会师》——红旗飘，军号响。战马吼，歌声亮。铁流两

万五千里，红军威名天下扬。各路劲旅大会师，日寇胆破蒋魂丧。军也乐来民也乐，万水千山齐歌唱。歌唱领袖毛主席，歌唱伟大的共产党。

……

没有其他更好的表达，只有鼓掌、鼓掌、再鼓掌！

好的音乐，就是一条情感奔腾的河流，会让你把灵魂都扑进去，连喘息都不要，真的，一点儿都不想要。

7.1 “兴国调查”

2016-5-13 上午 晴

“兴国调查”，不在兴国。

在两百里之外的新余罗坊。

当年就是在罗坊这个小村庄，毛泽东请来了8位前来参军的兴国农民，进行了为期一周的谈话调查，并据此完成了《八个农村家庭的观察》，后改名为《兴国调查》。

上午，从“山绕山，云叠云”的井冈山出发，三个多小时的车程后，我们到达了罗坊会议旧址群。旧址群包括罗坊会议旧址、兴国调查会旧址、朱毛旧居等，散布于纪念馆周边一公里范围内。这里青翠掩映，鸟语花香，风光旖旎。在高增忠老师和纪念馆工作人员的讲授下，我们钩深索隐，一步步走近那影响革命走向的七个日夜、八位农民、一篇调查……

风雨如晦。1930年上半年，党内一部分领导同志把马列主义理论教条化，凭借“本本主义”指导实际工作，不切时宜地命令红军“攻打大城市”……

面对这些脱离实际的瞎指挥，毛泽东非常苦恼。他围绕土地革命这一中心问题，开展了包括“兴国调查”在内的系列农村调查。

1930年10月29日，毛泽东叫警卫员到彭家洲新兵接待站兴国红军预备队通知傅济庭营长，找几个不同职业的、各个乡村的农民到总前委驻地罗坊街木行开座谈会。傅济庭在全营挑选了7个农民，连自己共8人，于当日下午准时到会。

毛泽东后来写道：我在兴国调查中，请了几个农民来谈话。开始时，他们很疑惧，不知我究竟要把他们怎么样。所以，第一天只是谈点家常事，他们脸上没有一点笑容，也不多讲。后来，请他们吃了饭，晚上又给他们宽大温暖的被子睡觉，这样使他们开始了解我的真意，慢慢有点笑容，说得也较多。到后来，我们简直毫无拘束，大家热烈地讨论，无话不谈，亲切得像自家人一样。

在调查地主剥削的情形时，农民温奉章先唱了一首山歌：“农民头上三把刀，租重税恶利钱高，又剥皮来又割肉，骨头熬出四两膏。”然后，他诉说了辛酸的家史：革命暴动前，他家田无一垄，地无一角，租种了大地主刘花样的8亩“浅脚田”，父亲交了不少押金；结果，父亲一死，刘花样就夹着账簿上门讨债，硬要他每年除按成交租外，再付两担半燥（干）谷做押金。交不起的那部分，得追加利息。俗话说：“好汉难欠一担谷，一年过后一百六”，即“借一担谷还三箩”。不久，便欠下了地主刘花样60块银圆的债……毛泽东告诉他：“这种不合理的现象，只有靠革命来解决！”

调查中，毛泽东还详细询问了各个乡有多少贫农、雇农、中农、富农和地主，土豪劣绅杀了多少，逃走了多少，甚至连游手好闲、算命卜卦、拐脚瞎眼的人数都作了统计。大家回答毛泽东的问题，有时是你一句，我一句，大家凑情况，有时是推荐一个代表作中心发言，综合大家的意见来汇报。调查会每天开两到三次，所得出的结论，都是由毛泽东事先提出来，征求8人同意之后，再记上本子里的。毛泽东由衷地说：“这些农民就是我的可敬爱的先生，我给他们当学生是必须恭谨勤劳和采取同志态度的，否则他们就不理我，知而不言，言而不尽。”

毛泽东通过“兴国调查”，认识了农民在中国革命中的关键作用，印证了他的“农村包围城市”的正确主张和科学论断，明确了土地斗争的紧迫性、重要性、必要性，找到了唤醒农民革命的兴奋点。他在调查后记中说：“这次调查，一般说来，仍不是很深入的，但较之我历次调查要深入些。第一，做了八个家庭的调查，这是我从来没有做过的，其实没有这种调查，就没有农村的基础概念。第二，调查了各阶级在土地斗争中的表现，这是我在寻乌调查中做了而没有做得完全的。”他在1941年发表的《关于农村调查》中又说道：“贫农与雇农的问题，是在兴国调查之后才弄清楚的，那时才使我知道贫农团在分配土地过程中的重要性”，“我在兴国调查中，知道地主占有土地达百分之四十，富农占有土地达百分之三十，地主、富农所共有的公堂土地为百分之十，总计地主、富农占有土地为百分之八十，中农、贫农只占有百分之二十……因此得出的结论只有两个字：革命。因而也益增革命的信心，相信这个革命是能获得百分之八十以上人民的拥护和赞助的。”

毛泽东在“兴国调查”中还发现了革命初期政府工作人员的“四种弊病”：其一，是官僚主义，摆架子，不喜欢接近群众，群众前来办事，政府人员欢喜则答两句，不欢喜呢，理也不理，还说他们“吵乱子”。其二，是没收了反动派的东西，不发给贫农，拿了去卖钱。有钱的人才能买到。其三，是调女子到政府工作的取舍不当。“生得不好看的，会说话会办事也不要，生得好看的，不会说话不会办事也要她。乡政府的人下村开会，见到漂亮女子就和她说话，要是不漂亮的，话也不和她讲。”其四，“是强奸民意。”政府委员由少数人定了算数，代表大会选举只是形式。毛泽东指出：“这些坏事是土地革命初期的状况，原因之一是区政府成分不太好，将来都要改变的。”

通过“兴国调查”，毛泽东解剖了社会各阶级、各阶层在土地斗争中

的思想动向与现实表现，进一步明确了在斗争中“依靠谁？团结谁？孤立谁？打击谁”，引导根据地土地斗争沿着正确道路发展下去。

毛泽东通过“兴国调查”为中央红军第一次反“围剿”的战略方针决策找到了依据。那时蒋介石对中央苏区气势汹汹地发动了大规模的第一次军事“围剿”。毛泽东用兴国调查得到了事实，说服了中央代表周以栗等同志放弃冒险攻打南昌、九江的行动，提出了“诱敌深入”的战略方针，主张把反“围剿”的战场放到群众基础较好的根据地中心区域，让红军主力得到人民群众的有力支援，这是第一次反“围剿”取得彻底胜利的根本原因。

1931年1月20日，毛泽东写下了《兴国调查》这篇光辉著作，四万余字，分为七章三十六节。这为全党理论联系实际，大兴调查研究之风做出了表率，树立了调查研究这一马列主义工作作风的光辉典范。

就在“兴国调查”的同时，毛泽东还在新余罗坊主持召开了红一方面军总前委与江西行委的联席会议，史称“罗坊会议”。

会议通过了《目前政治形势与一方面军及江西党的任务》的决议案，使红一方面军和江西党统一了思想，从理论和实践上摆脱了“左”倾错误，停止了进攻南昌、九江等中心城市的军事冒险行动，回到农村包围城市的正确道路上来。会议还制定了“诱敌深入”的作战方针，并在实践中成功运用，使红军的战略战术原则发展到了一个新的阶段。从此，红军开始由游击战为主向运动战为主迈出了伟大的第一步。

“察消长之往来，辨利害于疑似”。“兴国调查”这一课深刻地启示我们：没有调查就没有发言权，年轻干部必须掌握调查研究的真本领，学会积聚事实、对比事实、研究事实，才能看清本质、掌握规律、找到方向，避免被表象所惑。否则，调查不深入，或者不调查，得出的结论必然谬误百出，写出的报告也一定干巴巴的，要被人丢到爪哇国去的。

7.2 秋收起义

2016-5-13 下午 晴

直奔萍乡。

在秋收起义纪念碑前肃立，在秋收起义陈列馆里听讲……秋收起义，波澜壮阔，碧血千秋。

碑文和史书上这样介绍——萍乡，是湘赣边界秋收起义的策源地和主要爆发地之一，也是中国人民解放军的诞生地之一。1927年9月初，中共中央政治局候补委员、中央特派员、中共湖南省委前敌委员会书记毛泽东在安源张家湾主持召开中共湖南省委前敌委员会和安源行动委员会联席会议，决定将驻修水、安源、铜鼓的革命武装改编为工农革命军第一军第一师，下辖三个团，并对秋收暴动作了部署。9月9日，湘赣边界秋收起义爆发。9月9日至11日，工农革命军第一军第一师一、二、三团，分别从修水、安源、铜鼓出发向长沙挺进。长沙近郊及湘赣边界各县同时暴动。以安源工人为主体的工农革命军第一军第一师第二团在秋收起义中英勇作战，显示了中国工人阶级“特别能战斗”的革命精神。各路起义部队受挫后，毛泽东果断决定放弃攻打长沙的计划，作出了向农村退却的决策，并率领秋收起义部队经

过萍乡、莲花向井冈山进军，创建了第一个农村革命根据地，为中国革命开辟了一条“农村包围城市，武装夺取政权”的崭新道路，在中国革命史上写下了光辉灿烂的篇章。

看图片，观旧物，听讲解，读当时报章，请教授课老师，我对秋收起义有了更多、更深入的理解。

秋收起义爆发的背景是什么？是革命危在旦夕，工人灾难深重。安源是中国工人革命运动的发源地之一。萍乡安源的工农运动在大革命时期迅猛发展，曾被誉为“江西之冠”。然而，1927年上海“四一二”反革命政变、长沙马日事变、萍乡“六五”事变相继发生，革命处在危亡之际。

我看到了一封1927年7月23日《中共湖南省委给润兄（即：毛泽东）并转中央信》。信中说：“事实上矿警武装是我们工会的生命，无可放让”，“招兵买马，积草屯粮，（安可造炸弹和机关枪）以图到时一用”。

秋收起义得准备如何？是做了思想动员、武装准备的。1927年中共中央“八七”会议后，毛泽东受党的委派，回湖南发动和领导秋收起义。同年8月，中共湖南省委常委会议讨论决定成立行动委员会和前敌委员会，并

任命毛泽东为前敌委员会书记、工农革命军师长，赴湘赣边界组织军队。9月初，毛泽东在安源张家湾主持召开部署湘赣边界秋收起义的军事会议。会后，毛泽东从安源赴铜鼓完成军队组建，途中在浏阳张家坊遇险。遵照安源会议决定，驻安源、铜鼓、修水的革命武装先后改编为工农革命军第一、二、三团。

我摘录下了毛泽东在“八七”会议上的发言——“秋收暴动非有军事不可……以后要非常注意军事。须知政权是由枪杆子中取得的”。

我还看到了“安源会议”的细密。它不但“确定了部队的建制和名称、军事行动和民众暴动计划、暴动日期”，“成立了中共湖南省委前敌委员会和安源行动委员会”等，而且具体到“确定了工农革命军军旗式样”，制作了宣传口号“暴动打倒唐生智”、“暴动胜利万岁”。

秋收起义的战斗如何？十分惨烈，气壮山河。1927年9月8日，中共湖南省委发布秋收起义的命令。9月9日，铁路工人开始破坏株萍铁路和粤汉铁路，拉开了湘赣边界秋收起义的序幕。从9月11日开始，长沙近郊、醴陵、株洲、浏阳、平江等县城工农群众举行暴动，配合部队行动。其中，9月9日，工农革命军第一团从修水出发，向平江进军，在攻打平江长寿街时，由于第四团叛变，在金坪受挫；9月10日晚，工农革命军第二团从安源出发攻打萍乡、醴陵、浏阳，后在浏阳遭到反动军队袭击，损失惨重；9月11日，工农革命军第三团从铜鼓出发，攻打白沙、东门，后在东门与敌军激战受挫。

我仿佛听到了安源工人的歌唱：干革命，心要强，冇得洋枪扛土枪。梭镖矛子好武器，锄头扁担当刀枪。只要武器抓到手，幸福日子万年长。

我看到了1927年12月15日《中共中央复湖南省委信》：秋暴的事实已告诉我们，攻打萍乡、醴陵、浏阳，血战几百里的领导者和先锋，就是素有训练的安源工人……可以说秋暴颇具声色，还是安源工人的作用。

秋收起义部队向何处去？会师文家市，进军井冈山。在秋收起义遭受挫折的情况下，毛泽东果断命令各路起义部队到浏阳文家市会师。在文家

市召开的前委会议作出了部队沿湘赣边的罗霄山脉南下，经萍乡退往湖南的决定。9月21日，秋收起义部队从文家市出发，于24日到达芦溪。25日清晨，在芦溪山口岩遭到国民党反动军队的袭击，总指挥卢德铭为掩护部队撤退壮烈牺牲。9月26日，攻克莲花县城，这是文家市会师以后打的第一个胜仗。9月29日，到达永新县三湾村。以毛泽东为书记的前敌委员会在这里进行了具有伟大历史意义的“三湾改编”。10月3日，工农革命军到达宁冈县古城。毛泽东主持召开前委扩大会议，总结秋收起义的经验教训，决定在井冈山创建革命根据地。随后，秋收起义部队经茅坪到达茨坪，开始了以农村包围城市，武装夺取政权的伟大斗争。

我看到《毛泽东年谱》中的真实记录。毛泽东说：中国革命没有枪杆子不行。这次秋收起义，虽然受了挫折，但算不了什么！胜败乃兵家常事。我们的武装斗争刚刚开始，万事开头难，干革命就不要怕困难。我们有千千万万的工人和农民群众的支持，只要我们团结一致，继续勇敢战斗，胜利是一定属于我们的。我们现在力量很小，好比是一块小石头，蒋介石好比是一口大水缸，总有一天，我们这块小石头，要打破蒋介石那口大水缸。

历史必将铭记——湘赣边界秋收起义是第一次在中国共产党领导下，由产业工人、农民、革命兵士和知识分子组织的，以农村为战场的武装起义；这次起义组建了第一支由中国共产党绝对领导的被命名为“工农革命军”的军队，创建了全国第一个农村革命根据地，开辟了“农村包围城市、武装夺取政权”这一中国革命的正确道路。

人民不会忘记——湘赣边界秋收起义虽然过去快90年了，但是，那段血写的历史，那些在秋收起义中英勇牺牲的先烈，在烈火中永生。

至敬无文，还是默诵毛泽东的《西江月·秋收起义》吧——

军叫工农革命，旗号镰刀斧头。
匡庐一带不停留，要向潇湘直进。
地主重重压迫，农民个个同仇。
秋收时节暮云愁，霹雳一声暴动。

7.3 安源路矿工人运动

2016-5-13　下午　晴

矿工，是我最不敢面对的一个群体。

他们的苦累，他们的奋争，他们的可敬与可爱，我最能够体会。因为，我就是矿工子弟，在煤矿生活过，很多初中同学现在还在当矿工。虽然解放前、解放后是两重天，但面对矿井、面对矿工，我依然会流泪。他们燃烧自我的“乌金精神”，一直烛照着我的路，长在我的心里。

所以，今天下午参观安源路矿工人运动纪念馆、工人俱乐部、总平

巷、谈判大楼，我只是静静地听，默默地记，一言未发。因为我知道，面对这最熟悉的场景，只要一开口，我就会忍不住，泪水长流。

黄仂老师和讲解员的讲授十分清晰：

一、路矿规模，工业重镇

安源，地理位置特殊。它位于江西省西部，萍乡市中部，毗邻湖南，历史上有“吴楚咽喉、赣湘通衢”之称。

萍乡煤矿开办于1898年，它与株萍铁路合称为安源路矿，是汉冶萍公司的重要组成部分，是当时拥有先进设备、先进技术、先进管理的中国近代工业的重要企业。路矿工人团结力充足，反抗力极强，早期的斗争在全国产生过重大影响，对孙中山领导的民主革命起过重要的推动作用。

但路矿工人处境极惨。工人每天要劳动12个小时以上，每天的工资只有2角至3角。而当时的德国矿师赖伦，每月工资高达200英镑，合银圆2120元，是工人月平均工资的265倍。有这样两首反映矿工苦难生活的歌谣：一首是“少年进炭棚，老来背竹筒，病了赶你走，死了不如狗”；另一首是“父挖窿中煤，子扯窿中拖。煤炭堆如山，父子都挨饿。寅吃卯时粮，妻寒子也饿。三月无饷发，生活真难过”。

二、开创工运，建立团体

1920年11月，正在参与创建中国共产党的毛泽东到萍乡考察。1921年秋天，以毛泽东为书记的中共湖南党组织开始引导安源工人运动与马克思主义相结合，先后在安源成立了社会主义青年团、中国共产党支部和安源路矿工人俱乐部（即工会）。从此，安源路矿工人阶级以独立而崭新的姿态走上革命历史舞台，工人革命运动方兴未艾。

有《劳工歌》是这样唱的：创造世界一切的惟我劳工，被人侮辱压迫的惟我劳工，世界兮我们当创造，压迫兮我们须解除，这世界兮除压迫，团结我劳工……

后来的《安源路矿工人俱乐部之歌》这样唱道——

被污辱的是我劳工，
被压迫的是我劳工。
世界啊，我们来创造，
压迫啊，我们来解除。
创造世界除压迫，
显出我们的威风。
联合我劳工，团结我劳工，
劳工，劳工，应做世界主人翁。
应做世界主人翁。

三、罢工斗争，成功范例

1922年9月初，毛泽东来安源主持召开党支部会议，决定立即发动罢工斗争。在李立三、刘少奇领导下，路矿两局一万三千多工人于9月14日开始罢工。9月16日，安源路矿工人代表刘少奇一身是胆、只身赴约，与路矿当局进行了针锋相对的谈判，挫败了敌人妄图武力胁迫工人代表下令复工的阴谋。经过五天斗争，迫使路矿当局签订了十三条协议，取得了罢工斗争的完全胜利，并使十三条协议获得实现；同时进一步发展了党、团、工人

俱乐部组织，推动了工团大联合。

刘少奇、朱少连在《安源路矿工人俱乐部略史》中写道：“这一次大罢工，共计罢工五日，秩序极好，组织极严。工友很能服从命令。俱乐部共用费计一百二十余元。未伤一人，未败一事，而得到完全胜利，这实在是幼稚的中国劳动运动中绝无而仅有的事”。

四、硕果仅存，坚持发展

“二七”惨案后，全国工人运动转入低潮。中共安源地委执行毛泽东制定的“弯弓待发”策略，领导工作立取守势，注意内部的训练与发展，从而使工人俱乐部巍然独存。党、团、工人俱乐部组织继续发展壮大，工人的教育、文化、经济事业全面兴盛，安源成为全国工人运动的一面旗帜，被誉为“中国的小莫斯科”。

刘少奇在《“二七”失败后的安源工会》中写道：“二七”失败以后，全国各处的工会都被军阀解散，反动势力弥漫全国。安源工会处在这样黑暗的环境里面，为什么做出那样光明的事业呢？……安源工友办得这样好，我们无不羡慕，但原因不过只是工友能够齐心、奋斗，与看清环境取决阶级争斗的手段而已。

有个耐人寻味的插曲：1930年3月20日，共产国际根据误传的消息，在《国际新闻通讯》上发表了毛泽东病逝于福建前线的讣告。该讣告称：“在安源煤矿，他（指毛泽东）建立了一个模范工会，为现在湘赣地区的工会和布尔什维克党培养了大批干部”。

再来看一下这个简洁明了的《童子军条规》：一要诚实不虚假；二要出力尽忠；三要帮扶人；四要和人亲爱；五要重礼节；六要珍惜一切生命；七要服从；八要常常快活；九要省俭；十要勇往敢做；十一要清整高尚；十二要重公德。

难怪曾任中国劳动组合书记部主任的邓中夏对安源工运高度评价：在此消沉其中，特别出奇的要算安源路矿工人俱乐部，真为硕果仅存。

2015年12月11日，习近平总书记在全国党校工作会议上讲话指出：“我们党成立了两所最早的党校——安源党校、北京党校”。

五、工农联合，支援北伐

1925年“九月惨案”后，安源党组织总结经验教训，除留下部分同志坚持斗争外，大批安源工人深入到湘赣两省农村开展农民运动。另有部分工人赴广东参加革命军，从而使以工农联盟为基础的统一战线获得全面发展，为支援北伐战争、推动萍乡安源国民革命运动的发展做出了贡献。

1926年10月，北伐军攻武昌城，久攻不下，中共湘区委员会应北伐军的请求，组织安源工人前往挖地道爆破，协助攻城。1926年10月出版的《湖南全省第一次工农代表大会日刊》第六期，对安源工人在北伐战争中的作用予以高度评价：“在国民革命的历史中，实占最光荣的一页”。

毛泽东在《湖南农民运动考察报告》中写道：目前农民运动的兴起是一个极大的问题。很短的时间内，将有几万万农民从中国中部、南部和北部各省起来。其势如暴风骤雨，迅猛异常。无论什么大的力量都将压抑不住。他们将冲决一切束缚他们的罗网，朝着解放的路上迅跑。一切帝国主义、军阀、贪官污吏、土豪劣绅，都将被他们葬入坟墓。

而1927年6月24日出版的《汉口民国日报》就直言无讳：“萍乡安源党务及工农运动，极形发达，素称江西之冠”。

六、秋收暴动，武装割据

1927年6月至7月，安源党组织领导工农武装，保卫革命，执行“招兵买马，积草囤粮”的策略，为秋收起义准备了条件。

9月初，毛泽东来安源召集会议，部署湘赣边界秋收起义，并向井冈山进军。1930年，数千名工人参加红军，走上了农村包围城市、武装夺取政权的道路。

1927年12月15日，《中共中央致湖南省委信》中指出：秋暴的事实已告诉我们，攻打萍乡、醴陵、浏阳，血战几百里的领导者和先锋，就是素有训练的安源工人……可以说秋暴颇具声色，还是安源工人的作用。

1936年11月6日，毛泽东在《战争和战略》一文中写道："革命失败，汲取教训，于是有了南昌起义、秋收起义和广州起义，进入了创造红军的新时期"。

据不完全统计，从秋收起义到1930年10月，安源工农群众参加红军的就有约5000人！

……

安源，确是一方神奇的热土。在党的领导下，中国工运的燎原之火，奇迹般地在这里最早燃起，迅速蔓延到大江南北……

百感交集，五内沸然，久久凝望安源路矿工人俱乐部讲演台上那副对联："有团结精神有阶级觉悟；是劳工保障是人类福星"，上方横匾为"全世界无产阶级联合起来啊！"

我想起了一句话：黑夜里的火焰……

8.1 甘祖昌将军

2016-5-14 上午 晴

少年时寻见光，青年时遇见爱，暮年到来的时候，你的心依然辽阔。一生追随革命、爱情和信仰，辗转于战场、田野、课堂。人民的敬意，是你一生最美的勋章。

这是龚全珍老人当选为“感动中国十大人物”时的颁奖词。

今天，我们反复咀嚼着这“最美颁奖词”，在莲花县寻访甘祖昌故居，参观甘祖昌及夫人龚全珍事迹展，向两位平凡而伟大的灵魂致敬。

在沿背村一处不起眼的地方，我们看到了一幢不起眼的农舍，两层，砖木结构，占地约200平方米……这就是甘祖昌将军的住所，是他带领家人

自己动手，于1961年、1967年分两次建造的。

室内陈设极其“寒酸”：楼道兼客厅里是一张褪了漆的老式桌子和一把破旧的藤椅，卧室里的墙上，挂着一个战争年代留下的黄挎包，明显有补过的痕迹……

甘祖昌是开国将军，曾任新疆军区后勤部部长。在长期的革命战争中，甘祖昌头部三次负重伤，大家都建议他到条件比较好的地方去长期休养，但甘祖昌却给组织写信要求回家乡务农。

我们看到了那封字迹工整的信：我自五一年跌伤后患脑震荡后遗症，时常晕眩，不适再做领导工作。但我的手脚还健全，可以劳动。请组织上批准我回江西省莲花县当农民，和乡亲们一起建设社会主义新农村。

从农民到将军，又从将军到农民。解甲归田后的甘祖昌，满腔热情地投入到了家乡的建设中，“要挑老红军的担子，不摆老干部的架子”。回乡29年，他和乡亲们一起，用辛勤的汗水修起了3座水库、25公里长的渠道、4座水电站、3条公路、12座桥梁。长期的实践和刻苦学习，还使他积累了一定的农林水利建设经验，被江西省农业科学院聘为特约研究员。

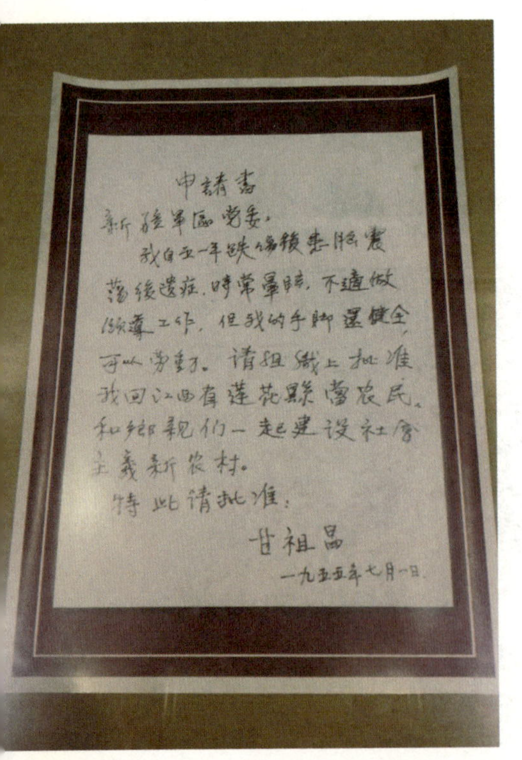

申請書

新疆軍區党委：

我自五一年跌傷後患腦震蕩後遺症，時常暈眩，不適做領導工作，但我的手脚還健全，可以勞動。請組織上批准我回江西省蓮花縣當農民，和鄉親們一起建設社會主義新农村。

特此請批准：

甘祖昌

一九五五年七月一日

甘祖昌没有为自己留下什么财产。他回乡二十九年，每月领三百三十多元工资，可是，仅乡、村政府有据可查的，他为支援家乡建设共献出现金八万五千七百八十三元多，占他工资总额的百分之七十以上。我看到了1957到1974年甘祖昌的收入与支出统计：十八年来，甘祖昌工资收入加原有存款共计

102452元，支付集体捐款占总收入70%以上。主要用于：支援修建江山陂、龙潭水库、建学校、救济贫困户、大队购买拖拉机、生产队购买化肥、修建甘家大桥、办企业等。

还是甘祖昌说得好：该花的钱，只要用在刀刃上，几万、几十万、上百万都该花，不该花的钱，一元一角一分一厘都不能浪费！即使家业大了，勤俭节约的本色不能丢、大手大脚的作风不能要！

龚全珍，1937年参加革命工作，后考入西北大学教育系，大学毕业后在新疆军区子弟学校当老师，1957年随丈夫甘祖昌回到江西“学着当农民”。1986年甘祖昌将军病逝，老人没有停步，继续走进学校、社区，传承将军艰苦奋斗、扶危济困、建设美好家乡的精神。她说得很实在：活着就要为国家做事情，做不了大事就做小事，干不了复杂重要的工作就做简单的工作，决不能无功受禄，决不能不劳而获。

龚全珍老人常以甘祖昌为镜子，查找自己的缺点和不足。她在日记里写道："祖昌不仅不要国家照顾，还拿出大部分工资支援农业。我这个离休干部为党做了什么呢？我这名党员，又为社会贡献了多少呢？"

《党章》面前，龚全珍老人反省自己："我这个党员非常危险。每天生活在自己的小天地中，没有做党的工作，再不纠正就是个挂名党员。"

名声若日月，人间重晚晴。今年春节前夕，习近平总书记看望了93岁的龚全珍"老阿姨"，和她围坐在两盆炭火旁亲切交谈。此前的2013年9月26日，习近平在会见第四届全国道德模范时饱含深情地说：我向大家介绍全国道德模范龚全珍同志，她是老将军甘祖昌同志的夫人。甘祖昌同志是江西老红军、新中国的开国将军，但他坚持回农村当农民，龚全珍同志也随甘祖昌同志一起回到农村艰苦奋斗。半个多世纪过去了，龚全珍同志始终保持艰苦奋斗精神，并当选了全国道德模范，出席我们今天的会议，我感到很欣慰。我向龚全珍同志致以崇高的敬意。我们要把艰苦奋斗精神一代一代传承下去。当时，全场掌声雷动。

甘祖昌将军的淡泊名利，尤其值得我们年轻干部学习，"鸟翼系上了黄金，这鸟儿便永远不能再在天上翱翔了"；龚全珍的"挂名党员"之问，同样应该让我们警醒，深夜里，问一问自己……

这个参观，我似乎已等了很久很久。它，就是我心目中的样子。无数教训一再表明，年轻干部最容易在名利面前倒下，"渔利者害多，务名者毁至"。只有像甘祖昌将军一样稳得住心神、守得住底线、看得开得失，才会初心不负，"静随芳草去，闲逐野云归"……

此时，忽然发现老人屋外有两棵李子树。果子青青涩涩，挤满了枝桠，长势十分喜人呢。这不就是"桃李不言，下自成蹊"吗？

8.2 莲花一枝枪

2016-5-14　上午　晴

莲花一枝枪，美名传四方。

这是邵华将军的题词。今天，我们就转战莲花县，参观“一枝枪”纪念馆，寻访那一段生死传奇。

“莲花一枝枪”的故事，感天动地。大革命失败后，莲花县农民自卫军总共60枝枪被敌人缴去59枝，只剩下共产党员贺国庆保存的一枝“俄国造”，这就是毛泽东在《井冈山的斗争》一文中盛赞的“莲花一枝枪”。

当时，县长李宝忠发出了通缉令，“缉请各乡绅民众协助政府将贺国庆等缉拿归案，布告之日起凡亲自将贺等缉送交政府者赏洋捌佰圆。知情前来报告者赏洋叁拾圆，知情不报者或窝藏者与贺等同罪”。为了保存这枝枪，贺国庆将枪拆成了三部分，枪身藏在沿背贺家祠堂的神牌中，枪机埋在龙山岩，子弹埋在祠堂天井中风尾树下。后来还是觉得不安全，又

把枪取出来，藏在湖南攸县石桥乡的一个薯窖，贺国庆自己留在石桥，以“养鸭子”为名秘密照看这枝枪……贺国庆的父亲，因此被敌人浇上煤油活活烧死；贺国庆的弟弟，全家被害得妻离子散，家破人亡。但不管敌人如何迫害，这枝枪始终掌握在人民手中。毛泽东率队上井冈山后，莲花县委遵照指示，于1928年春以这枝枪为基础组建了“莲花赤卫队”。1930年10月，莲花赤卫队和安源工人纠察队组建成中国工农红军独立第一师，转战湘赣边区，参加大小战斗100多次……“红一连连歌”就这样唱道：扛起我莲花一呀一枝枪嘿！英雄的红一连走呀走天下。井冈山燃起了我熊熊的火焰，二万五千长征路我跨越天险……

有枪，就有力量。张宗逊回忆：秋收起义出师不利，部队士气低落，军心涣散，自动离队现象时有发生，有的排出发时三十多人，行军几十里，到目的地时就只剩几个人了。“你走不走？”“你准备上哪儿？”许多军官竟半公开地互相询问。以师长余洒度和三团团长苏先骏为首的一些军官对革命悲观失望……毛泽东则坚定而明确：中国革命没有枪杆子不行。这次秋收起义，虽然受了挫折，但算不了什么！

在1927年9月25日的高滩行军会议上，毛泽东更加斗志昂扬：“我们的同志在家里参加了农会的斗争，是甘愿为工农作战的革命军人，都已经

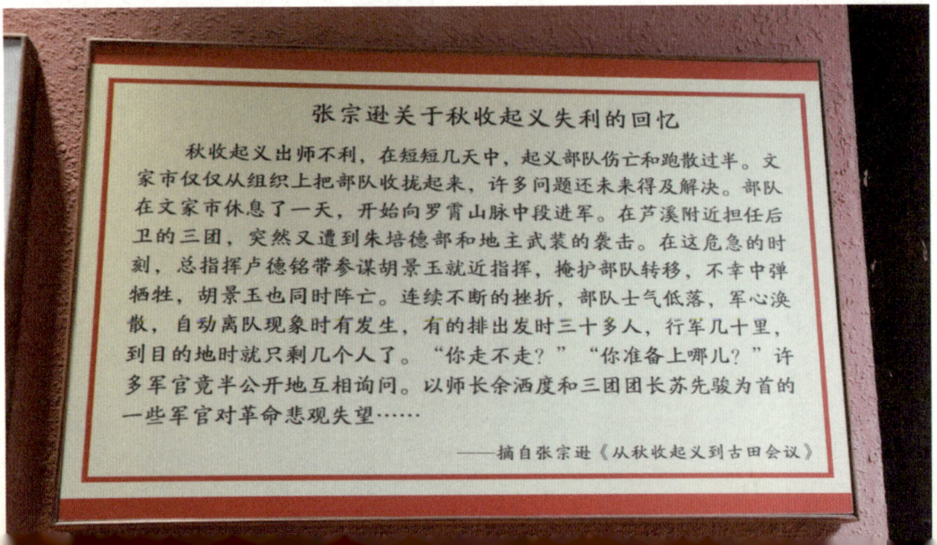

张宗逊关于秋收起义失利的回忆

秋收起义出师不利，在短短几天中，起义部队伤亡和跑散过半。文家市仅仅从组织上把部队收拢起来，许多问题还未来得及解决。部队在文家市休息了一天，开始向罗霄山脉中段进军。在芦溪附近担任后卫的三团，突然又遭到朱培德部和地主武装的袭击。在这危急的时刻，总指挥卢德铭带参谋胡景玉就近指挥，掩护部队转移，不幸中弹牺牲，胡景玉也同时阵亡。连续不断的挫折，部队士气低落，军心涣散，自动离队现象时有发生，有的排出发时三十多人，行军几十里，到目的地时就只剩几个人了。“你走不走？”“你准备上哪儿？”许多军官竟半公开地互相询问。以师长余洒度和三团团长苏先骏为首的一些军官对革命悲观失望……

——摘自张宗逊《从秋收起义到古田会议》

受了革命的考验的。哪里能打了几个败仗就悲观失望呢？工农革命军能够从平江、浏阳冲出来，走到这里，本身就是一个很大的胜利嘛！现在我们到了莲花的高滩，难道就要在高滩散摊吗？我们是共产党领导的工农革命军，要经得起失败的考验，不要被眼前的困难吓倒，革命的犁头旗子决不能倒下。高滩绝不是我们散摊的地方！”

1927年9月25日，毛泽东率秋收起义部队攻克了莲花县城，当晚住于宾兴馆内。次日清晨，毛泽东在此与秋收起义部队前委委员、原莲花党组织负责人等召开了前委会议。毛泽东根据秘密会见的特派员宋韵琴（宋任穷化名）转达的江西省委书记汪泽楷“令毛部退赣西宁冈”的指示，实事求是，说服前敌委员们作出了历史性的决策：放弃汝城，进军井冈山。会议分析了当时的形势，认为这里及周边地区在政治上和经济上都有利于我们而不利于敌人，根据地应建立在农村。现在，敌人虽貌似强大，但在政治上是弱的，群众基础差，我们则相反。在农村发展武装斗争，有许多优越条件，我们可以发动群众，帮助群众生产，不怕敌人不给我们吃的。“莲花决策，引兵井冈”，是毛泽东总结秋收起义失败的历史教训而作出的历史性选择，从而，中国革命的战略重心由城市逐步向农村转移，为中国革命开辟新的道路成为可能。

应该说，对作出“引兵井冈”决策，有两个人功不可没。一个是时任

江西省委书记汪泽楷，他对湘赣边界永新、宁冈等县的党组织及群众斗争情况比较了解，写下了密信，交给宋任穷，让其充当江西省委的信使追赶毛泽东。

另一个是宋任穷。在“宾兴馆”，我们看到了宋任穷的回忆文章：省委机关设在市内一个小巷子里，在那里我见到省委书记汪泽楷……他回了一封信，信是用药水写的……他口头对我讲述：“……宁冈有我们党的武装，有几十枝枪。其他的事，信上都写了。”我拿了密信，伪装夹在许多纸内，便赶路回铜鼓县城，我按临行时团党委交代的，如部队不在铜鼓，可向莲花厅一带去找。我便按这个方向继续往前走。我走到陈家坊才找到团部，然后见到了毛泽东同志……

由“莲花一枝枪”到“钢铁长城”，由“密信”到“引兵井冈”……历史，往往因为这些“传奇”而变得更加生动，不仅富有教益，而且孕育热情。

8.3 花塘官厅

2016-5-14　上午　晴

胡耀邦革命生涯的第一站在哪儿？

读过不少关于胡耀邦的书，但终究还是孤陋寡闻，真不知道。今天参观后才知，在莲花县的花塘官厅。

花塘官厅，位于莲花县琴亭镇花塘村，距县城1公里，原为清朝宣统皇帝汉文教师、曾受诰封太子少保朱益藩兄弟私邸，1930年底至1931年为湘东南特委和湘东南苏维埃政府驻地。花塘官厅占地面积3000多平方米，建筑风格为南方祠堂式，砖木结构，蔚为壮观。据资料介绍，莲花县素有“泸潇理学，碧云文章”之誉。其中，“泸潇”是明代理学家刘元卿的号，而

“碧云”则是莲花的一座山岭，为读书人喜爱的胜地。“碧云文章”堪称莲花文风的代表，其中最杰出的代表就是这个朱益藩家族了。朱家一门三进士，五科六举人，称得上是科考奇迹。

讲解员说，1930年11月，年仅15岁的胡耀邦从家乡湖南浏阳翻山越岭，步行100多公里来到莲花参加革命，1931年2月任湘东南特委技术书记。当时的湘东南特委就设在花塘官厅。1931年10月，湘东南和赣西南合并正式成立湘赣省，湘赣省委和省苏维埃政府在花塘官厅成立，胡耀邦任儿童局书记。此后的两三年，胡耀邦一直负责湘赣根据地的少年儿童工作，直到1933年调入中央革命根据地。

在此期间，胡耀邦组织人员编写了著名的《共产主义儿童团歌》，创办了《共产主义儿童报》。这份四开、半月刊的《共产主义儿童报》，每期的组稿、刻绘、油印，都花费了胡耀邦的大量精力。细看，还真不错，生动活泼，通俗易懂。其中，他编绘的《识字狗》，不仅图文并茂，而且

语言幽默——“狗儿汪汪叫，见了主人跳两跳。国民党也像一只狗，见了帝国主义就把尾巴摇一摇。”我在满妹的《思念依然无尽——回忆父亲胡耀邦》一书中找到了这样的描述：当时任苏区少共中央局副书记的冯文彬40多年后在回忆文章中写道——“当时那个16岁的未成年人（胡耀邦），正在编一个儿童刊物，自己写文章，自己编排，自己刻蜡版印刷，自己搞发行。编得生动活泼，很有内容。”

1931年，莲花九都的红光学校迁入官厅，并改称为列宁学校。学校有300多名学生，分甲、乙、丙三个班，是当年湘赣苏区名列前茅的学校。胡耀邦经常来到学习指导工作，并和同学们一道学习，一道宣传演出，与列宁学校有着深厚的感情。有一幅《劝学贫苦娃》的宣传画这样写道：胡耀邦在《列宁青年》第14期上发表文章《领导全体学龄儿童到列宁学校去读书》，多次上门劝说家长，让童养媳小兰去列宁学校读书。此时，我想起了老红军谭启龙怀念胡耀邦的文章《莫逆之交六十春》。谭启龙写道：“耀邦同志生性活跃好动，组织能力强，同时又是初中生，刻钢板写得一手好字，在我们那里算得上是个见过世面的‘小知识分子’了，他把儿童

局的工作搞得热火朝天……我自小没上过学，是个文盲，参加革命后才开始识字，耀邦同志教我学文化，使我的文化知识和工作水平有了很大提高。正是在那时，我在《列宁青年》上发表了第一篇文章。”1986年10月，胡耀邦得知莲花县要重建列宁学校时，欣然挥笔题写了“列宁学校”四个大字。

胡耀邦还积极组织儿童团员站岗放哨以及深入敌区侦察敌情。湘赣省儿童局的工作，得到了少共中央局的高度评价，被誉为全国的模范。

1931年10月8日至15日，中共湘赣省第一次党代表大会在花塘官厅召开，正式成立湘赣省委。同年10月17日至25日，湘赣省第一次工农兵代表大会也在此举行，正式成立湘赣省苏维埃政府。新中国的一大批高级将领彭德怀、王震、萧克、王首道、陈毅、曾山等都在花塘官厅战斗生活过。

时光匆匆，要离开了。多么希望时光能慢一点，再慢一点……

眼前，又浮现胡耀邦改写的那副对联：心在人民原无论大事小事，利归天下何必争多得少得。

耳边，又响起胡耀邦教唱的《共产主义儿童团歌》——准备好了么？时刻准备着，我们都是共产主义儿童团。将来的主人，必定是我们。

心里，又默诵起胡耀邦一定熟悉的那一段：青年呵！你们临开始活动之前，应该定定方向。譬如航海远行的人，必先定一个目的地，中途的指针，只是指着这个方向走，才能有达到目的地的一天。

……

8.4 贺子珍

2016-5-14　下午　晴

到永新，不能不提贺子珍——她是永新儿女，井冈山第一位女红军。

纵观整个中国革命的洪流，也不能不提贺子珍——她和她的一家，是这洪流中最昂扬的一簇浪花。

下午，到了永新县。我们在贺子珍纪念馆前久久凝望——她和毛泽东在永新的雕像，英姿勃发，拏风跃云……

贺子珍的一家是革命的一家。在20世纪20年代，为推翻反动统治，她们一家投身革命，南征北战。她的父母暮年参加革命，矢志不移；她的哥哥贺敏学戎马倥偬几十载，是最早一批上井冈山的；她和妹妹贺怡分别与毛泽东、毛泽覃兄弟结为伴侣，为革命英勇奋斗，义无反顾；她的小妹贺仙圆，不满10岁就被敌人剜去双眼而死……其中，贺敏学被毛泽东称赞有三个第一：一是武装暴动第一，“暴动队始于永新”，而永新最早担任农军副总指挥的是贺敏学。二是上井冈山第一，早在1927年8月，贺敏学就把永新工农武装带上了井冈山。三是在解放战争中渡过长江第一，当时贺敏学担任第三野战军第九兵团第二十七军副军长兼参谋长，最先到达长江南岸的是这个军的一条船。

贺子珍16岁时就在欧阳洛、刘真等共产党人的指引下，接受革命思想，策划并领导了为营救被捕革命同志的永新暴动。1927年8月初，她随兄

贺敏学上了井冈山，为开创、保卫、建设井冈山革命根据地艰难奋战。在井冈山血与火的战斗中，她与毛泽东结成了革命伴侣。

1929年1月，贺子珍随红四军主力离开井冈山，开始了长达六年参与创建中央苏区的伟大斗争。其间，在毛泽东受到“左”倾错误领导者的排挤、打击及身患疾病时，贺子珍昼夜操劳，对毛泽东精神上安慰，生活上体贴关怀，做了一个妻子和战友能做的一切。李敏曾经写道：“妈妈拖着孱弱的身子，硬是挺着，把苦埋在心里，把笑放在了脸上。真可谓做到了一心一意为爸爸的地步。人，只有在患难的时候，方能找到知音，找到知己，找到真诚的同志。妈妈在爸爸连遭打击身处逆境甚至牵连到自己时，她毫无怨言，却更加关心体谅爸爸。我想，如果当年没有妈妈的无微不至的关怀、照顾，难以想象爸爸将会怎么度过那最难熬、最痛苦、最艰难的日子”。老红军陈士榘也缅怀说：“从这个意义上讲，贺子珍立下了他人不可代替的巨大功劳。至今，我仍然怀着崇敬之情深深地怀念这位中国革命史上的杰出女战士。”

1934年10月，贺子珍怀着身孕参加了二万五千里长征，跋涉千山万水，经历生死考验。在贵州盘县突遇敌机猛烈轰炸时，她不顾自己的安危，用身躯掩护伤员……毛泽东长征期间的警卫员吴吉清回忆了那一幕：我们刚隐蔽好，突然，贺大姐发现离她不远的一个担架员被炸死了，伤病员正在挣扎着要爬起来。贺大姐猛地冲过去，搭救那位伤病员。随即，敌机又俯冲下来，扫射、投弹。随着炸弹的爆炸，贺大姐晃了几晃，栽倒在那里。我赶紧跑过去一看，啊呀！贺大姐被爆炸得遍体鳞伤，鲜血直流，满身灰尘，昏迷不醒……总卫生部的李治医生来了，他先给贺大姐打了针，接着检查，发现贺大姐身上“挂花”十七处。因为当时医疗条件所限，深入体内的弹片取不出来，只好采取保守治疗。至今，还有几块弹片留在贺大姐身上。

据《贺子珍和她的兄妹》一书记载，在贺子珍要离开延安去苏联治伤病时，毛泽东对她讲：“我这个人平时不爱落泪，只在三种情况下流过眼

泪：一是我听不得穷苦老百姓的哭声，看到他们受苦，我忍不住要掉泪；二是跟过我的警卫员，我舍不得他们离开，有的通讯员牺牲了，我难过得流泪了；三是在贵州，听说你负了伤，快不行了，我掉了泪”。

在苏联，贺子珍遭遇到太多的艰辛和磨难，但她坚强地挺过来了。她自己织衣种菜，节衣缩食，对女儿娇娇和毛岸英、毛岸青兄弟尽心照顾。张闻天夫人刘英回忆说：那时有一大批中国同志在苏联，卫国战争的形势极度紧张，中国人住得分散，交通断绝，没有饭吃……毛岸英、毛岸青、娇娇这些人则有贺子珍的关心和照顾，战胜了死神，艰难地活下来。

在纪念馆，我意外地看到了几封信，百感交集……

离别延安

PARTED FROM YAN'AN

红军到达延安后，中国革命进入了一个新阶段。贺子珍为了系统地学习革命理论，提高自己的政治、文化水平，同时为了治病，她不顾毛泽东多次劝阻和挽留，仍然离开延安，赴苏联治病和学习。从而，造成了与毛泽东分手的爱情悲剧。

1949年春夏之交，娇娇（李敏）写给毛主席的信：

毛主席：

大家都说您是我的亲生爸爸，我是您的亲生女儿，但是，我在苏联没有见过您，也不清楚这回事。到底您是不是我的亲爸爸，我是不是您的亲女儿？请赶快来信告诉我，这样，我才好回到您的身边。

娇娇

毛泽东给李敏的回信：

娇娇：

看到你的来信很高兴。

你是我亲生女儿，我是你的亲生父亲。你去苏联十多年一直未见过面，你一定长大了长高了吧？爸爸想念你，也很喜欢你，希望赶快回到爸爸身边来，爸爸已请贺怡同志专程去东北接你了，爸爸欢迎你来。

毛泽东

李敏写给子珍妈妈的信：

亲爱的妈妈：你好！

我十九日晚上七点平安的到达了北京，路上一切都好，回到家后见到了爸爸，他身体很好，小孔也回来了。他的感冒病也好了，请妈妈放心。

见到爸爸，我把你身体的情况和你要我告诉爸爸的话，都给他讲了，爸爸很希望你好好听粟院长和杨教授的话，坚持把病治好，现在爸爸把你要的药搞到了，这中药很好，很少很难买到，希望你（按）着医生的话去吃药，身体一定会好得快，我把你想把病治好的心情告诉了爸爸，他很高兴，希望治疗不要中断。爸爸有封信给你。

爸爸现在把信和药一起派人给你寄去。

妈妈，不多写了，代我问粟院长、杨教授和李院长好。

祝

身体健康

女儿　娇娇

62.5.21

三封信，看得眼里湿湿的，心里沉沉的。革命家庭就是这样，它总是同党的命运、革命事业的需要紧紧交织在一起，其悲欢离合，非常人所能理解，非常人所能承受！

我想，贺子珍她们，一定是因为信仰而活着，“惟其痛苦，才有欢乐”。

8.5 永新

2016-5-14　下午　晴

永新，永新！

共和国不会忘记：永新县，是井冈山革命根据地的重要组成部分、湘赣革命根据地的中心，是红六军团的发祥地，是闻名全国的第五将军县。

英雄的气息扑面而来。在永新籍将军馆和“湘赣革命根据地”的展览中，我看到了这样一组光荣的数字：在民主革命时期，永新人民抛头颅、洒热血，前仆后继，全县逾万名红军战士参加了长征，革命烈士八千多名。解放后，有41位成为共和国的将军，有50余名担任部（省、军）以上职务的领导干部。

一幅幅照片，一件件实物，让我们仿佛回到了那些峥嵘岁月：永新战士极其顽强，有的拼尽最后一滴血，走完了年轻的人生旅程，有的重伤不下火线，如独臂将军左齐、独眼将军贺庆积……左齐将军，曾参加著名的二万五千里长征。有记载说，在长征途中，他用步枪击落过一架敌机，得到全军通报嘉奖，军团首长还特地打电话祝贺，赞扬“步枪打落飞机是全军首创”。1938年12月，在一次激烈的战斗中，左齐负了重伤，白求恩大夫为他做了截肢手术。

对永新，毛泽东高度评价：“暴动队始于永新”，“我们看永新一县，要比一国还重要，所以现在集中人力在这一县内经营”，“用大力经营永新，创造群众的割据，布置长期斗争”……

对永新，历史也有真实记载：“永新工作目前尚在发展，赤卫队正在极猛烈地作赤色游击，许多乡村尚是秘密的群众割据，各下级组织亦颇能斗争，工作照常进行。永新党及群众武装，在这次边界失败中完全无损失。”

正是永新之勇，才造就了湘赣革命根据地。这是土地革命战争时期我党领导下的一块重要红色区域。它创建于1929年5月，结束于1938年2月，是在井冈山、赣西南、湘东南革命根据地的基础上建立起来的，它以永新为中心，主要包括赣江以西、粤汉铁路以东、袁水以南、大余以北的广大地区，范围多达二十五个县，面积为二万八千平方公里，人口逾百万。

1931年8月至1934年7月，在党的领导下，湘赣革命根据地建立了苏维埃政权，进行了土地革命和根据地的各项建设，发展和壮大了红军及地方武装，粉碎了敌人对湘赣革命根据地的多次“围剿”，有力地配合了中央苏区反“围剿”斗争，成为土地革命战争时期屹立在湘赣边界的一面光辉红旗。

湘赣革命根据地第五次反“围剿”失利，根据地范围日益缩小，红六军团奉命突围西征，而敌人以堡垒战术从四面八方向湘赣苏区中心区域发动了猖狂进攻。为了保存实力，配合主力红军的转移，湘赣省委、省苏、省军区及所属部队被迫转入重峦叠嶂的山区，开展了艰苦卓绝的三年游击战争。谭余保在《坚持在湘赣边区》一文中写道：我们坚持在武功山时，军区司令员彭辉明，从莲花活动回来，与敌人保安团遭遇，作战牺牲；独立团一团团长刘日在严重的肺病中坚持斗争，临死时还忘不了恢复边区，时常喊：“红军回来了！”还有林瑞笙，在萍乡县委工作时，被敌人包围在山上，负伤后毁坏武器，从容跳岩自杀；一个江西籍的小司号员，被敌人机枪打伤，肠子都流出来了，还挣扎着把武器隐藏好，滚到山下

才死……

毛泽东说过：“中国共产党和中国人民并没有被吓倒，被征服，被杀绝。他们从地下爬起来，揩干身上的血迹，掩埋好同伴的尸首，他们又继续战斗了”。鲁迅先生也讲过，人生的血战，前行的历史，正如煤的形成，当时用大量的木材，结果却是一小块煤。在永新，我真的看到了那“大量的木材”，那“一小块煤”，以及那一团“熊熊之火”。

你听，那是深情似海的《送郎当红军》——送郎当红军（哪），勇敢向前进。打土豪，杀劣绅，一个都不留情！（哎呀）我的哥，我的哥……

你听，那是热情似火的《列宁小学校歌》——红色世界，列宁学校，多么快乐；我们广大贫苦儿童，无钱有书读，同学友爱，老师慈和……

9.1 三湾改编

2016-5-15　上午　雨

三湾，我必须与你遇见。

这是六年前的夙愿。当时我在解放军南京政治学院学习，这个神圣的地方被一次又一次提及——它是新型人民军队诞生的摇篮，是建军史上不朽的里程碑。

今天，烟雨蒙蒙，我终于一窥你青春的容颜。

三湾村，位于永新县的西南角，坐落在罗霄山脉中段的九陇山区，是两省四县交界之处，群峰环峙，茂林修竹，纷红骇绿。

随着唐海英老师的现场教学、讲解员的实地介绍，我们走进那历史的纵深，触摸从山沟里升腾而起的军魂。

阿伦·尼文斯在《历史学导论》中说：历史上最突出的偶然的机遇是赫赫名人、伟大人物的间歇出现。1927年9月29日，三湾村就走来了这么个“大个子”——毛泽东。他率领秋收起义部队一路“退”到这里，原来5000多人的起义队伍此时仅剩不足1000人和48匹战马。

已是危在旦夕。减员较大，组织很不健全，思想相当混乱，雇佣军队的影响还严重存在……一些意志薄弱者开始动摇。毛泽东在到达三湾的当天晚上，就在协盛和杂货铺主持召开了前敌委员会议，决定对起义部队进行整顿和改编。

“三湾改编”的主要内容包括：一是对部队进行组织整顿，把原来的3个团改编成1个团，称为中国工农革命军第一军第一师第一团；二是在部队建立了党的各级组织，班有小组，连有支部，营、团有党委，连以上各级设党代表，全军由前敌委员会统一领导——就是通常所说的“支部建在连上”；三是实行军队内部的民主制度，成立士兵委员会，实行经济公开，取消雇佣制度，建立崭新的官兵关系。

同时，还宣布了行军纪律：1．行动听指挥；2．说话和气，买卖公平；3．不拿群众一个红薯。毛泽东说："我们是共产党领导的军队，只有严格遵守这三项纪律，我们才能搞好同山上群众和王佐部队的关系。"

三湾改编，功标青史——它开始确立党对军队的绝对领导，建立了军队内的民主制度，塑造了人民军队的军魂。

我更愿意从亲历者的回忆、从细节上来梳理还原这次伟大的整编：

在枫树坪，毛泽东鼓舞战士们："敌人只是在我们后面放冷枪，没什么了不起，大家都是娘生的，敌人有两只脚，我们也有两只脚。贺龙在家乡两把菜刀起家，现在当军长了，我们有近千人还怕什么？大家都起义暴动出来了，一个人可以当敌人10个，10个战士可以当敌人100个，有什么可怕的，没有挫折和失败，革命是不会成功的！"

罗荣桓回忆说："这支部队中，虽然有不少是党员，但没有形成坚强的组织核心，也没有明确的行动纲领。军事指挥员大部分是黄埔军校的学生，他们都是知识分子，没有经过更多实际战争的锻炼，指挥能力弱，旧的一套带兵方法，妨碍着上下一致、官兵一致"，"三湾改编，实际上是我军的新生，正是从这时开始，确立了党对军队的领导。如果不是这样，红军即使不被强大的敌人消灭，也只能变成流寇"。他还在《秋收起义与我军初创时期》一文中明确写道：当时如果不是毛泽东同志英明地解决了这个根本性的问题，那么，这支部队便

不会有政治灵魂，不会有明确的行动纲领。

张宗逊也回忆说：“以师长余洒度和第三团团长苏先骏为首的一些人经不起挫折和失败的考验，对革命前途悲观失望，竟以种种借口离开了革命队伍。他们大都是不辞而别的，有的以教条主义的态度对待革命，迷信到中心城市去闹暴动；有的悲观消极，逃避斗争，回了家；有的则去投降蒋介石、汪精卫当了叛徒。总之，各种各样的人都有，他们走了，部队不但毫无损失，反而更加精干，更坚强了。”

何长工写道：“对于动摇不定的人，在进行思想教育的基础上，采取自愿的原则，愿留者留，愿走的发3元至5元路费，开证明允许他们离队，希望他们回到本地继续革命，将来愿意回来，还欢迎”，“到达三湾时部队不到1000人，改编后，把一个师缩编为一个团，下辖两个营七个连，另设军官队和卫生队，把多余的干部编入军官队，把战斗员和伤病员分开，部队更精干了，战斗力大大地加强了”。

李立则写下了《三湾颂》：三湾改编放光芒，支部建在连队上，军队服从党领导，战略转移上井冈。

老百姓更直接地唱：三湾降了北斗星，满山遍野通通明；一九二七那一年，三湾来了毛司令；三湾来了毛司令，带来将官带来兵；红旗飘飘进三湾，九陇山沟闹革命。

毛泽东自己后来在《井冈山的斗争》中也感慨：“红军之所以艰难奋战而不溃散，‘支部建在连上’是一个重要原因。”

这里，还不得不提到士兵委员会。在三湾改编旧址群的“中国工农革命军第一军第一师第一团士兵委员会旧址——泰和祥杂货铺”，我一新耳目——

毛泽东讲：“士兵委员会就是监督院，是监督官长的。没有这样一个组织，士兵们就不敢讲话，讲了话也没有作用。成立士兵委员会就是要士兵敢于讲话，讲话也要有作用。”他还在《井冈山的斗争》一文中写道：“红军的物质生活如此菲薄，战斗如此频繁，仍能维持不敝，除党的作用

外，就是靠实行军队内的民主主义。”

罗荣桓回忆说：为了扫清军队的一切不良制度和习气，毛泽东同志果断地采取了许多革命措施。例如，士兵委员会就是这时候产生的……士兵委员会就是实现民主的一个组织形式。那里，士兵委员会有很大的权力，军官要受士兵委员会的监督，做错了事，要受士兵委员会的批评，甚至制裁。

一个叫郭天民的大队长，是黄埔军校第四期毕业生，作战勇敢，但他有一个在旧军队里养成的坏习惯，就是喜欢体罚士兵。士兵委员会向毛泽东报告了，毛泽东立即对郭天民进行了批评，并在大会上公开了这件事，说工农革命军里有一个姓郭的“铁匠”，把革命军战士当铁来打，这是不允许的，是违反纪律的。郭天民很快改掉了体罚士兵的毛病，重新获得了士兵的爱戴，解放后被授予上将军衔。

徐彦刚是1926年入党的黄埔军校毕业生，秋收起义时随毛泽东上井冈山，担任第三十二团特务连连长。一天，徐彦刚和几个人在一起玩牌赌

钱，被连士兵委员会主任吴照明发现，上报到士兵委员会主任陈毅那里。陈毅当即对徐彦刚进行了严肃批评，并让徐彦刚受罚站岗三天。

王紫峰老中将回忆说：“士兵委员会开士兵会时，每个士兵都有发言权。例如：班长派班公平不公平，哪位军官说话态度不好，士兵都可以在大会上进行指名批评。对经济上的意见，士兵同样可以在大会上讲。对排长、连长、党代表的缺点都有批评的权力。”一些来自旧军队的军官过去讲究“三金五皮”（金牙、金表、金丝边眼镜和皮枪套、皮挎包、皮靴、皮带、皮鞭）及“四菜一汤”，有了士兵批评和监督后，也都改掉了。

老红军杨至成曾亲历一个俘虏兵的故事：原国民党杨池生部的士兵曹福海，被红军两次俘虏。杨至成动员他参加红军，两次都被他拒绝，都是领了路费回去。后来，曹福海竟拉了十四五个白军士兵拖枪投奔了红军，并对杨至成说：“你们红军里官兵平等，不打不骂，谁愿在那边挨打受骂？”

改编后，从三湾走出的“红一团”，果然成为钢铁之师、威武之师、文明之师。井冈山上开创中国革命的新局面，“红一团”功莫大焉；长征途中强渡大渡河，十七勇士全部在这个团；平型关大捷，打破日军不可战胜的神话，他们参加了；黄土岭战斗，击毙日寇“名将之花”阿部规秀，是他们干的；三大战役，“红一团”有1059名官兵荣获全军英雄称号；对越自卫反击战，“红一团”二营被中央军委授予攻坚英雄营称号；九八抗洪，“红一团”在第一线；香港回归，以原“红一团”骨干力量为基础组建的驻港部队，奉中央军委的命令进驻香港……

听闻学院“国防班”的学员这两天也要来三湾，真心希望他们认真背一背“犹记当时烽火里，九死一生如昨。独有豪情，天际悬明月，风雷磅礴”，用心听一听当年老百姓质朴的歌——

当兵就要当红军，处处工农来欢迎。官长士兵都一样，没有人来压迫人。

9.2 龙江书院

2016-5-15　上午　雨

坐在矮矮的板凳上，听老师讲那过去的故事。

一排排，一列列，系着红领巾，拿着小本本，真像小学生啊。上课地点也很吻合："龙江书院——毛泽东和朱德第一次会见旧址"。

1928年4月26日，朱德、陈毅等率领的南昌起义保留下来的部分部队和湘南暴动农军来到宁冈龙市，就住在龙江书院。4月28日，毛泽东带领掩护部队返回龙市，闻讯即赶至龙江书院与朱德会见。随即，两支部队的主要领导人共同登上书院三楼文星阁，就会师后的有关问题进行了磋商。

王国梁老师的授课就从这第一次握手开始，主题是——"朱毛"：团结的典范。

1928年4月下旬，朱德和毛泽东两双巨手在井冈山紧紧地握在了一起，从此开始了他们之间长达48年的亲密合作。他们的姓氏，汇成了一个词——朱毛，成为中国革命军队的代名词，"朱毛"的旗帜更成了革命者的共识和团结的象征。正如美国女作家史沫特莱所描述的："中国土地革

命的两大主流汇合了，朱毛这两个人的全部生活便浑然成为一体，好像同一身体上的两只臂膀。”

“朱毛朱毛，朱不离毛，毛不离朱”，“朱之不存，毛将焉附？”有意思的是，外国报纸和国民党的报道在很长一段时期里，一直把他们并称为一人“赤匪匪首朱毛”、“土匪头目朱毛”，把红军叫做“朱毛军”。就连红二十五军的徐海东也曾以为“朱毛”是一个人，后来才知道“朱是朱德，毛是毛泽东”。

朱毛确实团结如一人。即便是曾经的“朱毛之争”，也实在只是为了主义和主张的贯彻，人人心中高悬的都是“党的最高利益”，而非个人之进退荣辱，故都能襟怀坦荡捐弃前嫌。

1935年，张国焘策划召开了所谓川、康省委扩大会议，实际上是围攻斗争朱德，迫他表态、写文章、发表声明反对党中央和反对中央北上抗日的方针。朱德词严义正：“中央北上抗日的决定，我是赞成的、拥护的、举了手的。我不能写文章反对我亲自参加作出的决定。如果硬要我发表声明，那我就再声明一下，我是拥护党中央北上抗日的决定的。”他还幽默地说：“朱毛、朱毛，人家外国人都以为朱毛是一个人，哪有朱反对毛的？”最后表示：“你张国焘可以把我劈成两半，但你绝对割不断我和毛泽东同志的关系。”

这样的肝胆相照，休戚与共，令美国记者海伦·福斯特动情地写道：“如果没有‘朱毛’这两位天才，中国共产主义运动的历史将是不可想象的。”

1966年“文革”之初，中南海机关的一些造反派贴出大字报，称朱德是“黑司令”，消息传到毛泽东那里，毛泽东定性说，朱老总是红司令，不是黑司令。在一次政治局会议上，毛泽东见到朱德，还特地当着大家的面说，有人讲你是黑司令，我不高兴，我总是批评他们，我说是红司令，还不是红了吗，朱毛，朱毛，没有朱，哪有毛，你是朱，我是朱身上的毛啊，朱毛是分不开的嘛。

……

就在我们听讲的龙江书院，毛泽东还于1927年11月下旬在此创办了军官教导队，当时有学员100多人，吕赤任队长。教导队的任务是负责训练红军的下级军官和为地方培训赤卫队的指挥员。学员来自两个方面，一是从红军战士和班、排长中抽调，二是由各县、区政府派送。训练的内容主要有政治工作、军事技术，政治课占40%，军事课占60%。

在教导队开学典礼上，毛泽东开宗明义地说："人不是在娘肚子里就懂得马列主义，懂得用兵打仗的，所以要学习。"他对学员要求严格，规定教导队的学员做到"三不八能"。"三不"即不嫖、不赌、不偷；"八能"即能写、能说、能唱、能算、能打仗、能吃苦耐劳、能生产劳动、能诚实可靠。

军官教导队，是我军最早的军政院校。第一期原计划办3个月，却因斗争形势的发展只办了两个多月，在新城战役后就结业了。通过学习，学员的政治文化素质和军事水平都有了很大的提高，相当一部分学员成为工农革命军和地方武装的优秀指挥员。有的学员后来成长为党政军高级领导

人，如原国务院副总理谭震林，原福建省副省长贺敏学，上将陈伯钧、陈士榘，中将张令彬等。但多数学员为革命英勇捐躯，如吕赤、刘仁堪等。

刘仁堪是牺牲学员中的杰出代表，他担任过中共莲花县委书记，1929年因叛徒出卖被捕。面对敌人的严刑拷打，刘仁堪坚贞不屈，在挚爱的亲人面前大声疾呼："乡亲们！蒋介石是帝国主义的走狗，土豪劣绅是蒋介石的帮凶……"敌人气急败坏地叫道："住口，你这个土匪头子，还想煽动民众。你晓得今天是什么日子吗？"刘仁堪斩钉截铁地答道："我晓得你要杀人了，老实告诉你，革命的人民是杀不尽的，井冈山的星火是扑不灭的……"敌人用匕首割掉了刘仁堪的舌头，鲜血顿时流遍他全身。刘仁堪虽不能讲话了，但仍然用脚趾头沾着鲜血写下了六个字："革命成功万岁！"

舍生取义，悲歌慷慨！是的，井冈山的星火是扑不灭的，"敌人只能砍下我们的头颅，决不能动摇我们的信仰！"

信仰，就是最坚固的城堡，既无惧枪林弹雨，也抗得住"糖衣炮弹"。在它面前，"险夷原不滞胸中，何异浮云过太空"，一切都是渺小的！

9.3 八角楼

2016-5-15　下午　雨

天上的北斗星最明亮，
茅坪河的水啊闪银光。
井冈山的人哎，抬头望哎，
八角楼的灯光，照四方。
八角楼的灯光哎，照四方哎，
我们的毛委员，在灯下写文章。
神州风云笔下起，

五湖四海红旗扬。

……

今年春节前夕，习近平总书记来到茅坪八角楼革命旧址群，深情地说道：“我们唱过《八角楼的灯光》……”

是啊，八角楼的灯光，让多少人魂牵梦绕，又给多少人指引过方向、赋予过力量。我曾多次来此瞻仰，每来一次，都发蒙启蔽，荡魂摄魄。

这一次，有贺平海老师的现场讲授“山沟里的马克思主义——马克思主义中国化的伟大开篇”，更如拨云睹日。

在茅坪村谢氏慎公祠后面，有一栋赭黄色土砖结构的两层小楼，这就是传说中的“八角楼”了。八角楼不是人们所想象中八角形的楼，而是房子的楼上有一个八角形的天窗，当地群众就习惯性地称它为“八角楼”。

沿着窄小的木梯，拾级而上。二楼，就是毛泽东当年生活和工作的房间了。室内，窗明几净，布被瓦器。陈设的桌、床、凳、砚台、油灯，都是原物原样，习近平曾专门嘱咐“一定要保护好”。

就是在这间陋室里，就是在这盏油灯下，毛泽东写下了《中国的红色政权为什

么能够存在？》和《井冈山的斗争》两篇光辉著作，提出了“工农武装割据”的思想，为农村包围城市、武装夺取政权革命道路的形成奠定了坚实的基础。

先来看写作的背景。毛泽东从回答红军中的一个疑问开始——红旗到底能打多久？井冈山的斗争是在四周白色政权的包围中进行的，极其艰苦。面对挫折和失败，在部队和群众中多次有人提出“红旗到底能打多久”的疑问。1927年冬，毛泽东把秋收起义失利后剩下来的队伍带上井冈山，开始了中国共产党人工作重心由城市向农村的转移。由于转变来得突然，革命队伍中不少人没有思想准备，于是他们悲观，没有信心，产生“这红旗能打下去吗”的疑问。在酃县水口村，师长余洒度、三团团长苏先骏悄然出走，后来这些人大多成了叛徒。1928年3月，“左”倾盲动主义导致“三月失败”，又引起了“红旗虽然插上了井冈山，可这红旗能打多久”的疑问。1928年8月，湖南省委的错误指导导致井冈山斗争“八月失败”，一些政治动摇者、投机分子纷纷反水。这时候，又有人重提“红旗到底能打多久”的疑问。他们认为，井冈山遭此劫难，元气大伤，红旗难以再树起来了。“红旗到底能够打多久”的悲观论调，长期地存在、不断地弥漫，必然对革命造成极大的损害。因此，毛泽东认为不回答这个疑问，不克服这种悲观思想，革命就不能向前发展一步。

其次看写作的过程。为了从理论上阐明中国革命发展的规律，消除“红旗到底能打多久”的疑问，排除“左”、右倾思想的干扰，毛泽东深入调查，把马克思主义普遍真理与中国革命实际相结合，进行红色政权理论的研究。就是在这八角楼的油灯下，毛泽东“焚膏油以继晷，恒兀兀以穷年”，写下了《中国的红色政权为什么能够存在？》和《井冈山的斗争》这两篇经典著作。

再来看文章的内容。两篇文章详细分析了中国革命的特点，论证了在井冈山建立红色政权和武装割据的原因：（1）中国是一个半殖民地半封建的国家，经济和政治上的发展极不平衡，地方性自给自足的农业经济和帝国主义的分裂剥削政策，造成了反动统治的缝隙，给革命以可乘之机。这是在四周白色政权包围中一小块或若干小块共产党领导的红色区域能够存在和发展的根本原因。（2）“大革命”的影响，良好的群众基础。（3）

全国革命形势继续向前发展。（4）相当力量的正式红军的存在。（5）共产党组织的有力量和它的政策的不错误。基于此，毛泽东大胆预见：“不但小块红色区域的长期存在没有疑义，而且这些红色区域将继续发展，日渐接近于全国政权的取得。”

回顾中国革命的历程，可以清楚地看到，后来基本上就是按照毛泽东当年的预见，从湘赣边界的井冈山到瑞金，再到延安，最后走向全中国，把猎猎红旗插上了天安门的。可以说，毛泽东当年在井冈山的预见正是中国革命正确道路的雏形。

毛泽东之所以能如此精确预见，靠的是什么呢？老师说：靠的是信念坚定、理论创新；讲解员说：靠的是独立思考，大胆探索；同学说：靠的是实事求是，相信真理……上车了，大家还在热烈探讨。我这些可爱的同学们啊，决不徒仗空言，总是在“耐心地探索神圣而科学的真理”。

望一眼，再望一眼——八角楼、谢氏慎公祠墙上那清晰的标语。有的是贺子珍带领红军宣传队写下的“消灭新旧军阀战争”、“消灭欺骗工农的国民党”、“打倒中国国民党！”，有的是“反水”的白军士兵曹福海写的“各位同志，我们从前是三军的兵，现在反水带枪到红军，饭有吃，衣有穿，谈平等，自由多”。

望一眼，再望一眼——八角楼旁那块独特的“枫石”。当年，毛泽东经常在这里看书、思考。他打比喻说“这棵枫树，长在石缝里，长大后，竟把石头撑开了。我们闹革命，现在力量虽然弱小，但只要坚持下去，就一定能撑破蒋介石反动政府这块大石头”。

望一眼，再望一眼——八角楼的灯光啊，一直在闪亮，一直在烛照前路……

9.4 黄洋界

2016-5-15　下午　雨

山下旌旗在望，
山头鼓角相闻。
敌军围困万千重，
我自岿然不动。

早已森严壁垒，
更加众志成城。
黄洋界上炮声隆，
报道敌军宵遁。

在文体委员张俊英的带领下，全班诵读毛泽东的《西江月·井冈

西江月 井冈山 山下旌旗在望 山头鼓角相闻 敌军围困万千重 我自岿然不动 早已森严壁垒 更加众志成城 黄洋界上炮声隆 报道敌军宵遁 毛泽东

山》，声振林木，响彻云表。

不难发现，毛泽东对黄洋界“情有独钟”。在他一生创作的六十七首诗词作品中，有三首专为井冈山而作，分别是1928年秋所作的《西江月·井冈山》、1965年5月重上井冈山时所作的《水调歌头·重上井冈山》和《念奴娇·井冈山》。这三首诗均以“井冈山”为题，又无一例外都提到了黄洋界——“黄洋界上炮声隆”、“过了黄洋界，险处不须看”、“黄洋界上，车子飞如跃”。这一现象在毛泽东诗词作品中绝无仅有，从一个侧面折射出他对黄洋界的特殊情感。

的确，在毛泽东的心中，黄洋界保卫战的分量是极重的。那是1928

年的8月30日，敌军以四个团的兵力进攻井冈山黄洋界哨口。红军官兵在三十一团团长朱云卿、党代表何挺颖、一营营长陈毅安的率领下，依靠群众的密切配合，利用黄洋界的天险，最终以不足一个营的兵力，与来犯之敌激战一整天，打退了敌人的进攻，取得了黄洋界保卫战的伟大胜利。

对黄洋界保卫战，国民党当时的材料是这样写的："事前共匪将各处农民米谷及一切食品，均搬存井冈山中"，"此处数十里无村落人烟，形同荒岛，给养无法接济，嗣因兵士饥不可耐，王副师长所部（湘军）撤至大雄（陇）就食，我师（赣军）则退至茅坪就食"。而率领主力红军从湘南回师井冈山的毛泽东，在途中听到黄洋界保卫战的喜讯，欣然写下了这首汪洋闳肆、欲野喷山的《西江月·井冈山》。

毛泽东的欣喜，是有原因的——当时，红四军成立不久，"（本年）四月以前乘时而起的许多红色政权，如广州、海陆丰、湘赣边界、湘南、醴陵、黄安各地，都先后受到白色政权的摧残"（《中国的红色政权为什么能够存在？》），全国革命普遍处于低潮。在这种情况下，黄洋界保卫战的胜利，就使井冈山这面红旗，如霞光万丈辉映于高山之众。胜利后，

红军战士模仿京剧《空城计》的唱腔编唱了《空山计》，革命豪情与喜悦溢于言表："我站在黄洋界上观山景，忽听得山下人马乱纷纷。举目抬头来观看，原来是蒋贼发来的兵。一来是，农民斗争少经验；二来是，二十八团离开了永新。你既得宁冈茅坪多侥幸，为何又来侵占我的五井？你既来就该把山进，为何山下扎大营？你莫左思右想心不定，我这里内无埋伏外无救兵。你来，来，来。我准备着南瓜红米，红米南瓜，犒赏你的众三军。你来，来，来！请你到井冈山上谈谈革命。"

而黄洋界保卫战之所以能够以少胜多、以弱胜强，也是有原因的。推本溯源，除了红军英勇善战，还因为我们的党、我们的红军，有很好的群众基础，有一块稳固的根据地。当年参加过黄洋界保卫战、时任红四军三十一团一营连党代表的刘型同志回忆说，在黄洋界保卫战中，除了参加战斗的正规部队外，赤卫队持各种旧式武器夹杂着少数钢枪，担任警戒，配合作战。妇女们组织后勤队为前线服务。儿童团、少先队在防务委员会和工农兵政府的领导下，全部动员起来了，拿着红缨枪站岗放哨，查路条，严防敌探进出。

刘求福老师给我们现场讲授："站在这里，我们不难想象当年的妇女、儿童、暴动队埋竹钉、挖战壕，构筑五道坚固防线的忙碌身影；也不难想象赤卫队、农民们组织的担架队、运输队在往来穿梭。可以说，黄洋界保卫战的胜利，凝聚了根据地人民的心血和汗水，集中体现了人民战争的巨大威力"。

"战争的伟力之最深厚的根源，存在于民众之中"。在井冈山斗争时期，根据地人民为了保卫红色政权纷纷让自己的家人参军。仅以宁冈县为例，当时人口仅五万余人，而参加红军和各种地方武装的就有一万余人！当时，到处可见母送子、妻送郎的动人场面。我们可以想一想，在那艰苦的岁月里，我们的革命为什么能取得一个又一个的胜利？我们的事业为什么能够得到人民群众的坚定支持？答案只有一个：那就是共产党组织的有力量和它的政策的不错误。以毛泽东为代表的老一辈无产阶级革命家深深懂得：要最终战胜强大的敌人，党和它所领导的军队，最需要的是人民群众的支持和拥护。党只有相信群众，依靠群众，全心全意为人民服务，才能得到人民群众的拥护和支持。

如何取得人民群众的支持和拥护呢？刘求福老师条分缕析。一、制定了铁的纪律。井冈山斗争时期，红军颁布实施了“三大纪律六项注意”的政策和纪律，与群众之间逐步形成了军民一致、秋毫无犯的新型军民关系，红军也逐步建设成了为人民服务的人民军队。红军战士龙开富曾说过一件事：1928年9月初，参加过黄洋界保卫战的红三十一团经赣南回井冈山的途中，有些红军战士吃了老百姓地里的苞米。连党代表批评了这种行为，并在苞米地里插上一块竹牌，上面写着：“因我军肚子饿了，为了充饥，把你的苞米吃光了，违反了纪律。现在把两块银圆埋在地里，请收下。”二、实施了土地革命。毛泽东一到井冈山就着手永新调查和宁冈调查，他发现边界土地的60%以上掌握在占总人口5%以下的地主手里，40%以下的土地才掌握在我们广大劳苦大众手里。因此，他得出结论：要想在井冈山这个地方站住脚、扎下根，就非得满足农民对土地的迫切要求不可。为此，红军打到哪里，田就分到哪里。井冈山根据地全盛时期人均分到了3亩田。1928年12月，边区政府起草并颁布了《井冈山土地法》，这是土地革命战争时期我党制定的第一部比较完备比较成熟的土地法。分到田地的贫苦农民，最早喊出了“共产党万岁”的口号。

得民心者得天下。我们党的最大政治优势是密切联系群众，党执政后的最大危险是脱离群众。任何时候，都必须从灵魂深处解决好“为了谁、依靠谁、我是谁”这个根本问题，任何时候都必须坚守信仰。说到信仰，我恰巧看过参加黄洋界保卫战的营长陈毅安的几封“与妻书”，有两段记忆犹新——“现在我进了学校，老实不客气已对你不起了，也已经同别人又发生恋爱了。这个人不是我一个人喜欢同他恋爱，世界上的人恐怕没有人不钟情于他，这个人是世界上的怪物，也是帝国主义的敌人，就是列宁主义。你若明了他的意义，恐怕你也要同他恋爱了。若是你真能同他恋爱，就是我同你

恋爱的真精神。请你早些下个决心吧！”“我的言语，我的行动，都是革命的，都是光明磊落的。我不赌不打牌、不喝酒，连纸烟都不吸了。尤其现在我担任了党代表的工作，要成为人家的模范，要去指导人家，一举一动都得特别的留心。革命党员先要革自己的命，然后才可以把人家革命化……你说我们不要为个人的愉快，而要为受痛苦的群众着想。这话我非常钦佩，希望你在实际的行动中表现出来。我们的地位可以说是小资产阶级，虽然受了许多的压迫，仍然带了许多小资产阶级的性质，甚至还有资产阶级的行动。我们既明了世界的潮流，有了阶级觉悟，我们的言语行动就要无产阶级化，就要做一个为无产阶级的利益而奋斗的革命党员”。

……

此时，再来看那“雨雾交加，好似汪洋大海”的黄洋界哨口，再来看那毛泽东的手迹“星星之火，可以燎原”，再来看那朱德的题字“黄洋界保卫战胜利纪念碑”，再来看那“两发未打响，第三发一炮命中”的迫击炮，顿觉阵马风樯，气壮山河！

过了黄洋界，险处不须看——信然！

10.1 专题教学：新时期先进人物典型示范

2016-5-16 上午 晴

你是副区长，会为老百姓跳粪坑吗？

有些人的回答恐怕是：“傻瓜才会”。

有位哲人说过，在一定意义上，世界是由傻瓜创造的。吴天祥这位副区长，勇敢地跳了，并自诩为“苕”（武汉话，“傻瓜”的意思）。

就是这种“傻”，赢得了学员们长时间、热烈、真诚的鼓掌。

上午是专题教学：新时期先进人物典型示范；主讲人：吴天祥；听众：学院省部班、厅局班、年轻干部班全体学员。

吴天祥，是老典型。他1944年出生，1962年入伍，1964年入党，先后任武昌区信访办副主任，副区长等。他几十年如一日，为百姓做好事，办实事。曾52次义务献血，4次跳入长江救人，照顾30多名孤寡老人、17名孤儿，结识了4000多个“穷亲戚”……他是一团服务的火，又像一座便民的桥，更被老百姓誉为“活着的雷锋”。2009年9月14日，他被评为100位新中国成立以来感动中国人物之一。

这位72岁的老党员，清瘦、矍铄，在台上讲述了一个又一个感人的片段，没有说教，未见拔高，只有平实的话、真实的事。台下，静得出奇，只有唰唰唰的笔记声……

作为媒体人，早就熟知吴天祥的事迹，甚至清楚地记得《光明日报》对他的礼赞——“一个人的精神，点亮一座城”，《人民日报》对他的评

论——“每一次平凡的生长都通往春天”。但今天现场聆听，仍然心灵震撼，倍受教育。我认真记下了老人最朴素的话语：

——世界上的好多字都好写得很，就是“共产党员”这四个字不好写，其他的字都是用笔、墨、纸来写，但“共产党员”这四个字是要用心、用血、用对党的忠诚来写。

——入党誓词两分钟，却要用一辈子的行动来兑现。

——图名、图利，算什么共产党员？！

——图什么？图老百姓说共产党好。

——要别人一分钱，就不值一分钱。

——别人有托付，我感到幸福。

——一个党员就是一面旗，一个党员就是一盏灯。

——做了一件好事，就为党添了一点光；做了一件坏事，就为党抹了一点黑。

——共产党员是干出来的，不是嘴巴吹出来的。

——把简单的工作做好，就不简单。

——要看看老百姓是给党员打“√”还是打“×”。

……

是啊，“政之所兴，在顺民心；政之所废，在逆民心”，每个共产党员尤其是年轻干部都应该经常扪心自问：老百姓会给我打“√”还是打“×”？

大海不会干涸，民心最为清澈。年轻干部，切记切记。

10.2 开学典礼

2016-5-16 下午 晴

今天下午，中央党校举行春季学期第二批入学学员开学典礼。中国浦东、井冈山、延安干部学院通过视频会议系统同步参加开学典礼。我坐在学院的第一排，认真聆听，悉心记录。

新华社用严谨、简洁的语言报道了这次开学典礼——

中共中央党校举行春季学期第二批入学学员开学典礼 刘云山出席并讲话

新华社北京5月16日电 中共中央党校16日举行2016年春季学期第二批入学学员开学典礼。中共中央政治局常委、中央党校校长刘云山出席并讲话，强调领导干部要按照党中央关于“两学一做”学习教育部署，带头深入学习贯彻习近平总书记系列重要讲话，发挥好示范带动作用，发挥好领学促学作用，更好用党的理论创新成果武装头脑、指导实践。

刘云山说，习近平总书记系列重要讲话集中反映了时代和实践发展对党和国家事业的新要求，进一步丰富和发展了党的科学理论，具有重大的政治意义、理论意义、实践意义和方法论意义。各级领导干部只有不断深化对系列重要讲话的学习，才能更好提升马克思主义理论水平、增强党性修养，才能牢牢把握正确前进方向、履行好肩负的职责使命。

刘云山说，我们党在新的历史条件下治国理政，是为了把国家建设好、发展好、治理好，把最广大人民利益实现好、维护好、发展好。领导干部作为党执政的骨干力量，深入学习贯彻习近平总书记系列重要讲话，就要在掌握好基本精神的基础上，着重领会好党中央治国理政新理念新思想新战略。要围绕坚持和发展中国特色社会主义这个主题，围绕实现中华民族伟大复兴中国梦这个目标，围绕协调推进“五位一体”总体布局和“四个全面”战略布局，围绕树立和贯彻新发展理念，深入领会关于经济、政治、文化、社会、生态文明建设和党的建设的新思想新观点，深入领会关于改革发展稳定、内政外交国防、治党治国治军的新举措新要求，深刻把握贯穿其中的坚定政治品格、强烈历史担当、鲜明人民立场、科学思想方法和工作方法。

刘云山强调，深入学习贯彻习近平总书记系列重要讲话，要弘扬理论联系实际的学风，坚持学用结合、知行统一。领导干部要学在前、走在前，发扬深钻细研的精神，学得更多更深一些、要求更严更高一些。要坚持读原著、学原文、悟原理，全面准确地把握系列重要讲话的核心要义和基本精神，防止简单化、片面化。要把自己摆进去，带着信念、使命和问题来学，使学习过程成为坚定信仰信念、增进群众感情、解决实际问题的过程。要学而信、学而用、学而行，自觉用系列重要讲话精神开阔视野、打开思路、提高自己，在推动改革发展稳定上取得新成绩，在锻造忠诚干净担当品格上取得新进步。

赵乐际、赵洪祝出席开学典礼。

中央有关部门负责同志，中央党校校委会成员、新入学学员、全体在校学员和教职工参加开学典礼。中国浦东、井冈山、延安干部学院通过视频会议系统同步参加开学典礼。

学院布置各小组写学习刘云山重要讲话的体会。作为小组长，责无旁贷——我来写吧。

刘云山同志的重要讲话，站在用党的理论创新成果引领实践、开创未来的战略高度，深刻阐明了领导干部深入学习贯彻习近平总书记系列重要讲话的重大意义，系统阐述了系列重要讲话所蕴含的治国理政新理念、新思想、新战略，并就如何做好深入学习贯彻工作，提出了明确要求。他的讲话，立足全局，视野开阔，既有对“四个全面”战略布局的深邃思考，又有对“创新、协调、绿色、开放、共享”五大发展理念的深刻把握，既是对学习习近平系列重要讲话精神的权威解读，又是对开展“两学一做”学习教育的高水平辅导。他对“为什么要学？着重学什么？怎么深化学？”三个问题条分缕析，为我们理清了思路，把准了脉搏，指明了方向，也为今年搞好“两学一做”学习教育提供了有力指引和重要遵循。我们第四组认为，学习、贯彻刘云山的讲话精神，重在做好三个方面——

一是加强党性修养。荀子在《劝学》中讲，“君子博学而日参省乎己，则智明而行无过矣。”习近平总书记多次引用“为官之法唯有三事，曰清、曰慎、曰勤”来劝诫领导干部，希望领导干部能坚定理想信念，“心不动于微利之诱，目不眩于五色之惑”。我们一定要自觉按照《准则》和《条例》要求，加强党性锤炼和党性修养，这既是“两学一做”学习教育的题中应有之义，也是年轻干部立身、立业、立言、立德的基石。

二是全面深化改革。“改革开放是决定当代中国命运的关键一招，也是决定实现‘两个一百年’奋斗目标、实现中华民族伟大复兴的关键一招。”实践证明，改革开放是当代中国最鲜明的特色，也是当代中国共产党人最鲜明的品格。习总书记强调：“改革开放只有进行时，没有完成时”，“改革不停顿、开放不止步”。不革其旧，安能从新？我们一定要

高举改革开放的旗帜，用改革来破解发展中的难题，用改革来化解来自各方面的风险挑战，用改革来推动经济社会持续健康发展，用改革来抢占未来的制高点，并“变通革弊，与时宜之”。

三是永远不忘初心。习近平总书记多次讲：行程万里，不忘初心。中国共产党人的初心是什么？是党旗下庄严许下的铮铮誓言，是融入血脉的全心全意为人民服务的不变宗旨。我们一定要始终坚守人民至上，永远秉持公仆情怀，才能使党的事业行稳致远，才能解决好“为了谁、依靠谁、我是谁”这一根本问题。初心不淡忘，梦想永远在，直到它们一一成为现实。

……

对学习，习近平总书记的论述很多，记得最牢、最受启发的有两次。一次是2013年1月22日，他在十八届中央纪律检查委员会第二次全体会议上用最生活化的语言告诫全党：“对领导干部来说，除了工作需要以外，少出去应酬，多回家吃饭。省下点时间，多读点书，多思考点问题，油腻的食物少吃一点对身体还有好处”。还有一次是2014年2月7日，他接受俄罗斯电视台专访时说：“中国有一首歌，叫《时间都去哪儿了》。对我来说，问题在于我个人的时间都去哪儿了？当然是都被工作占去了。现在，我经常能做到的是读书，读书已成了我的一种生活方式。读书可以让人保持思想活力，让人得到智慧启发，让人滋养浩然之气。”是的，学习应该成为我们的一种生活方式、生命追求。

学习，是一条河流。每隔一小段，就要扎一个猛子进去，沉潜其中，物我两忘。

学习，是一座高山。要一辈子攀登，看不同的风物，悟不同的人生，澄怀格物。

加油！

11.1 党要管党，从严治党

2016-5-17 上午 晴

“党的十八大以来，习近平同志讲得最多、最深刻的问题，是全面从严治党。党中央治理最坚决、最有力、取得成效最显著的领域，是党的建设领域”。

这是《人民日报》一周前署名文章的论断。

今天，赖宏教授主讲《党要管党，从严治党》，从“为什么？是什么？干得怎么样？”三个方面为我们梳理了全面从严治党的实践经验，非常有助于我们更清醒地认识当下、思虑未来。

一、党要管党、从严治党是责任担当

2012年11月15日，习近平就任总书记后，在十八届中共中央政治局常委同中外记者见面会上强调：“我们的责任，就是同全党同志一道，坚持党要管党、从严治党”。

为什么要从严治党？一言以蔽之：这是责任担当。

（一）全面建成小康社会要求从严治党

在全面建成小康社会的新征途上，党面临的执政的考验、改革开放的考验、市场经济的考验、外部环境的考验是长期的、复杂的、严峻的。精神懈怠的危险、能力不足的危险、脱离群众的危险、消极腐败的危险更加尖锐地摆在全党面前。这些风险要应对，这些问题要解决，都要求我们必须做到党要管党、从严治党。

（二）全面深化改革要求从严治党

党的十八届三中全会部署全面改革的蓝图。党的领导是改革成功实施的保障，我们党首先要担负起责任来。

第一，解决利益固化的问题。

第二，解决制度高阁的问题。

第三，解决社会板结的问题。

第四，解决权力溢出的问题。

要解决这些难题，必须党要管党、从严治党。

（三）全面依法治国要求从严治党

党的十八届四中全会强调，依法治国是坚持和发展中国特色社会主义的本质要求和重要保障，是实现国家治理体系治理能力现代化的必然要求，事关我们党执政兴国，事关人民幸福安康，事关党和国家长治久安。这明确地指出了依法治国的重要现实意义。

因此，习近平说：“要强化制约，科学配置权力，形成科学的权力结构和运行机制。要强化监督，着力改进对领导干部特别是一把手行使权力的监督，加强领导班子内部监督。要强化公开，依法公开权力运行流程，让广大干部群众在公开中监督，保证权力正确行使”。

二、党要管党、从严治党的基本要求

（一）党要管党、从严治党——首在铸魂

第一，坚定理想信念，理论武装补足精神之钙。

总书记强调，对马克思主义的信仰，对社会主义和共产主义的信念，是共产党人的政治灵魂。提高干部素质，第一位的任务是坚定理想信念，炼就“金刚不坏之身”。

第二，坚定政治方向，走中国特色社会主义道路。

中国特色社会主义是党和人民长期实践取得的根本成就，全党要坚定中国特色社会主义的道路自信、理论自信和制度自信。不走苏联模式死路，不走封闭僵化老路，不走改旗易帜邪路。

2013年12月26日，总书记指出：“世界上没有放之四海而皆准的具体发展模式，也没有一成不变的发展道路。历史条件的多样性，决定了各国选择发展道路的多样性。”

第三，坚守政治纪律，维护中央权威。

2013年1月22日，习近平在十八届中央纪委二次全会上讲：“遵守党的政治纪律，最核心的，就是坚持党的领导，坚持党的基本理论、基本路线、基本纲领、基本经验、基本要求，同党中央保持高度一致，自觉维护中央权威。”

（二）党要管党、从严治党——重在治本

管党，根本就是管住人。总书记强调三个层面的要求：

第一，管好干部，从严治吏。

习近平2013年6月28日在全国组织工作会议上强调：“党要管党，首先是管好干部；从严治党，关键是从严治吏”。

“要把从严管理干部贯彻落实到干部队伍建设全过程，坚持从严教育、从严管理、从严监督，让每一个干部都深刻懂得，当干部就必须付出更多辛劳、接受更严格的约束。”

第二，管好党员队伍。

2013年6月28日，习近平在全国组织工作会议上强调：“党的先进性和纯洁性要靠千千万万党员的先进性和纯洁性来体现，党的执政使命要靠千千万万党员卓有成效的工作来完成，党要管党、从严治党必须落实到党员队伍的管理中去。”

第三，管好基层组织。

习近平指出：“贯彻党要管党、从严治党方针，必须扎实做好抓基层、打基础的工作，使每个基层党组织都成为坚强战斗堡垒。”

（三）党要管党、从严治党——要在转风

第一，作风建设是落实政策的政治保障。

抓作风，突出的特点是两个抓手：

一是抓密切联系群众的作风。

二是抓党内民主与集中并重。

第二，作风建设的核心是保持党和人民群众的血肉联系。

作风问题绝对不是小事，如果不坚决纠正不良风气，任其发展下去，就会像一座无形的墙把我们党和人民群众隔开。

第三，作风建设在不同阶段要有新抓手。

（四）党要管党、从严治党——力在成势

2015年1月，习近平强调：保持高压态势不放松，查处腐败问题，必须坚持零容忍的态度不变、猛药去疴的决心不减、刮骨疗毒的勇气不泄、严厉惩处的尺度不松。

就是要营造雷霆之势，狠抓反腐倡廉。

第一，形势判断：两个依然。

2014年1月14日，习近平总书记讲：“滋生腐败的土壤依然存在，反腐形势依然严峻复杂。”

第二，人民要求：呼声高涨。

2013年1月22日，习近平强调：“当前一些领域消极腐败现象仍然易发多发，一些重大违纪违法案件影响恶劣，反腐败斗争形势依然严峻，人民群众还有许多不满意的地方。”2013年3月17日，习近平再次指出：“我们要随时随刻倾听人民呼声、回应人民期待。”

第三，态度立场：有腐必反。

习近平指出：“我们要坚定决心，有腐必反、有贪必肃，不断铲除腐败现象滋生蔓延的土壤，以实际成效取信于民。”

（五）党要管党、从严治党——核在制度

第一，以宪法为准则。

2012年12月4日，习近平强调：“全国各族人民、一切国家机关和武装力量、各政党和各社会团体、各企业事业组织，都必须以宪法为根本的活动准则，并且负有维护宪法尊严、保证宪法实施的职责。”

因为“维护宪法权威，就是维护党和人民共同意志的权威；捍卫宪法尊严，就是捍卫党和人民共同意志的尊严”。

第二，以党章为规范。

习近平总书记在署名文章中指出：“党章是全党必须共同遵守的根本行为规范”，“党章就是党的根本大法，是全党必须遵循的总规矩”。

第三，以机制为目标。

2013年1月22日，习近平指出：“把权力关进制度的笼子里，形成不敢腐的惩戒机制、不能腐的防范机制、不易腐的保障机制。”十八大以来，新修订、颁行了50项党内法规。

三、党要管党、从严治党重实践行动

（一）党要管党、从严治党重在落实的鲜明特征

第一，管党治党层级之高前所未有。

第二，管党治党要求之严前所未有。

第三，管党治党指向之细前所未有。

第四，管党治党决心之大前所未有。

2013年12月30日，总书记强调：“持之以恒落实中央八项规定精神、坚决纠正“四风”，一年接着一年干，坚定信心，一抓到底，防止反弹。”

（二）进一步贯彻党要管党、从严治党方针的基本要求

第一，必须增强党员主体意识。

第二，必须保持从严从紧的态势。

在谈到落实八项规定时，习近平指出：“既不是最高标准，更不是最终目的，只是我们改进作风的第一步，是我们作为共产党人应该做到的基本要求。”

第三，必须从整体格局上着力。

党要管党、从严治党，要牢牢把握加强党的执政能力建设、先进性和纯洁性建设这条主线，按照“五位一体”的布局，全面推进党的建设。

……

赖宏教授的结语：只有首先抓住党要管党、从严治党这个战略关键，才能实施依宪治国的战略方式，才能发掘政治体制改革的战略动力，才能实现全面建成小康社会这个战略目标。

三小时听下来，给我印象最深的还是“党员的主体意识”这部分。说到底，就是除了党要严管这个“根”，还要长好自己这个“叶”——自我担当、自我净化、自我教育、自我激励，在社会的大熔炉里，“不傲才以骄人，不以宠而作威”，“源洁则流清，形端则影直”。蔡元培先生曾经说：要有良好的社会，必先有良好的个人，要有良好的个人，就要先有良好的教育。良好的个人、良好的教育，在当下尤其重要。

“不能胜寸心，安能胜苍穹”，别走得太快，让灵魂跟上来。

11.2 预调查

2016-5-17 下午 晴

有哲学家曾经说过：并非人人都有鼻子。大意是讲，并非人人都有调查研究的本领。

下午，学院就小试了一下我们的“鼻子”。为了后天要进行的“拿山调查”，今天我们十来个学员代表先行到拿山，进行“预调查”，摸摸情况，探探路，为正式调研做准备。

“宜未雨而绸缪，毋临渴而掘井”——学院对“拿山调查”实在是太重视了，此前已进行了大量准备：教务部、培训部到拿山踩点，组织学员自学《寻乌调查》、《兴国调查》等原著，召开学员第一次班会动员，各小组讨论调研方案，学院修改原实施方案……

“拿山调查”，拿山到底在哪儿？其实，这个地名，早就如雷贯耳了，只是猛然提及可能反应不过来罢了。著名的《十送红军》里不是有句“三送红军到拿山”吗？唱的就是这个三面环山的拿山乡。它素有“井冈山北大门”之称，距市区32公里。全乡辖十个行政村，80个村小组，人口16400余人，设党支部22个，党员410名。

按前几天的抽签结果，本组是去拿山乡的贵溪村调查。在乡政府，我和村支书李一青接上了头，很快熟络起来，聊得相当火热——他的儿子在广东当兵，有很多共同语言啊。

李一青一边带我去村里，一边介绍情况。贵溪村共有4个自然村（宝石、彭家、栗田、蒋家）6个村民小组，240户，940人，其中党员30名；现有耕地面积1007亩，山场面积8226亩。我提出了疑问：我拿到的一大叠材料中，有一份材料说贵溪村有31名党员，另一份说是29名，您又说是30名，数字“打架”啊，到底是多少呢？李一青耐心向我作了解释：是数据更新的问题，村里以前确实是31名党员，前两年因为外出打工迁出去了两名，变

成了29名，前不久又迁入了一个叫“尹红娟”的年轻党员，所以最新的数字是30名。为避免出错，他还专门电话核实，并把尹红娟的基本情况认认真真写给了我。

说话间已经到了宝石自然村。李一青兴奋了：宝石村可不简单啊，宋代大诗人黄庭坚专门写过两首关于这个村的诗呢。比如那首《丁巳宿宝石寺》：钟磬秋山静，炉香沉水寒。晴风荡蒙雨，云物尚盘桓。沦茗赤铜椀，笕泉苍烟竿。红榴罅玉房，幺橘委金丸。枕簟已思燠，饭羹可加餐。观己自得力，谈玄舌本乾。理窟乃块然，世故浪万端。牛刀经肯綮，古人贵守官。摩挲发硎手，考此一丘盘。

李一青是老支书，干了十多年了，对村里工作了然于胸。看到这里像“空巢村”，人很少，又是典型的“38（女）61（儿童）70（老人）部队”。我顺口问：村里的年轻人都跑广东、江浙去了吧？李一青认真纠正我：不是，以前是跑广东、江浙，现在主要是就近在井冈山的新城区打工。因为这里在搞开发，工程不少，收入也很可观。小工，一天收入一百来块，大工，一天五百块呢。哦，这倒是个新变化。

走着走着，李一青忽然让我等等，他转身跑去找一个老人聊天。不大一会儿，他回来了，告诉我：“找一个姓吴的85岁老党员说点事，我们这正进行土坯房改造，动员他带个头。他答应了，老党员嘛，有觉悟”。那村里年轻人入党积极性高吗？我问。李一青的回答颇让我意外：非常高啊，大家都争着入呢，因为大家觉得入党光荣，招工什么的机会也多。

村子真美，打扮很讲究啊。一片片的竹林，一树树的枇杷，一朵朵的映山红，还有一群群的小鸭在可爱地列队欢迎……真想给小村一个拥抱。我问李一青：村里富吗？怎么改造得这么漂亮？他回答：算是中等村吧，没什么集体经济，村民收入主要靠打工和种植花卉……但大家热爱这个家，就集资建了桥、修了亭子，等等。

精准扶贫有什么困难？李一青想了想，诚恳地跟我讲：特困户好办，一般户是难点。因为特困户明摆着，真扶就行，造不了假；一般户呢，反倒容易忽略，也不太好把握……

“两学一做”，李一青说目前村里还没有真正开展，正准备动员呢。

要返程了，意犹未尽。多么可爱的小村啊，清风摇曳，竹影婆娑，让你一进来心就柔软了、闲适了，有一种坐在院子里喝茶，或者下到小溪里捉鱼的冲动……

贵溪，贵溪，后天再来拥抱你！

12.1 分组研讨

2016-5-18　上午　阴

“独学而无友，则孤陋而寡闻。”交流，无疑是知识聚合、能力提升的阶梯。

今天分组研讨：谈谈学习《党委会的工作方法》一文的心得体会。没有套话、空话、大话，全是真心话、大实话。整整讨论了三个小时，连中间休息的十分钟也在探讨，真是分秒必争。同学们学习任性，没办法，“跟他们相处，脑袋会开出花朵”。

毛泽东说：“要讲真话，不偷、不装、不吹。偷就是偷东西，装就是装样子，吹就是吹牛皮。讲真话，每个普通的人应该如此，每个共产党人更应该如此”。列宁也讲过：我们应当说真话，因为这是我们的力量所在。

讲真话好。讲真话，才可以做朋友。讲真话，才可以让讨论有价值。

《党委会的工作方法》写于67年前，总字数不到三千，却是毛泽东从中国共产党28年血与火的斗争中淬取的工作经验，是他为全党“进京赶考”准备的“桥或船”之一，被誉为“理解中共成功之道的一把钥匙”。

本组讨论认为，中国改革已步入“深水区”，各种新情况、新问题、新矛盾叠加凸现，不少党员干部却表现出各种“不适应”、各种“跟不上”、各种“水土不服”。在这样的大背景下，《党委会的工作方法》被习近平总书记重新提及并作出学习批示，有很强的现实针对性。这篇光辉著作，再次显示出了强大的生命力和非凡的时代意义。

本组同学都结合自身工作，谈了别具视角的学习体会。这些体会，不来自书本，非拾人牙慧，更没有从理论到理论，而是源自“引导我脚步的惟一油灯，那油灯叫做——经验”。很多时候，一根经验的荆棘抵得上忠告的茫茫荒原。

包立杰，从近几年的国企之困，谈到了领导艺术的重要性；代永林，从一些干部“不抓党建抓基建”的个案，谈到了增强“四种意识”的必要性；尹达，从一些干部的“不作为乱作为”，谈到了“一把手要当好班长而不是家长”；张建军，从“审批流程的‘马拉松’”，谈到了“抓饭碗与抓党建的‘协奏曲’”；胡贵良，从“书记、总经理一肩挑”，谈到了一把手的模范带头作用……人人一针见血，个个富有创见。同学们，好样的！

我也不揣浅陋，谈了自己的学习体会——破解三个“陷阱”，走出两道“鸿沟”。

十八大以来，习近平总书记在不同的场合谈到过三个“陷阱”：“塔西佗陷阱”、“修昔底德陷阱”、“中等收入陷阱”。2014年3月18日，习近平在河南兰考县委常委扩大会议上表示，古罗马历史学家塔西佗提出了一个理论，说当公权力失去公信力时，无论发表什么言论、无论做什么

事，社会都会给以负面评价。这就是“塔西佗陷阱”。我们当然没有走到这一步，但存在的问题也不谓不严重，必须下大气力加以解决。2015年9月22日，习近平在美国华盛顿州当地政府和美国友好团体联合举行的欢迎宴会上发表演讲时指出，我们要坚持以事实为依据，防止三人成虎，也不疑邻盗斧，不能戴着有色眼镜观察对方。世界上本无“修昔底德陷阱”，但大国之间一再发生战略误判，就可能自己给自己造成“修昔底德陷阱”。2014年11月10日，习近平在北京出席亚太经合组织领导人同工商咨询理事会代表对话会时表示：“对中国而言，‘中等收入陷阱’过是肯定要过去的，关键是什么时候迈过去、迈过去以后如何更好向前发展。我们有信心在改革发展稳定之间以及稳增长、调结构、惠民生、促改革之间找到平衡点，使中国经济行稳致远。”

我认为，学习《党委会的工作方法》，有助于我们走出两道“鸿沟”，进而破解三个“陷阱”。

一是走出“信息鸿沟”。毛泽东讲：要“互通情报”。就是说，党委各委员之间要把彼此知道的情况互相通知、互相交流。这对于取得共同的语言是很重要的。有些人不是这样做，而是像老子说的“鸡犬之声相闻，老死不相往来”，结果彼此之间就缺乏共同的语言。他还讲：要胸中有“数”。这是说，对情况和问题一定要注意到它们的数量方面，要有基本的数量的分析。任何质量都表现为一定的数量，没有数量也就没有质量。我们有许多同志至今不懂得注意事物的数量方面，不懂得注意基本的统计、主要的百分比，不懂得注意决定事物质量的数量界限，一切都是胸中无“数”，结果就不能不犯错误。说到底，就是要掌握情况，胸中有数，才能破除信息壁垒，进而找到出路和办法。反之，非掉到沟里不可，非栽跟头不可。

二是走出“配合鸿沟”。毛泽东讲：党委要完成自己的领导任务，就必须依靠党委这“一班人”，充分发挥他们的作用……如果这“一班人”动作不整齐，就休想带领千百万人去作战，去建设。他还讲：要学会“弹钢琴”。弹钢琴要十个指头都动作，不能有的动，有的不动。但是，十个指头同时都按下去，那也不成调子。要产生好的音乐，十个指头的动作要有节奏，要互相配合。这就告诉我们，领导之间必须要配合，不能单打独斗，不能各自为战，不能搞“独立王国”，不能围观“独角戏”……否则，就会损人不利己，就会“伸着巴掌什么也抓不住，手握起来什么也握不住”，贻误战机，有害工作。

走出两道“鸿沟”，党委有了凝聚力、战斗力、感召力，就会无往而不胜，就能够破解三个“陷阱”中的具体难题。一个一个难题解决好了，大的陷阱自然也就跨过去了。

还是要牢记毛泽东那句话：“看准的事情，一旦下决心要抓，就抓得很紧很紧，一抓到底，从不虎头蛇尾，从不走过场”。

此时，有信息传来：生病输液的杨春蕾同学，也在边治疗边学习……好吧，那我只能简单地理解为：学习也是一剂良药。

12.2 动员会·车轮上的教学

2016-5-18　下午　阴

必须要献上我的敬意了。

为学院工作的精细——今天又召开“拿山调查”动员会，详细说明调研目的意义，明确教学任务。会后，又指导各调研组分工，制定具体的调研方案。

七个字：致广大而尽精微！

习近平说，没有调查，就没有发言权，更没有决策权。他还讲过：农村是一个大舞台，基层是一个大课堂，农民是一名好老师。

学院决定在年轻干部班开展“拿山调查”的社会实践教学。教务部副主任郭小强动员说：要通过“拿山调查”，强化学员的宗旨观念，弘扬毛泽东等革命先辈密切联系群众、注重调查研究的优良作风，深化对国情民意的了解，提高调查研究的水平及分析和解决实际问题的能力。

郭小强老师详细介绍了四项教学原则：一、实践性原则。让学员深入拿山的乡村街道，与群众进行面对面的接触交流。二、专题性原则。通过解剖“麻雀”的方式，围绕“两学一做”主题开展调研。三、综合性原则。把理论教学与实践锻炼有机融合起来。四、服务性原则。服务于党和国家的工作大局，服务年轻干部成长。此次被调研的社会实践点不作刻意准备，原汁原味地展现当地的原貌，促使学员提高与群众打交道的能力。

讲着讲着，郭老师一不小心就“剧透”了——本班设计了几乎所有的党性教育形式：1. 专题教学；2. 现场教学；3. 体验式教学；4. 激情教学；5. 音像教学；6. 教学演出；7. 分组研讨；8. 学员论坛；9. 默写入党誓词；10. 访谈式教学；11. 典型示范；12. 社会实践教学；13. 原著研读；14. 读书活动；15. 文体活动；16. 党性分析；17. 联欢晚会；18. 学习考核……寒木春华，蔚为大观！从中国人民大学毕业后，我先后在“广东省第五期高级公务员公共行政管理知识专题研究班”（牛津大学、中山大学）、南京政治学院、广东省委党校、中国延安干部学院等名校学习过。实事求是讲，这些学校的培训各有侧重、各具特色、各美其美，我都感佩交并、镂骨铭肌。中井院，我感觉最突出的特点至少有三个：一是“车轮上的教学”，次数多、时间长、主题鲜明、效果很好。学院的现场教学点，以井冈山为中心，北至南昌八一起义纪念馆，南至福建古田会议旧址，东至上饶集中营革命烈士纪念馆，西至湖南韶山毛泽东故居，共约110多处。二是社会调查，深入、专业、规范，有很强的锻炼作用。三是音像教学，生动活泼、史料丰富、感人至深。

班主任朱荣兰老师，又叮嘱了一些注意事项，希望学员们把准备工作做得更充分，展现出良好的自身形象，拿出高水平的调研报告。

小组再开会。华敬锋提议，小组一致通过：再细分为两个小分队，华敬锋和我各带一个，明早悄悄进村！

精细，精细，再精细。没有精细的劳作，即使是最有可能的事也会功败垂成，行百里者半九十啊。打开电脑，完善调研的每一小点，每一小点……

13.1 拿山调查

2016-5-19　晚　雨

石形卧苍牛，贔屭古松阴。
松风与溪月，相守历古今。
初无廊庙姿，又不能础礎。
呈文谢珉光，抚质愧球琳。
金马与碧鸡，光景动照临。
圯桥授书老，陈仓雊时禽。
是皆为国器，不尔事陆沉。
浮云有傥来，得名岂其心。
谅如曲辕社，长存斧斤寻。
智士贻美謚，自珍非世琛。
不材以为宝，吾与汝同音。

“这是大诗人黄庭坚写我们村的，《戊午夜宿宝石寺视宝石戏题》。”村支书李一青一见面，就递给我一本书。

能读懂吗？这么深奥的诗交给我，太信任我了吧？容我一天后，非深入解读清楚不可。

因为今天的主题是自主调研……

上午8时，按计划，我们组直奔拿山乡贵溪村。

大雨，大雨也掩不住调查的热情啊。雨越来越大，雨越来越大也挡不住调查的脚步啊。据微信群发布的消息，梅黎明常务副院长今天也冒雨来拿山乡调研了！

在村委会，村支书李一青、村委会主任尹良明先介绍了基本情况：贵溪村是典型的“空心村”，一亩地刨去成本，一年下来只能收个五六百块，而打工几天就赚了这个数，所以青壮年都外出打工了；村里资源丰富，但集体经济不行，全村精准扶贫户特困户13户，人口37人，一般户9户，人口20人；村民入党的积极性很高，不断有人递交入党申请书，现在重质不重量，指标有限，入党很不容易……

我们分为两个小分队，先和二十来个党员促膝谈心。张建军、胡贵良、吴万雄和我，与7位党员面对面。

吴家发：现在党的政策好啊。像精准扶贫，市里把贫困户细分为红卡户和蓝卡户，具有劳动能力、贫困程度较低的被列为蓝卡户，年龄偏大、基本丧失劳动能力又特别贫困的是红卡户。红卡户，“输血”与“造血”相结合来救济，每年光分红就有1500元；蓝卡户，主要是通过旅游扶贫、

产业扶贫来提高造血能力。我牵头弄了个花卉苗木种植合作社，8个股东，100多亩地。每天解决几十个村民做工，一年光这个支出就有几十万，也算是产业扶贫吧。我还参加了村旁边的大型实景演出《井冈山》，每晚都扮演挑粮的“朱老总”，挑啊挑啊，每场演出可以得到17元的报酬，一个月下来有400多元的收入，因为演出都是在晚上，也不影响白天工作……希望党的政策有连续性，不要搞一阵风，这样才能拔穷根、摘穷帽、挪穷窝。

尹东明：我现在主要搞泥工，和几个人合伙承包土建工程，贴瓷砖。一天挣个两三百吧，不会低于两百。也很辛苦，冬天好冷，夏天好热……党的政策，主要是靠看电视、开会来学习，党员会从来没有缺席过。党员还是起带头作用的，不带头不行啊，像有个老党员，虽然有残疾、年龄大的特殊原因，但把猪养在村子中间，污染环境，那就不行啊，老百姓会戳脊梁骨：还党员咧……

吴宝发：党对农民好啊，医疗、教育、建房这三个大事，政府都在下大力气解决。像医疗，患个大病，至少可以报销45%，最高可以报销20

万。像养老保险，60岁以上的可以领钱，70岁以上的高龄党员还另外有点补贴。像修路、挖水渠、装路灯这些基础设施，都是政府干的，前几年还把一个垃圾场改造成了休闲的好地方。我现在搞泥工，三四年了。种地不行，收入上不去。我家有五亩地，在山边，荒了三分之一了，好多是被野猪吃了，我们这真有野猪……要说困难，就是贷款不容易，要担保人。要说希望，就是希望把村干部的待遇提高点，现在村支书每月只有550元，村主任是500元，太少了。

吴吉池：我81岁了，56年党龄，老支书。我天天看电视，天天喝一斤白酒，早、中、晚都喝，每餐三两三，五六块一瓶的“四特”酒。我身体好啊，每天做家务、打柴火、种菜。村里好多八十多岁的老人咧。党的政策好，希望下边落实好。我们这缺资金、缺项目，还是要大力发展集体经济。只有村集体经济好了，才能更好地带领群众奔小康。

尹良忠：八项规定，反腐败，好啊，否则自己的党毁了自己。干部

的作风比以前好多了，以前一天三餐，现在没有吃喝了。基层组织建设是第一位的，村干部在农村第一线，要解决好后顾之忧。像村支书、村委主任，没多少报酬，好穷，又容易得罪人，不当了工资就没了，这样他就胆子小、不敢大胆干。能不能考虑“待遇终身制”？一些大学生也可以来当村官，加大点力度，把农村搞上去。

……

简单的午饭，就在农民吴家发家。绿色、天然、无公害……好味道，一百分的好吃。付费，淳朴的吴家发不肯收；我们坚持，必须给。就这样推来推去好几个回合，吴家发才勉强收下。中国的农民啊，总是那么可亲、可爱。

下午，雨大得要命，仿佛要把这空旷的山野洗一遍，再洗一遍……继续调研，不怕雨不怕累，就怕愧对。

小康不小康，关键看老乡。下午调研的重点是群众，主要是了解他们想什么，盼什么。吴坤祥老人告诉我们，现在对教育重视，村里每年都考

上两三个大学生。村里设了奖学金，考上了就奖八百块。以前，出一个大学生可不容易。而他，当年靠“养了三头母猪”，硬是供了两个大学生。现在，一个儿子在成都工作，一个儿子在镇政府工作。家里盖了楼房，很气派，更重要的是，生活和美，有奔头。就在老人家的客厅，最显眼的地方，贴着儿子在部队立功受奖的四张奖状……老人说：对教育，要更重视，特别是农村。

聊啊聊，越聊越投入。我们忽然觉得，农村的天地那么广阔，就像财经作家吴晓波所写的：当这个时代到来的时候，锐不可当。万物肆意生长，尘埃与曙光升腾，江河汇聚成川，无名山丘崛起为峰，天地一时，无比开阔。

要说隐忧，我倒有一点。村支书告诉我，村里党员的平均年龄是47.5岁。我统计了一下，5名村支委的平均年龄为47.8岁，只有一位较年轻，30岁，其他的都五十开外了。这是不是偏大了点？有没有点“老龄化”的趋势？

归途。别了，贵溪；别了，古诗词里的乡村——

土地平旷，屋舍俨然，有良田美池桑竹之属，阡陌交通，鸡犬相闻。

山花开处不知名，野水浇田细有声。经岁谁怜农父老，辛勤一半代牛耕。

暮鸟归巢急，寒牛下陇迟。

……

14.1 分组讨论

2016-5-20　上午　雨

一讨论，就深入；一深入，就具体。

有人说，三个人的世界太拥挤。我倒是认同另一种说法：唯一有价值的创意会议是，参与的每个人都以相同的事实开始为讨论的基准，不论点子乍听之下有多狂野，也都有雅量相待，并表现出谦冲的尊重。我们的讨论，属于这一种。

上午的任务：分组讨论昨天的调查情况，形成调研提纲。

吴万雄受全组委托，拟执笔调研报告。他介绍说，调研提纲分为三个部分：一、调查的基本概况。包括自然情况、党组织建设、“两学一做”

的开展情况、精准扶贫情况等。二、从调查中发现的问题。第一，基层党建存在的问题。包括组织建设、党群关系、干部问题等。第二，“两学一做”存在的问题，包括组织方面、同步性的问题、要与经济发展相结合的问题等。三、对策与建议。包括扶贫政策如何与农民愿望、产业结构相匹配，如何调动基层组织的积极性等。

磨砺以须，历历可辨，到底是高校领导啊。

尹达挹彼注兹：建议把党组织带动农民脱贫的内容加进去。一、扶贫政策信息的公开、对接、落地的问题。有人反映按原来政策可以享受贴息，到后来才被告知政策已过期失效，享受不了了。二、政策的具体实施问题。如“新农合”的接转问题，有群众反映在本地治疗，可以报销90%，但医疗条件差；如果转到条件好的比如上海的大医院治疗，只能报销45%。三、党员如何发挥模范带头作用的问题。群众反映党员在大是大非、大事情上还可以，在具体而微的事情上与一般群众无区别。如土坯房改造，有的党员不积极，甚至带头抵触。四、精准扶贫上如何更赢得民心。有群众

对红、蓝卡户的产生过程有疑虑。

包立杰快人快语：要注意基层党组织“老龄化”的倾向。现在，村子是“空心村”，940人，有300多人外出务工了。其中，到外地的100多人，在井冈山新城区打工、离家不离故土的，有200多人。而村支部，五个支委，只有一个30岁的，会不会演变成“老人俱乐部”呢？老党员当然需要，新鲜血液也要补充。否则，很难想象一群老人能带领全村大刀阔斧奔小康。年轻人只要培养得好，肯干、敢干、能干，一定能让农村变模样。

华敬锋高屋建瓴：建议增加一部分——调查的体会和启示。比如，年轻干部如何“心中有三农”的问题，毛泽东讲“农业是国民经济的基础”，小平同志说“农业是根本，不要忘记”，习总书记强调“任何时候都不能忽视农业、忘记农民、淡漠农村”。再比如，党员如何发挥先进性的问题，这些党员平时都是农民啊，怎么在急难险重的时候挺身而出，怎么在日常“别人能做的我不能做”、“别人捐十块，我就捐二十”……不能让群众背后议论：怎么让这个人入了党啊。

……

这个讨论热烈啊。大家开玩笑说，这几天，散步时，讨论；吃饭时，讨论；上微信，还讨论……必须得表扬下自己啊。

其实，调查研究，加强讨论，是我们党的好传统，年轻干部尤其不能丢了这个“传家宝”。翻开《毛泽东选集》第一卷，头两篇便是毛泽东

的调查研究论文。一篇是《中国社会各阶级的分析》，另一篇是《湖南农民运动考察报告》。此后，毛泽东还做了《宁冈调查》、《永新调查》、《寻乌调查》、《兴国调查》、《长冈乡调查》、《才溪乡调查》，等等。正是有了这些调查研究工作做基础，才使毛泽东拥有了对于中国革命的发言权、决策权、指挥权。

看，毛泽东说得多精辟："要了解情况，唯一的方法是向社会作调查"，"对于担负指导工作的人来说，有计划地抓住几个城市、几个乡村，用马克思主义的基本观点，即阶级分析的方法，作几次周密的调查，乃是了解情况的最基本的方法。只有这样，才能使我们具有对中国社会问题的最基础的知识。"

再学学1930年5月毛泽东在《反对本本主义》一文中的论述："你对于那个问题不能解决吗？那么你就去调查那个问题的现状和它的历史吧！你完完全全调查明白了，你对那个问题就有解决的办法了，一切结论产生于调查情况的末尾，而不是它的先头"，"调查就像'十月怀胎'，解决问题就像'一朝分娩'"。

陈云也说过："领导机关制定政策，要用百分之九十以上的时间作调查研究工作，最后讨论作决定用不到百分之十的时间就够了。"又说："片面性总是来自忙于决定政策而不研究实际情况。"

在《之江新语》中，我留意到习近平对此早有论述：为什么我们现在有些决策的针对性和可操作性不强，说到底，根子还是在于调查研究少了一点，"情况不明决心大，心中无数点子多"。

再看看当下。恐怕我们不少的年轻干部，都自诩怀珠抱玉，才藻艳逸，热衷于高谈虚论，纸上谈兵，极少到基层蹲上个把月，研究透一个问题。此类积习不除，必堕坑落堑，聚铁铸错。

像毛泽东那样去调查吧——调查研究没有满腔的热情，没有眼睛向下的决心，没有求知的渴望，没有放下臭架子、甘当小学生的精神，是一定不能做，也一定做不好的。

14.2 撰写调查报告

2016-5-20 晚 雨

整个人都不好了。

下午撰写调查报告。认真地过滤调查细节，认真地查阅相关资料，认真地回味同学发言，认真……世界上最怕“认真”二字，一认真，天呐，电脑死机了——点开页面过多。赶紧请教学院和报社的技术人员，他们忙活了半天，仍然回天乏术。重新开机后，电脑中几十万字的资料、笔记全没了。

哭天无泪啊。悲痛欲绝啊。肠子都悔青了啊。其实，根本原因，还是自己不认真，怪不得别人。就在电脑前，学院专门放了个“温馨提示”牌：本机重启后将自动删除保存在电脑中的所有资料，请务必将您的资料保存到U盘等移动存储设备中，以免文件丢失。

提醒，天天看，夜夜面对，就是没当回事儿，抱侥幸心理。结果，本来是点几下鼠标的事，却要花无数个日夜才能补回来，有些恐怕永远也难复原了。教训太深刻了，深刻到有撞墙的冲动。

胡适先生早年写过一篇短文，叫《差不多先生传》。他辛辣地讽刺道：你知道中国最有名的人是谁？提起此人，人人皆晓，处处闻名。他姓差，名不多……差不多先生的相貌和你和我都差不多。他有一双眼睛，但看的不很清楚；有两只耳朵，但听的不很分明；有鼻子和嘴，但他对于气味和口味都不很讲究。他的脑子也不小，但他的记性却不很精明，他的思想也不很细密。他常常说：“凡事只要差不多，就好了”……差不多先生差不多要死的时候，一口气断断续续地说道：“活人同死人也差……差……差不多，……凡事只要……差……差……不多……就……好了，……何……何……必……太……太认真呢？”

惭愧啊。人生大敌——“凡事只要差不多，何必太认真？”因为不认真，就会“堤溃蚁穴，气泄针芒”，就会“雾里看花，水中望月”，就会“棘地荆天，功败垂成”。

毛泽东说，学习的敌人是自己的满足，要认真学习一点东西，必须从不自满开始。习近平多次要求“领导干部要认认真真学习”，“真正做到坐得住、钻得进、学得好、收获多”。他说：当今时代，伴随着广泛而深刻的社会变革和突飞猛进的科技发展，知识更新的周期大大缩短，各种新知识、新情况、新事物层出不穷。据有关资料显示，在全球生产总值的高速增长中，知识份额已经由20世纪初的5%上升到今天的80%～90%。有专家考证，18世纪以前，知识更新速度为80～90年翻一番；19世纪60年代，知识更新速度为50年左右翻一番；20世纪90年代以来，知识更新加速到3～5年翻一番。近50年来，人类社会所创造的知识，比过去3000年的总和还要多。在农耕时代，一个人读几年书，就可以管用一辈子。在工业经济时代，读十几年的书，才能够用一辈子。到了知识经济时代，只有经常不断地抓紧学习、坚持不懈地终身学习，才能够使用一辈子，这也就是人们常说的要活到老、学到老。

不认真，行吗？真不行——差之毫厘，谬以千里！想起一件史实：红军转战到寻乌县时，毛泽东把谭冠山和宣传队的同志找去，问：你们在寻乌作了调查没有？谭冠三回答：调查了。毛泽东又问：那寻乌做什么生意的最多？谭冠三回答：酿酒、做豆腐的最多。毛泽东再问：哪几家的酒酿得最好？哪几家的豆腐做得最好？谭冠三哑口无言了。他们虽然在寻乌做了调查，但却没有像毛泽东那么认真、细致。接着，毛泽东把生意最好的酒店、豆腐店原原本本地告诉了他们。第二天，谭冠三和宣传队员们分头去作了一次极其认真的补充调查，实际情况与毛泽东讲的完全一致。

千万要牢记李大钊的名言：凡事都要脚踏实地去作，不驰于空想，不骛于虚声，而惟以求真的态度作踏实的工夫。以此态度求学，则真理可明；以此态度作事，则功业可就。

15.1 俞可平·推进国家治理现代化

2016-5-21　下午　雨

学院的安排，真是深计远虑。

上午，中组部在班上进行了“领导能力与法治能力”测评。整整三个小时，脑力大激荡。习近平总书记年初曾批评过三种“为官不为”：一是能力不足而“不能为”，二是动力不足而“不想为”，三是担当不足而“不敢为”。我觉得，不少年轻干部的确存在能力不足、本领恐慌的问题，至少我个人就是“旧知识基础不牢，新情况掌握不够”。比如，对城市拆迁问题，我们经常面对，但思考够吗？办法多吗？能管用吗？而毛泽东早在1956年就讲过：“早几年，在河南省一个地方要修飞机场，事先不给农民安排好，没有说清道理，就强迫人家搬家。那个庄的农民说，你拿根长棍子去拨树上雀儿的巢，把它搞下来，雀儿也要叫几声……于是乎那个地方的群众布置了三道防线：第一道是小孩子，第二道是妇女，第三道是男的青壮年。到那里去测量的人都被赶走了，结果农民还是胜利了。后来，向农民好好说清楚，给他们作了安排，他们的家还是搬了，飞机场还是修了。这样的事情不少……我们一定要警惕，不要滋长官僚主义作风，不要形成一个脱离人民的贵族阶层。谁犯了官僚主义，不去解决群众的问题，骂群众，压群众，总是不改，群众就有理由把他革掉。我说革掉很好，应当革掉”。六十年过去了，我们一些干部的治理能力与时俱进了吗？至少有一小撮人不仅没进步，反而倒退了，这样的例子不胜枚举。

下午，就补脑来了——俞可平先生主讲《推进国家治理现代化》，及

时雨啊！

俞可平先生，是著名学者，北大讲席教授、政府管理学院院长，曾任中央编译局副局长。俞可平先生先后获“改革开放30年30名社会人物”、“中国软科学奖”、“全球百名思想家”等称号。

俞可平先生从七个方面进行了系统讲述——

一、国家治理现代化的重大意义

“国家治理体系和治理能力的现代化”，是全新的政治理念。它表明我们党对社会政治发展规律有了新的认识，是马克思主义国家理论的重要创新，也是中国共产党从革命党转向执政党的重要理论标志。从实践上说，治理改革是政治改革的重要内容，相应地，国家治理体系的现代化也是中国特色政治现代化的重要内容。推进国家治理体系和治理能力的现代化，是完善和发展中国特色社会主义制度的必经环节，势必要求在国家的

行政制度、决策制度、司法制度、预算制度、监督制度等重要领域进行突破性的改革。从统治走向治理，是人类发展的普遍趋势。

二、统治与治理的主要区别

“治理”是上个世纪末兴起的新政治概念，它不同于“统治”的概念；从统治走向治理，是人类政治发展的普遍趋势。治理体制和治理行为主要体现国家的工具理性，无论在哪一种社会政治体制下，无论谁上台执政，都希望自己治下的国家有良好的治理。“少一些统治，多一些治理”，是21世纪世界主要国家政治变革的重要特征。从政治学理论看，统治与治理主要有五个方面的区别：其一，权威主体不同，统治的主体是单一的，就是政府或其他国家公共权力；治理的主体则是多元的，除了政府外，还包括企业组织、社会组织和居民自治组织等。其二，权威的性质不同，统治是强制性的；治理可以是强制的，但更多是协商的。其三，权威的来源不同，统治的来源就是强制性的国家法律；治理的来源除了法律外，还包括各种非国家强制的契约。其四，权力运行的向度不同，统治的权力运行是自上而下的，治理的权力可以是自上而下的，但更多是平行的。其五，两者作用所及的范围不同，统治所及的范围以政府权力所及领域为边界，而治理所及的范围则以公共领域为边界，后者比前者要宽广得多。

三、现代国家治理体系是什么

国家治理体系就是规范社会权力运行和维护公共秩序的一系列制度和程序。它包括规范行政行为、市场行为和社会行为的一系列制度和程序，政府治理、市场治理和社会治理是现代国家治理体系中三个最重要的次级体系。更进一步说，国家治理体系是一个制度体系，分别包括国家的行政体制、经济体制和社会体制。有效的国家治理涉及三个基本问题：谁治理、如何治理、治理得怎样。这三个问题实际上也就是国家治理体系的三大要素，即治理主体、治理机制和治理效果。现代的国家治理体系是一个有机的、协调的、动态的和整体的制度运行系统。

四、国家治理现代化的主要标准

国家治理体系的现代化是社会政治经济现代化的必然要求，它本身也是政治现代化的重要表征。衡量一个国家的治理体系是否现代化，至少有五个标准。首先是公共权力运行的制度化和规范化，它要求政府治理、市场治理和社会治理有完善的制度安排和规范的公共秩序；其二是民主化，即公共治理和制度安排都必须保障主权在民或人民当家作主，所有公共政策要从根本上体现人民的意志和人民的主体地位；其三是法治，即宪法和法律成为公共治理的最高权威，在法律面前人人平等，不允许任何组织和个人有超越法律的权力；其四是效率，即国家治理体系应当有效维护社会稳定和社会秩序，有利于提高行政效率和经济效益；其五是协调，现代国家治理体系是一个有机的制度系统，从中央到地方各个层级，从政府治理到社会治理，各种制度安排作为一个统一的整体相互协调，密不可分。其中，民主是现代国家治理体系的本质特征，是区别于传统国家治理体系的根本所在。所以，政治学家也将现代国家治理称为民主治理。

五、国家治理体系和治理能力的关系

十八届三中全会将“国家治理体系和治理能力”两者放在一起，作为全面深化改革的总目标。这里所说的“国家治理体系和治理能力”，其实指的是一个国家的制度体系和制度执行能力。国家治理体系和治理能力是一个有机整体，推进国家治理体系的现代化与增强国家的治理能力，是同一政治过程中相辅相成的两个方面。有了良好的国家治理体系，才能提高国家的治理能力；反之，只有提高国家治理能力，才能充分发挥国家治理体系的效能。

六、为什么要推进国家治理体系和治理能力的现代化

推进国家治理体系和治理能力的现代化，是中国特色社会主义现代化建设和政治发展的必然要求。一方面，它是对改革开放38年来我国现代化建设成功经验的理论总结；另一方面，也是对我国在现代化进程新的发展阶段所面临的各种严峻挑战的主动回应。

俞先生特别提到，这是化解现实存在的局部治理危机的根本途径。中国能够在社会基本稳定的前提下保持经济的长期发展，很大程度上得益于中国治理改革的成功。经过38年的改革开放，中国特色的社会主义现代化进入到了一个新的发展阶段。社会中不同的利益群体已经形成，各种利益冲突日益明显，社会不公平现象突出，生态环境急剧恶化，不稳定因素急速增多，维稳的代价不堪重负，党和政府公信力流失，现存的许多体制机制严重阻碍社会进步，凡此种种都意味着我们在国家治理体制和能力方面，正面临诸多新的严峻挑战。十八届三中全会强调要推进国家治理体系和治理能力的现代化，说明我们现存的治理体系和治理能力还相对落后，跟不上社会现代化的步伐，不能满足人民日益增长的政治经济需求。如果不采取突破性的改革举措解决国家治理中存在的紧迫问题，那么我们目前局部存在的治理危机有可能转变为全面的执政危机。化解治理危机的根本途径，就是以巨大的政治勇气，沿着民主法治的道路，坚定地进行政治体制改革，推进国家治理体系的现代化。

七、如何推进国家治理现代化提高国家治理的能力

第一，进一步解放思想，努力冲破不合时宜的旧观念的束缚。治理体制的改革属于政治改革的范畴，比起其他改革更具有政治敏感性，更容易使人们畏首畏尾，解放思想尤其重要。“实践发展永无止境，解放思想永无止境，改革开放永无止境”。这里所说的“永无止境”不仅指时间的维度，也包括空间的维度。从时间上说，解放思想和改革开放是一个无限的

过程；从空间上说，解放思想和改革开放涉及各个领域，包括政治领域，特别是治理领域。判断一种新的思想、观念、制度和政策，应当看它是否有利于国家的富强民主，人民的自由幸福，社会的公平正义，看它是否有利于建设一个富强、民主、文明、和谐的现代化强国。只要是有利于“促进公平正义、增进人民福祉”的新观念和新实践，都值得重视和探索。反之，凡是束缚社会政治进步的体制机制都应当破除。

第二，既要继承发扬我国传统治国理政的经验，也要学习借鉴国外政府治理和社会治理的先进经验。我们从来主张要学习人类文明的一切优秀成果，当然包括政治文明的优秀成果。改革开放以来我们在建立现代国家治理体系方面的许多进步和成就，其实也得益于向外国的先进经验学习。例如，政策制定过程中的“听证制度”、公共服务中的“一站式服务”、责任政府建设中的“政府问责”制度等等，都是直接或间接地从西方发达国家引入的。我们应当具有当年邓小平同志引入市场经济那样的胸怀和胆识，站在国家富强、人民幸福和民族复兴的高度，以解放和发展社会生产力、解放和发展社会活力为目标，认清世界发展潮流，立足中国国情，大胆借用人类政治文明的一切优秀成果。

第三，加强顶层设计，从战略上谋划国家治理体系的现代化。国家的治理体系是一个制度系统，包括政治、经济、社会、文化、生态等各个领域，必须从总体上考虑和规划各个领域的改革方案，从中央宏观层面加强对治理体制改革的领导和指导。碎片化、短期行为、政出多门，以及部门主义和地方主义，是我国现行治理体制和公共政策的致命弱点，它们严重削弱了国家的治理能力。应当加强对国家治理体系现代化的战略研究，分阶段制定国家治理体制改革的路线图和任务表。一方面，要站在国家和民族根本利益的高度，超越部门和地区利益，进行全局性的统筹规划，挣脱既得利益的束缚。另一方面，既不能“头痛医头脚痛医脚”，也不能草率从事，应当广泛讨论，从长计议，避免短期行为。

第四，总结地方治理改革创新经验，及时将优秀的地方治理创新做法上升为国家制度。改革开放38年来，我们在政府治理和社会治理方面做了大量可贵的探索，积累了许多宝贵的经验。有许多好的治理改革因为没有上升为国家制度而被中止，或者仅在小范围内实施。应当系统地总结各级政府的治理改革经验，及时将成熟的改革创新政策上升为法规制度，从制度上解决政府治理和社会治理改革创新的动力问题。

第五，建立和完善与中国特色社会主义现代化要求相适应的现代国家治理体制。国家治理体系的现代化，最重要的还是体制机制的现代化和人的现代化。有两个基本因素影响着国家治理水平和效益，即治理者的素质和治理的制度，这两者都不可或缺。但比较而言，制度更具有根本性，因为制度可以改造人的素质，可以制约治理者的滥权和失职。因此，国家治理体系现代化的关键在于制度的改革和创新，既有“破”又有“立”。一方面，要“以促进公平正义、增进人民福祉为出发点和落脚点”，“坚决破除各方面体制机制弊端”。另一方面，要根据社会发展和人民群众的新要求，健全和完善政府治理和社会治理制度。

第六，破除官本位观念，消除官本主义流毒。良好的国家治理，制度是决定性的，但治理者的素质也至关重要。就目前我国的实际情况而言，官本位观念和官本位现象是影响治理者素质的重要因素。官本主义是长期支配我国传统社会的政治文化和政治体制，其实质是官员的权力本位，它与建立在公民权利本位之上的现代政治文明和现代国家治理是格格不入的。改革开放38年后，我国的民主法治取得了重大进步，民主、自由、平等、公正等现代核心政治价值日益深入人心。但不可否认，“有权就有一切”的官本主义流毒在现实中还大量存在，在一些领域和地方官本位现象甚至有愈演愈烈的趋势。十八届三中全会《决定》正式把“破除官本位观念”列为改革的重要任务，可谓切中要害。一方面，我们要对广大公民特别是各级党政官员进行民主、自由、平等、公正、法治、和谐等社会主义核心政治价值观的教育，培育公民意识，破除权力崇拜，牢固树立公民权利至上的观念；另一方面，要依靠制度来遏制官本位现象和维护公民权利，在将官员的权力关进制度笼子的同时，用制度来构筑保障公民权利的长城。

结论

只有推进国家治理体系和治理能力现代化，才能发展和完善中国特色社会主义制度；只有沿着民主法治的道路，才能真正实现国家治理体系的现代化；国家治理体系的现代化进程，不仅在很大程度上反映着社会现代化的进程，也在很大程度上反映着中国民主法治的进程。

俞可平先生还回答了付磊、杨学农等同学的提问。

如沐春风，求浆得酒——这是我个人的感受。俞可平先生讲课，行云流水，引经据典，这固然是吸引人之处，而我感受更深的是他对现实问题的关注和思考。他在讲课中，谈到了广东省人民医院医生被砍之殇，谈到了垃圾焚烧厂选址之困，谈到了最近的雷洋之死……立足大地仰望星空，坐拥书斋行走现实，这样做学问好。

16.1 专题教学

2016-5-22　上午　晴

上午是专题教学：《学党章，讲党性，守规矩》。主讲人，中央党校党史教研部的罗平汉教授。

党章、党性、规矩，大家耳熟能详，但要讲得明白、说出新意、令人信服，还真不容易。罗平汉教授钩玄提要，讲得生动而深刻，大家耳目一新。

他从名将陈光的悲剧开始讲起。

陈光，1905年出生于湖南宜章，1927年入党，参加过湘南暴动，随朱德、陈毅上井冈山，后任红4军连长、团长、师长，少共国际师师长，红一军团代理军团长。抗日战争时期，他任八路军第115师第343旅旅长、第115

师代师长，与政委罗荣桓率部挺进山东，成为山东抗日根据地的主要领导人之一。

陈光作为高级将领，作战勇敢，多次负伤，屡有战功，但性格刚烈，不善于团结人。在山东期间，与根据地其他领导人关系紧张。1944年春，陈光到延安参加整风运动，组织上曾给他很高评价。1945年七大时陈光认为凭自己的资历与战功，应当进入中央委员会，但毛泽东为了照顾党内各个“山头”（毛泽东对“山头”的态度是一承认，二照顾，三消灭），在考虑中央委员会组成人选时，希望红一方面军特别是红一军团出身的干部能够有所忍让，以便有更多的名额给其他“山头”出身的干部，而陈光在此问题上没有大局观念，也不体谅毛泽东的良苦用心，公开表示反对意见。

抗战胜利后，中央派遣大批干部进入东北，陈光亦是其中之一。到东北不久，陈光即在电台问题上与老领导林彪闹不愉快，随后又没经过林彪和东北民主联军总部的批准组织长春战役（尽管此役取得了胜利）。1949年3月底至4月初，第四野战军在北平召开高级干部会议，林彪在会上作《论团结》的报告，重点是反对骄傲自满和加强集体领导，并将陈光作为骄傲的典型点名批评。对此陈光不能接受，立即起身离开会场。

随后，陈光就任四野副参谋长随军南下，1950年1月被任命为广东军区副司令员兼广州警备区司令员。上任不久，陈光未经叶剑英（华南分局第一书记，广东军区司令员兼政委）同意，安排一些来投靠他的亲友去做海南岛国民党军队的策反工作，并将老家的亲戚和知识青年招来广州办训练班，还派遣一些人去香港活动，做生意。叶剑英亲自找陈光谈话，希望他认识和改正错误，但陈光脾气暴烈，产生严重对立情绪，最后两人甚至拍了桌子，谈话不欢而散。后来，广东军区召开生活会继续对陈光进行批评帮助，陈光不但不能接受反而再次拍桌子。

1950年7月，华南分局纪委报请中央纪委后，决定给予陈光撤销职务、开除党籍的处分。中央纪委曾批复：“现在对他要（么）就是承认错误，决心改正，留在党内继续为党工作；要（么）就是继续错误，自绝于党和

人民，二者必居其一”，责成华南分局纪委负责处理此事，将上述意见向陈光说明要求他表明态度。1951年初，中南局派人同陈光谈话，劝他认识错误，但陈光认为处分决议与事实有较大出入，处理不公，并认为这是林彪欲加害于他，因而拒绝接受组织处理。1951年2月，中南局作出《关于批准华南分局开除陈光党籍的决议》。随后，陈光被软禁于武汉中南军区，1954年6月自焚身亡。

“文化大革命”后，对于历史上的冤假错案进行了大规模的平反工作，同时也对一些历史结案进行复查。在一些老同志的呼吁下，1987年中央纪委、中组部等联合组成调查组，对陈光一案进行审查，认定其解放初所犯错误纯属人民内部矛盾。1988年4月，经中共中央批准，撤销对陈光的“反党”结论，恢复他的党籍和名誉。

陈光曾对中国革命作出过重要贡献，但最后成了悲剧式的人物。十一届三中全会后尽管恢复了党籍与名誉，但是，陈光毕竟为此付出了太大的代价。如果陈光当时在处理相关问题时不那么冲动，如果身上的党性更强一些，自我约束更好一些，这样的人生悲剧是否可能避免？

这些年来，有少数干部走上腐败之路，在他们的忏悔录里，时常出现“丧失党性”这样的用语。如苏荣，在忏悔书中讲到，他出身农民，从大队会计干起，一直到十八大，多次参加全国党代会。他堕落的根本原因是“修养较差、表里不一，世界观、人生观、价值观扭曲”，主要教训是“亲情大于党性，大于原则，丧失了党性，丧失了原则”。蒋洁敏也在法庭审判作最后陈述时说：我放松自我约束，丧失党性……

习近平总书记强调：“党性是党员干部立身、立业、立言、立德的基石”，“党章就是党的根本大法，是全党必须遵循的总规矩。”实践证明，党员的党性和规矩意识不一定随着党龄的增长而增强，随着职务的升迁而提高。共产党员特别是党员领导干部认真学习党章、自觉提高党性修养、自觉增强纪律与规矩意识，于党、于己、于家庭都是有益而无害的。

罗教授从三个方面进行了讲授：一、如何理解共产党人的党性；二、共产党人讲党性的基本要求；三、如何加强共产党人的党性修养。

一、如何理解共产党人的党性

关于党性问题的论述，人们最常引用的是列宁的一段话："严格的党性是阶级斗争高度发展的伴随现象和产物。反过来说，为了进行公开而广泛的阶级斗争，必须发展严格的党性。因此，觉悟的无产阶级的政党……完全应该随时同非党性作斗争，坚持不懈地为建立一个原则坚定的、紧密团结的社会主义工人政党而努力。"

列宁还说：唯物主义本身包含有所谓党性，要求在对事变做任何估计时都必须直率而公开地站在一定社会集团的立场上。"党性是高度发展的阶级对立的结果和政治表现。"

列宁所说的党性，主要是指政党的阶级性，强调无产阶级政党要代表本阶级的利益，要以唯物主义为指导。

从现有文献看，中共历史上第一个对党性作出明确定义的是刘少奇。1941年6月，他在《人的阶级性》这篇文章中，对何为"党性"作了阐释。他说：把自己的幸福建筑在"使别人受痛苦"的基础上，是一切剥削者的共同特点。牺牲全人类或大多数人的幸福，把全人类或最大多数人民弄到饥寒交迫与被侮辱的地位，来造成个人或少数人们特殊的权利与特殊的享受，这就是一切剥削者的"高贵""伟大"与"被人尊敬"的基础，一切剥削者的道德的基础。无产阶级与共产党人与此相反，是把自己的幸福建筑在"使别人同享幸福"的基础上，是在努力于最大多数劳动人民与全人类的解放斗争中来解放自己，来消灭少数人的特殊权利。这是共产党人的高贵、伟大与被人尊敬的基础，也是共产主义道德的基础。这就是阶级社会中人们各种不同的阶级特性。他强调："共产党员的党性，就是无产者阶级性最高而集中的表现，就是无产者本质的最高表现，就是无产阶级利益最高而集中的表现。共产党员的党性锻炼和修养，是党员本质的改造。"

1941年，任弼时在《关于增强党性问题的报告大纲》一文中，也曾对何

为共产党员的党性作了这样的概括："党性的范畴究竟包括些什么，究竟怎样才能锻炼出和培养成坚强的党性呢？就是说，为了增强党性，需要在哪些方面修养和锻炼自己呢？为了回答这个问题，首先应该弄清几个基本前提：一、共产党是无产阶级的先锋队，无产阶级的利益就是共产党的利益。二、共产党员的党性，就是无产阶级最高度的阶级觉悟和阶级意识。三、党性是以党员的思想意识、政治观点、言论行动来作标志，来测量的。"

为什么共产党员的党性是"无产阶级最高度的阶级觉悟和阶级意识"，是"无产者阶级性最高而集中的表现"？

因为共产党由无产阶级先进分子所组成。工人阶级是社会化大生产的产物，与现代化大生产相联系，代表着先进生产力。现代化大生产培养了工人阶级的组织纪律性，养成了团结协作的集体主义精神，同时，由于工人阶级没有生产资料造就了工人阶级没有私有制观念。尽管每个党员不可能都是工人出身，但加入党的组织后必须实现自身思想意识上的无产阶级化，即具有无产阶级的先进性。

中国共产党的先进性是工人阶级阶级属性的升华，即将工人阶级与现代化大生产相联系所代表的先进生产力，升华为共产主义的崇高理想和坚信这种理想能够最终实现的坚定信念；将工人阶级现代化大生产所养成的团结协作精神和组织纪律性，升华为民主集中制的组织原则和自觉遵守党的纪律的意识；将工人阶级所具有的大公无私、集体主义的优秀品质，升华为全心全意为人民服务的根本宗旨。

党章明确规定，中国共产党是中国工人阶级的先锋队，同时是中国人民和中华民族的先锋队，是中国特色社会主义事业的领导核心。中国共产党的这种先锋队性质，决定了党既是中国工人阶级、同时也是整个中华民族的先进分子所组成的集合体。这种先进性，不但要求每个共产党员应体现工人阶级的优点，也应体现中华民族的优点。

可见，共产党员的党性与党的性质既有联系又有区别。

每个共产党员应当自觉认同党的先进性、体现党的先进性、维护党的先进性。共产党员对党的先进性应具有的自觉意识，是对党的性质、党的宗旨、党的纪律的真正认同与自觉遵循，其外在表现是党员观察问题、处理问题所持的立场、观点和方法，表现为党员的思想、工作、生活作风。共产党员不但应具有良好的个人品德修养，更应表现出坚定的党性修养。

二、共产党人讲党性的基本要求

从文献梳理角度看，中共党史上党性一词的广泛使用是1941年皖南事变后开始的。

中共中央认为，皖南事变之所以造成如此严重的后果，一个重要的原因，是新四军主要负责人项英“其所领导的党政军内部情况，很少向中央作报告，完全自成风气。对于中央的不尊重三年中已发展至极不经（正）常的程度”。因此，“必须估计到游击战争环境，即在今后仍有可能产生如象张国焘或项英这类人物，因此加重了全党特别是军队中干部与党员的党性教育与党性学习，决不可轻视这个绝大的问题”。中共中央第一次向全党提出加强党性教育的问题。

1941年7月1日，中共中央政治局召开会议，讨论并通过了王稼祥起草的《中共中央关于增强党性的决定》。决定指出，对党内在党性方面存在的问题，主要表现在以下三个方面：

一是在政治上自由行动，不请示中央或上级意见，不尊重中央及上级的决定，随便发言，标新立异，以感想代替政策，独断独行，或借故推脱，两面态度，阳奉阴违，对党隐瞒。

二是在组织上自成系统，自成局面，强调独立活动，反对集中领导，本位主义，调不动人，目无组织，只有个人，实行家长统制，只要下面服从纪律，而自己可以不遵守，反抗中央，轻视上级，超越直接领导机关去解决问题，多数（人通过的）决议可以不服从，打击别人，抬高自己，在干部政策上毫无原则，随便提拔，随便打击，感情拉拢，互相包庇，秘密勾搭，派别活动。

三是在思想意识上，是发展小资产阶级的个人主义，来反对无产阶级的集体主义，一切从个人出发，一切都表现个人，个人利益高于一切，自高自大，自命不凡，个人突出，提高自己，喜人奉承，吹牛夸大，风头主义，不实事求是的了解具体情况，不严肃慎重的对待问题，铺张求表面，不肯埋头苦干，不与群众真正密切联系。

任弼时1941年下半年撰写的《关于增强党性问题的报告大纲》，认为测量一个党员是否讲党性，有如下标志：

第一，要深刻地认识和了解无产阶级的利益是我党的最高利益，应该用无限的忠实性和坚定性为这个利益服务，并且要使得为党的利益服务的精神完全是出自于觉悟性、自动性和积极性。

第二，理解和掌握马列主义，以及党的政策和策略，要灵活地、切乎实际地去运用马列主义。要与一切非马列主义的思想和观点作坚决的斗争。

第三，与个人主义、英雄主义、无组织状态、独立主义、反集中的分散主义等违反党性的倾向作斗争。

第四，要遵守党的统一的纪律。

第五，要与群众建立真正的密切的联系。

自延安整风以来，党的历任主要领导人都从不同的角度论述过党性问题，强调加强党性的重要性。

毛泽东指出："没有科学的态度，即没有马克思列宁主义的理论和实践统一的态度，就叫做没有党性，或叫做党性不完全"，"有实事求是之意，无哗众取宠之心。这种态度，就是党性的表现，就是理论和实际统一的马克思列宁主义的作风。这是一个共产党员起码应该具备的态度"。1941年8月，毛泽东在为中共中央起草的《中共中央关于调查研究的决定》中指出："粗枝大叶、自以为是的主观主义作风，就是党性不纯的第一个表现；而实事求是，理论与实际密切联系，则是一个党性坚强的党员的起码态度。"

邓小平强调："每个干部都要把党性放在第一位。""党性也包括联系群众、艰苦朴素、实事求是等等。选干部，标准有好多条，主要是两条，一条是拥护三中全会的政治路线和思想路线，一条是讲党性，不搞派性。"

习近平指出：坚强的党性，是成为高素质领导干部的首要条件。各级领导干部要加强理论修养，真正掌握马克思主义的立场观点方法；要加强政治修养，增强政治信念的坚定性、政治立场的原则性、政治鉴别的敏锐性、政治忠诚的可靠性；要加强道德修养，不断提高道德认识、陶冶道德情操、锤炼道德意志、提升道德境界；要加强纪律修养，增强纪律观念，自觉在思想上政治上行动上同党中央保持高度一致，确保政令畅通；要加强作风修养，做到执政为民有新举措、求真务实有新要求、廉洁从政有新成效。他还说：领导干部讲党性，最重要的就是要始终保持政治上的坚定性，忠于党、忠于人民，严格遵守党的政治纪律，坚决贯彻党的理论和路线方针政策及各项决策部署，善于从政治上观察和处理问题，在事关方向、事关原则的问题上立场坚定，在大是大非面前和关键时刻旗帜鲜明，自觉同党中央在思想上政治上行动上保持高度一致。

共产党人的党性原则包含着广泛的内容。党章规定的党员必须履行的八项义务，其实也是对党员党性八个方面的基本要求：（一）认真学习……努力提高为人民服务的本领。（二）贯彻执行党的基本路线和各项方针、政策……在生产、工作、学习和社会生活中起先锋模范作用。（三）坚持党和人民的利益高于一切，个人利益服从党和人民的利益，吃苦在前，享受在后，克己奉公，多做贡献。（四）自觉遵守党的纪律，模范遵守国家的法律法规，严格保守党和国家的秘密，执行党的决定，服从组织分配，积极完成党的任务。（五）维护党的团结和统一，对党忠诚老实，言行一致，坚决反对一切派别组织和小集团活动，反对阳奉阴违的两面派行为和一切阴谋诡计。（六）切实开展批评和自我批评，勇于揭露和纠正工作中的缺点、错误，坚决同消极腐败现象作斗争。（七）密切联系

群众，向群众宣传党的主张，遇事同群众商量，及时向党反映群众的意见和要求，维护群众的正当利益。（八）发扬社会主义新风尚，带头实践社会主义荣辱观，提倡共产主义道德，为了保护国家和人民的利益，在一切困难和危险的时刻挺身而出，英勇斗争，不怕牺牲。

衡量一个共产党员是否讲党性，可以从不同的角度进行考量，但至少表现在如下几个方面：是否理想信念坚定，树立正确的世界观价值观人生观；是否一切从实际出发，实事求是；是否能够真正践行党的群众路线，密切同人民群众的联系；是否严格遵守党的纪律，维护党的团结统一。

总之，讲党性，就是党要求做的坚决贯彻执行，党不允许做的自觉远离，最根本的是与党同心同德，共产党员要姓“党”。正如习近平所指出的，共产党员要做到：“在党爱党、在党言党、在党忧党、在党为党，归根到底一句话，就是要在思想上政治上行动上自觉同党中央保持高度一致。”

共产党员必须讲党性，但并不等于抹煞党员的个性，抑制党员的主动性和创造性。关于党性与个性的关系，毛泽东在七大上详尽地论述过：“讲到个性与党性，党性就是普遍性，个性就是特殊性。没有一种普遍性不是建筑在特殊性的基础上的。没有特殊性哪里有普遍性？没有党员的个性，哪里有党性？党性是共同的性质、普遍的性质，全党每一个人都有的性质。”

他还讲过：“个性不能强同，人就有老的、少的、男的、女的各种各样的不同，工作也各有军事、政治、经济、文化、党务等的不同……总之，有工作的不同，地位的不同，性别的不同，年龄的不同等等，抹煞这种不同，就是不让同志们发展长处。”“党员是有各种不同的个性，谁要抹煞各种不同的个性是不行的。抹煞各种差别，结果就会取消统一，抹煞特殊性也就没有统一性。这是一个问题。” “马克思在《共产党宣言》里讲得很清楚，他说：‘每个人的自由发展是一切人的自由发展的条件。不能设想每个人不能发展，而社会有发展，同样不能设想我们党有党性，

而每个党员没有个性，都是木头，一百二十万党员就是一百二十万块木头……不要使我们的党员成了纸糊泥塑的人，什么都是一样的，那就不好了。其实人有各种各样的，只要他服从党纲、党章、党的决议，在这个大原则下，大家发挥能力就行了。讲清楚这一点，对于党的进步，对于全体党员积极性的发挥是会有好处的。”

对个性怎么看？毛泽东讲：“有两种个性，即创造性的个性和破坏性的个性。对我们党来说是如此，对社会来说也是如此。创造性的个性是什么呢？比如模范工作者、特等射击手、发明家、能独立工作的干部，不但党外斗争有勇气，党内斗争也有勇气，盲目性少，不随声附和，搞清楚情况再举手，这就是创造性的个性，它同党性是完全一致的，完全统一的。另一种个性，是带破坏性的、个人主义的、把个人利益放在第一位，搞所谓标新立异。”

在处理党性与个性的关系上，每个共产党员在大是大非面前，在党的原则、纪律面前，要毫不犹豫地讲党性；在党的利益、人民的利益与个人利益发生矛盾时，必须坚持党的利益、人民利益至上。同时，讲党性并非否定个性，而是要求在遵守党章、服从党的决议、维护党的团结的前提下，尊重每个党员的个性和党章赋予的权利，充分发挥党员的主动性、创造性。

三、加强共产党人的党性修养

（一）理想信念就是共产党人精神上的“钙”

一个党员是否讲党性，表现出来的是言论行动，是思想作风、工作作风和生活作风，但起决定作用的是理想信念，是世界观、人生观和价值观。

何为理想信念？字典的解释：理想——对未来事物的想象或希望（多指有根据的、合理的，跟空想、幻想不同）。

共产党人是最高纲领和最低纲领的统一论者。党的最高纲领，自党成立的那天起就确立起来，那是最终实现共产主义，这也就是共产党人的理想，但在不同的历史时期党又都确定具体的奋斗目标，即最低纲领。

早在抗战爆发之初，毛泽东就指出："在中国，任何踏实的马克思主义者，他同时具有现时实际与将来远大理想两种责任的。而且应该懂得：只有现时的实际任务获得尽可能彻底的完成，才能有根据有基础地发展到将来的远大理想的那个阶段去。所谓将来的远大理想，就是共产主义，这是人类最美满的社会制度。"

党章指出：党在现阶段的战略目标是，到建党一百年时，建成惠及十几亿人口的更高水平的小康社会；到建国一百年时，人均国内生产总值达到中等发达国家水平，基本实现现代化。因此，必须坚持党在社会主义初级阶段的基本路线，这就是：领导和团结全国各族人民，以经济建设为中心，坚持四项基本原则，坚持改革开放，自力更生，艰苦创业，为把我国建设成为富强民主文明和谐的社会主义现代化国家而奋斗。这就是党在现阶段的最低纲领，也就是现阶段中国共产党的奋斗目标。

必须将党的最高纲领与最低纲领统一起来。在当下，坚定理想信念，就是要进一步增强中国特色社会主义的自觉与自信。党章指出："改革开放以来我们取得一切成绩和进步的根本原因，归结起来就是：开辟了中国特色社会主义道路，形成了中国特色社会主义理论体系，确立了中国特色社会主义制度。全党同志要倍加珍惜、长期坚持和不断发展党历经艰辛开创的这条道路、这个理论体系、这个制度，高举中国特色社会主义伟大旗帜"。

理想信仰是共产党人的精神支柱。在残酷的革命年代，无数共产党人为了实现心中的理想，为革命贡献出自己的一切，他们以自己的行动诠释了信仰的力量，诠释了对党的忠诚。

中共党员牺牲最多的是土地革命战争时期，其中包括许多党的重要干部。在中共五大选举产生的31名中央委员中，大革命失败至遵义会议前牺牲的人数超过三分之一，这还不包括此后牺牲的瞿秋白、夏曦。中共五大选举产生以王荷波、许白昊、张佐臣、杨匏安、刘峻山、周振声、蔡以忱为委员，杨培森、萧石月、阮啸仙为候补委员的中央监察委员会，其中有8人在土地革命战争时期牺牲，另有周振声1928年与党组织失去联系下落不明，只有刘峻山一个人幸存到新中国成立。

一个值得研究的现象：中国共产党作为替普通百姓谋利益的党，她的早期成员包括领导人，却大多出身比较富裕的家庭，受过比较良好的教育，有的还有比较好的社会职业，在那个时候，他们完全可以过上中上等的生活，但他们为什么选择共产主义信仰呢？

第一代中央领导集体主要成员的家庭出身：毛泽东，其父毛顺生，有田22亩，另做生意，有资本二三千元；刘少奇，其父刘寿生，有田60亩，自种30亩，出租30亩；周恩来，祖父当过30年县知事，父亲周贻能在外当文书；朱德，其父朱世林，农民；任弼时，其父任裕道教书为业，另有每年约30担谷的族田；陈云，其父陈梅堂，无田产、房产；邓小平，其父邓文明，曾任广安警卫总办（团练局长），“当时的生活可谓丰满已极”（邓小平语），有田40余亩和几万株桑树。

再来看十位元帅入党前的职业。朱德：滇军旅长，云南陆军宪兵司令，云南省警务处长兼省会警察厅长；彭德怀：国民革命军独立第5师第1团团长；林彪：黄埔军校第4期学生；刘伯承：四川督军署警卫团团长，东路讨贼军第1路指挥官；贺龙：国民革命军第20军军长；陈毅：北京中法大学学生；罗荣桓：武昌中山大学学生；徐向前：武汉南湖学兵团指导员；叶剑英：国民革命军新编第二师师长，第四军参谋长。叶剑英在大革命失败之际入党，他后来回忆说：那时，师长每月差不多都有二三万元收入。二三万元不少了，10个月就是二三十万，公公道道，做二三年师长就是个百万富翁。

为什么有的人选择马克思主义作为信仰之后能始终如一，而有的人却中途退出不能坚持到底，有的人甚至背离自己当初的选择？其中，选择什么样的人生观很重要。

毛泽东讲：“要奋斗就会有牺牲，死人的事是经常发生的。但是我们想到人民的利益，想到大多数人民的痛苦，我们为人民而死，就是死得其所。不过，我们应当尽量地减少那些不必要的牺牲。我们的干部要关心每一个战士，一切革命队伍的人都要互相关心，互相爱护，互相帮助。”

习近平说：有了坚定的理想信念，站位就高了，眼界就宽了，心胸就开阔了，从而坚持正确的政治方向，做政治上的明白人；就能树立大局观念，“自觉从大局看问题，把工作放到大局中去思考、定位、摆布，做到正确认识大局、自觉服从大局、坚决维护大局”。

共产党员一定要有大局观念。毛泽东指出：“一个好的共产党员，必须善于照顾全局，善于照顾多数，并善于与同盟者一道工作。”“要提倡顾全大局。每一个党员，每一种局部工作，每一项言论或行动，都必须以全党利益为出发点，绝对不许可违反这个原则。”

（二）“坚持实事求是，就能兴党兴国；违背实事求是，就会误党误国”

党章规定：中国共产党的思想路线是一切从实际出发，理论联系实际，实事求是，在实践中检验真理和发展真理。共产党员讲党性，必须自觉遵循这条思想路线。

在中国共产党历史上，脱离实际的教条主义，曾给革命带来严重危害，这也是毛泽东延安时期反复强调主观主义、教条主义是党性不纯表现的原因。

1931年1月，中共召开六届四中全会。在这次全会上，王明被选进了中央政治局，并且成为中共中央的实际领导人，党也由此开始了长达四年之久的王明“左”倾教条主义统治时期。

教条主义的重要特征，就是机械地执行共产国际的指示，照搬照抄苏联的做法。如将苏联消灭地主富农的政策搬来中国，在土地革命中搞“地主不分田，富农分坏田”；照搬苏联肃反的做法，在根据地肃反严重扩大化……教条主义的严重后果是各根据地的反“围剿”相继失利，主力红军被迫长征，党遭受了民主革命时期的第二次严重挫折。第五次反“围剿”前，红军曾发展到30万人，三支主力红军长征时约有20万人，长征结束时约3万人；除少数红军游击队在坚持斗争外，南方已没有一块完整的根据地，白区党的组织遭到严重破坏，全国党员人数由最多时的30万人减少至约

4万人。

中国共产党是靠实事求是起家和兴旺发展起来的。毛泽东曾向全党发出号召："共产党员应是实事求是的模范，又是具有远见卓识的模范。因为只有实事求是，才能完成确定的任务；只有远见卓识，才能不失前进的方向。"

"按照实际情况决定工作方针"，这是一切共产党员必须牢牢记住的最基本的工作方法。

新中国成立后一段时间，在探索自己社会主义建设道路的过程中，由于缺乏经验，也由于急于求成，曾经发生过"大跃进"和人民公社化运动的失误，严重脱离了中国的实际，从而使中国的社会主义建设事业遭遇了曲折，走了弯路。其中，在"大跃进"运动中，虚报浮夸曾达到了匪夷所思的程度。

刘少奇曾指出："必须把树立实事求是的作风，作为加强党性的第一个标准。"习仲勋讲："我们党讲党性，我看实事求是就是最大的党性。"

习近平说："我们党90多年的历史可以清楚地看到，什么时候坚持实事求是，党就能够形成符合客观实际、体现发展规律、顺应人民意愿的正确路线方针政策，党和人民事业就能够不断取得胜利；反之，离开了实事求是，党和人民事业就会受到损失甚至严重挫折。实践反复证明，坚持实事求是，就能兴党兴国；违背实事求是，就会误党误国。"

何为实事求是？毛泽东说："实事"就是客观存在着的一切事物，"是"就是客观事物的内部联系，即规律性，"求"就是去研究。

因此，坚持实事求是，最基础的工作在于搞清楚"实事"，就是了解实际、掌握实情。这就必须不断对实际情况作深入系统而不是粗枝大叶的调查研究。

在民主革命时期，毫无疑问，毛泽东是中国革命新道路的成功探索者，而他之所以成功，一个重要的原因，就在于他在创建和巩固农村革命根据地时，十分注重对农村经济、社会的调查，从而真正了解中国农村和

中国农民，掌握了中国最基本的国情，并为此制定出相应的革命方针和斗争策略，赢得了广大农民对中国革命的同情与支持。

在毛泽东当年所进行的农村调查中，1930年5月的寻乌调查甚为详细。他这次调查，主要采取调查会方式。寻乌调查会开了十余天，在调查会上，他自己既主持会议又亲自记录。

“毛泽东同志1930年在寻乌县调查时，直接与各界群众开调查会，掌握了大量第一手材料，诸如该县各类物产的产量、价格，县城各业人员数量、比例，各商铺经营品种、收入，各地农民分了多少土地、收入怎样，各类人群的政治态度，等等，都弄得一清二楚。这种深入、唯实的作风值得我们学习。”（习近平：《谈谈调查研究》，2011 年11月16日）

毛泽东对寻乌的调查相当全面。他依据调查得到的材料，在第一次反“围剿”战争的空隙，写出了《寻乌调查》。这个调查报告，有5章39节共8万余字，包括地理位置、历史沿革、行政区划、自然风貌、水陆交通、土特产品、商业往来、商品种类、货物流向、税收制度、人口成分、土地关系、阶级状况、剥削方式、土地斗争等等。

正因为毛泽东重视农村调查，对农村的经济关系、阶级关系作了详尽了解，因而制定出一条比较正确的土地革命路线。

一个共产党员特别是党员领导干部，如果并不是因为一时不了解情况而犯错误，而是为了争名誉、出风头，不惜向党作假报告，有意夸张成绩，隐瞒缺点，掩盖错误，甚至故意弄虚作假，瞒上欺下。不仅不止是党性不纯的表现，而且是丢掉了共产党人应该有的忠诚老实的态度，就是丧失党性。因此，敢不敢坚持实事求是，考验着一个共产党员特别是党员领导干部的政治立场和道德品质，始终是领导干部党性纯不纯、强不强的一个重要体现。

（三）“党性和人民性从来都是一致的、统一的”

党章强调：党在任何时候都把群众利益放在第一位，同群众同甘共苦，保持最密切的联系，坚持权为民所用、情为民所系、利为民所谋，不允许任何党员脱离群众，凌驾于群众之上。党在自己的工作中实行群众路

线，一切为了群众，一切依靠群众，从群众中来，到群众中去，把党的正确主张变为群众的自觉行动。我们党的最大政治优势是密切联系群众，党执政后的最大危险是脱离群众。

因此，全心全意为人民服务是中国共产党的根本宗旨。能否树立为人民服务的意识，践行党的群众路线，与群众建立密切的联系，自觉维护最广大人民的根本利益，是检验一个共产党员是否讲党性的标准之一。

党性和人民性相一致、相统一，这个道理非常清楚，一直有着明确答案。从本质上看，我们党以全心全意为人民服务为根本宗旨，代表中国最广大人民根本利益，共产党员是来自各个社会阶层的先进分子，是劳动人民中的普通一员。坚持党性就是坚持人民性，坚持人民性就是坚持党性，党性寓于人民性之中，没有脱离人民性的党性，也没有脱离党性的人民性。

众所周知，中国革命走的是农村包围城市的道路。在农村建立革命根据地，就必须组织动员农民参加革命。长期以来，人们认为农民之所以愿意跟随共产党干革命，主要是启发了他们的阶级觉悟，使他们认识到了旧制度的不合理。这些对于革命的组织动员固然重要，但更重要的是土地革命符合农民的根本利益。

1930年10月，毛泽东作了著名的兴国调查，其中他了解到，中农与贫农参加革命之所以很勇敢：因为这两个阶层在革命中是得利的。如贫农在土地革命中是得利最大的阶层：他们分了田，分了山，革命初起时，分了地主及反革命富农的谷子……最根本的是取得了政权，他们成为农村政权的主干和指导阶级。

毛泽东后来说：无产阶级（共产党）要实现对于被领导的阶级、阶层、政党和人民团体的领导，就必须具备两个条件：（一）率领被领导者向着共同敌人作坚决的斗争，并取得胜利；（二）对被领导者给以物质利益，至少不损害其利益，同时对被领导者给以政治教育。没有这两个条件或二者缺一，无产阶级就不能实现自己的领导。

“党性说到底就是立场问题。共产党人无论是想问题、搞研究，还是

作决策、办事情，都必须站在党和人民立场上，而不能把个人利益放在第一位。这就是共产党人的党性原则。”

（四）“把党的纪律刻印在全体党员特别是党员领导干部的心上”

能否讲规矩、守纪律，特别是遵守政治纪律和政治规矩，自觉维护党的团结统一，也是衡量一个共产党员是否具有党性的重要标志。习近平指出：“讲规矩是对党员、干部党性的重要考验，是对党员、干部对党忠诚度的重要考验”，“组织纪律性是党性修养的重要内容。加强组织纪律性必须增强党性”。

党的纪律和党内规矩是多方面的，但政治纪律和政治规矩最重要、最根本、最关键。严明党的纪律和规矩，首先要严明政治纪律和政治规矩。

中国共产党是一个重视纪律规矩的党。党成立伊始，就强调立规矩、讲纪律。1922年在上海召开二大的时候，尽管全国只有195名党员，但在大会通过的党章中，便专列“纪律”一章，计九条，其中规定：全国大会及中央执行委员会之议决，本党党员须绝对服从之。下级机关须完全执行上级机关之命令；不执行时，上级机关得取消或改组之。凡党员有犯下列各项之一者，该地方执行委员会必须开除之：（一）言论行动有违背本党宣言章程及大会各执行委员会之议决案；（二）无故联（连）续二次不到会；（三）欠缴党费三个月……

当时，确实有些人，包括曾积极宣传马克思主义甚至参加筹备建党的一些社会名人，受不了这些纪律和规矩，先后离开了党，或被党开除了党籍，但党的队伍更加生机勃勃。此后大约不到5年时间党员就超过5万人，由此迎来了国共合作的大革命高潮。

党的历史上第一份关于政治纪律的文件，是1927年11月通过的《政治纪律决议案》，其中强调：“只有最严密的政治纪律，才能够增厚无产阶级政党的斗争力量，这是每一个共产党所必具的最低条件。”

大革命失败后，中国共产党陷入生死存亡之境。在极其险恶的形势下，党的队伍中一些人在政治上、思想上陷入混乱状态，一些意志不坚定分子悲观动摇。在这种情况下，如何强化信念和纪律、维护党的团结、提高战斗力，至关重要。1927年10月，毛泽东在创建井冈山革命根据地的过程中，亲自主持了一场入党仪式，在他确定的24个字的入党誓词中，便有“服从纪律”这四个字。他所拟定的三大纪律六项注意中，第一条便是“行动听指挥”。

十年内战时期毛泽东遭受过几次严重处分：1927年11月，被开除政治局候补委员；1929年6月，在红四军第七次代表大会落选前委书记并被给予严重警告处分；1931年11月，不但被指责为“狭隘经验论”，而且随后所担任的红一方面军总政委、总前委书记亦被免除……但他坚持三条：一是少数服从多数；二是不消极；三是争取在党许可的条件下做些工作。

当然，历史也曾留下一些反面教训，如1935年红一、四方面军会师后张国焘分裂党和红军的事件，都曾严重影响党的团结统一。1938年9月召开的中共六届六中全会上，毛泽东在代表中共中央所作的《论新阶段》的政治报告中指出：“纪律是执行路线的保证，没有纪律，党就无法率领群众与军队进行胜利的斗争”，“鉴于张国焘严重地破坏纪律的行为，必须重申党的纪律：（一）个人服从组织；（二）少数服从多数；（三）下级服从上级；（四）全党服从中央。谁破坏了这些纪律，谁就破坏了党的统一。”从此，这“四个服从”，成了中国共产党最根本的政治纪律和政治规矩。

习近平强调：“干部在政治上出问题，对党的危害不亚于腐败问题，有的甚至比腐败问题更严重。在政治问题上，任何人同样不能越过红线，越过了就要严肃追究其政治责任。有些事情政治上是绝不能做的，做了就要付出代价，谁都不能拿政治纪律和政治规矩当儿戏。”“我们党是用革命理想和铁的纪律组织起来的马克思主义政党，组织严密、纪律严明是党的优良传统和政治优势，也是我们的力量所在。全面从严治党，重在加强纪律建设。我们现在要强调的是扎紧党规党纪的笼子，把党的纪律刻印在全体党员特别是党员领导干部的心上。”

守规矩首先要遵守党章。“党章是党的总章程，集中体现了党的性质

和宗旨、党的理论和路线方针政策、党的重要主张，规定了党的重要制度和体制机制，是全党必须共同遵守的根本行为规范。没有规矩不成方圆。党章就是党的根本大法，是全党必须遵循的总规矩。”

注重和不断加强党性修养，是共产党员的责任和义务，每个共产党员都要树立加强党性的历史自觉。

邓小平讲：“对大多数党员来说，是通过思想教育增强党性”。习近平要求，党性“必须在严格的党内生活锻炼中不断增强”。

……

下课了，走在挹翠湖边，脑子还沉浸在课堂上。其实，讲党性、守规矩，不是过分要求，而是基本准则。你看，古时候就讲“夫严家无悍虏，而慈母有败子”，“赏不遗疏近，罚不阿亲贵，以公平为规矩，以仁义为准绳”，诺贝尔文学奖获得者莱蒙特也说“世界上的一切都必须按照一定的规矩秩序各就各位”，古今中外，皆同此理啊！

16.2 中央苏区与苏区精神

2016-5-22　下午　阴

沿着岁月的河道往前追溯，会遇见什么？

会遇见湍流，遇见清渠，遇见拐角处的偾张，遇见平阔里的静寂，遇见沉默，也遇见窒息——比如宋留清教授引述的三段话，就让大家顿时都陷入了沉思：

1960年12月25日，毛泽东同部分亲属和身边工作人员谈话：“人就是要压的，像榨油一样，你不压，是出不了油的。人没有压力是不会进步的。我就受过压，得过三次大的处分，被‘开除党籍’，撤掉过军职，不让我指挥军队，不让我参加党的领导工作。我就在一个房子里，两三年一派主义，那时，给我戴的帽子就多了。说什么山上不出马列主义，他们城里才出马列主义，可是他们也不调查研究，我又不是生来在山上的，我也是先在城里，后来才到山上来的。说实在的，我在山上搞了几年，比他们多点在山上的经验。他们还说我‘一贯右倾机会主义’‘狭隘经验主义’‘枪杆子主义’等等。”

1965年8月5日，毛泽东接见一个外国共产党代表团时讲：他们迷信国际路线，迷信打大城市，迷信外国的政治、军事、组织、文化的那一套政策。我们反对那一套过“左”的政策。我们有一些马克思主义，可是我们被孤立。我这个菩萨，过去还灵，后头就不灵了。他们把我这个木菩萨浸到粪坑里，再拿出来，搞得臭得很。那时候，不但一个人也不上门，连一个鬼也不上门，我的任务是吃饭、睡觉和拉屎。还好，我的脑袋没有被砍掉。

中央文献出版社1993年版《缅怀毛泽东》（上）载：“一九三二年（秋）开始，我没有工作，就从漳州以及其他地方搜集来的书籍中，把有关马恩列斯的书通通找了出来，不全不够的就向一些同志借。我就埋头读

马列著作，差不多整天看，读了这本，又看那本，有时还交替着看，扎扎实实下功夫，硬是读了两年书。”“后来写成的《矛盾论》、《实践论》，就是在这两年读马列著作中形成的。”

历史啊历史！“艰难困苦，玉汝于成”，“天将降大任于斯人也，必先苦其心志”！任何一种精神的生发，都要经过非同寻常的砥砺与淬琢。

下午，是宋留清教授主讲《中央苏区与苏区精神》。他提纲挈领，主要讲授了四个问题：一、中央苏区的简要概况。二、中央苏区的历史分期。三、朱毛之争与古田会议。四、苏区精神的基本内涵。

一、中央苏区的简要概况

中央苏区这段历史，是中国共产党苦难辉煌革命战争史诗的一个重要组成部分。

从1929年1月到1935年3月，在毛泽东、朱德、周恩来等同志的共同领导下，中央苏区历经6年多的艰难创业、逐步形成、巩固发展、浴血坚持的曲折历程。其间包含了粉碎敌人多次“围剿”和克服党内严重“左”倾错误干扰的既艰苦卓绝又惊心动魄的斗争。

（一）版图

中央苏区由赣南、闽西两大块根据地和粤北几个苏区县组成。全盛时期设江西、福建、闽赣、粤赣四省（1934年7月增设赣南省），辖60个行政县（其中：江西省22个县，福建省15个县，闽赣省16个县，粤赣省7个县），有8.4万平方公里面积，453万人口。

（二）创始人

总体来说，中央苏区是中国共产党人集体奋斗的结果，但从道路探索、理论创新和苏维埃政权各项建设实践来看，贡献最大的是毛泽东。毛泽东是中央苏区的主要创始人。朱德、周恩来、项英、陈云、彭德怀等同志，都对中央苏区的建立和发展，作出了重要贡献。

（三）重要地位

中央苏区是全国苏维埃运动的中心，红都瑞金是全国革命根据地的心脏。《关于建国以来党的若干历史问题的决议》指出——在土地革命战争中，毛泽东、朱德同志直接领导的红军第一方面军和中央革命根据地起了最重要的作用。

第一，中央苏区的红一方面军是土地革命战争的重要支柱。

红一方面军是全国最强大的红军部队。这支部队不仅在中央苏区的斗争中起了重要的支柱作用，而且“朱毛红军的经验”还被推广到全国各地苏区，促进了许多革命根据地的建设和发展，在整个土地革命战争中发挥了最重要的支柱作用。

第二，中央苏区是我党学会治国安民艺术和造就大批治国精英的实验基地。

中国共产党人在中央苏区和红都瑞金初步学会了治国安邦、局部执政的领导艺术，培养和造就了一大批领导骨干。

政治层面：有毛泽东、朱德、周恩来、张闻天、任弼时、王稼祥、刘少奇、陈云、邓小平、董必武、杨尚昆、胡耀邦等一批政治领袖、治国精英。

军事层面：共和国的一代开国将帅中，“十大元帅”中的9位（朱德、彭德怀、林彪、刘伯承、贺龙、陈毅、罗荣桓、聂荣臻、叶剑英），“十大将”中的7位（粟裕、陈赓、黄克诚、谭政、肖劲光、张云逸、罗瑞卿），上将中的34位，中将中的114位，少将中的440位都曾在中央苏区的红土地上驰骋纵横，屡建奇功。

第三，中央苏区是毛泽东思想形成的发源地。

《关于建国以来党的若干历史问题的决议》指出：毛泽东思想形成于20世纪20年代后期和30年代前期。

毛泽东在中央苏区把马克思主义同中国革命实际相结合，初步探索出了一条中国特色的革命道路，在党的思想路线、土地革命的路线和政策、

革命根据地的建设、党和红军的建设、经济文化建设等方面，都做了理论上的概括，初步形成了毛泽东思想的基本框架。

二、中央苏区的历史分期

中央苏区从1929年初开始创建，到1935年3月丧失，共6年多时间。大致经历了四个阶段。

（一）艰难创业阶段（1929年1月—1930年10月），1年10个月

从出击赣南"围魏救赵"到红一方面军打下吉安——建立江西省苏维埃政府，初步开创中央苏区。

毛泽东在《红军第四军前委给中央的信》中说：前敌委员会决定四军、五军及江西红军第二第四两团之行动，在国民党混战的初期，以赣南闽西二十余县为范围，从游击战术，从发动群众以至于公开苏维埃政权割据，由此割据区域以与湘赣边界之割据区域相连接。……这一计划是决须确立，无论如何，不能放弃，因为这是前进的基础。

1930年3月中旬，赣西南和闽西苏维埃政府相继建立起来。基本上实现了前委一年前向中央提出的公开割据闽赣边界20余县的计划，为中央革命根据地的建立奠定了坚实的基础。

1930年6月19日，红一军团在长汀成立，辖四、六、十二等三个军，2万余人。

1930年6月10日，红三军团在湖北大冶成立，辖五、八两军，近万人。

1930年8月23日，一、三军团在湖南浏阳永和会师，成立红一方面军，辖八个军，3万余人。

1930年10月4日，红一军团在江西地方红军的配合下，攻下吉安。

1930年10月7日，在吉安城中山场举行万人庆祝吉安暴动胜利大会，宣告江西省苏维埃政府成立。

（二）逐步形成阶段（1930年10月—1931年11月），1年1个月

红一方面军连续取得第一、第二、第三次反"围剿"的胜利，为中央

苏区的正式形成奠定了坚实的基础。

从1930年10月至1931年6月，蒋介石总共调集60万大军，对中央苏区连续发动三次“围剿”。中央红军在毛泽东、朱德领导之下，主要采取诱敌深入、集中兵力等灵活机动的战略战术，总共歼敌7.5万余人，粉碎了“围剿”，壮大了苏区。

三次反“围剿”之后，红军的战略战术原则基本形成——

诱敌深入是反“围剿”的基本战略方针。

运动战是反“围剿”的基本作战形式。

歼灭战是反“围剿”的基本战役要求。

集中优势兵力、各个歼灭敌人，避强击弱、慎重初战，迂回包围、穿插分割是反“围剿”的基本速决战术。

第三次反“围剿”胜利后，出现了有利于红军和革命根据地大发展的新形势。1931年10月后，主力红军在赣南闽西大范围分兵发动群众，拔除地主武装“土围子”，巩固和扩大苏区。到1931年秋冬，赣西南革命根据地与闽西革命根据地已经巩固地连成一片。至此，正式建立中央苏区的基础条件已经成熟。

1931年11月1日至5日，中共苏区第一次代表大会在瑞金县叶坪村谢氏祠堂召开，史称赣南会议。会议通过了中央代表团起草的五个决议案。不点名地系统地从思想理论、土地革命、根据地建设、党对军队的领导等方面批评了毛泽东，开始排斥毛泽东对党和红军的领导。11月25日，苏维埃中央执行委员会决定撤销红一方面军建制，设立中央革命军事委员会，主席朱德，副主席王稼祥、彭德怀。

1931年11月7日，筹备了整整一年半时间、五易开幕日期的中华工农兵苏维埃第一次全国代表大会，终于在瑞金叶坪村隆重开幕。从11月7日至11月20日，历时14天的一苏大会胜利结束。大会选举产生了一个与南京政府抗衡的崭新政权——中华苏维埃共和国。中华苏维埃共和国及其中央政府的诞生，是中央苏区正式建立的标志。

（三）巩固发展阶段（1931年11月—1933年9月），1年10个月

宁都起义进一步壮大了红军力量，第四次反“围剿”胜利后，中央苏区发展到鼎盛时期。与此同时，王明“左”倾错误也开始在中央苏区全面推行。

1931年12月14日，国民党第二十六路军1.7万余人，携带两万多件武器，在江西宁都起义，改编为中国工农红军第一方面军第五军团，季振同任军团总指挥，肖劲光任政治委员，辖第十三、第十四、第十五3个军。

1932年4月19日，红军对漳州守敌发动进攻，当日尽歼外围敌军，20日占领漳州。

1932年1月10日，中革军委根据临时中央“首取赣州、迫吉安”的指示，向中央红军下达了攻取赣州的作战命令，经充分准备后，红军于2月4日完成集结，开始攻城，但浴血奋战33天，不仅城未攻克，反而遭受重大损失，伤亡3000多人。

漳州大捷以后，蒋介石调陈济棠部进攻中央苏区。

以王明、博古为首的“左”倾中央，主要通过三次党内斗争，排挤打击毛泽东，剥夺了毛泽东在中央苏区对党和军队的领导权——

赣南会议（1931年11月1日至5日），毛泽东开始“坐冷板凳”。

宁都会议（1932年10月3日至8日），毛泽东被最后彻底剥夺军权。

反“罗明路线”和反“邓、毛、谢、古”（1933年2月开始），清除毛泽东在中央苏区的影响。

毛泽东的亲属都因受株连而遭到打击：长期管文件的贺子珍改当收发；毛泽覃一直挨批，要追查他的“反党活动”，并以开除党籍相威胁；贺敏学被免去红二十四师代理师长职务，到红军大学学习；贺怡被撤掉瑞金县委组织部副部长职务，到中央党校接受批判。

（四）浴血坚持阶段（1933年9月—1935年3月），1年6个月

从中央红军第五次反“围剿”失败，到中共中央分局组织的九路突围战斗失利，项英、陈毅抵达油山之后，中央苏区进入三年游击战争时期。

第四次反“围剿”胜利后，1933年秋中央苏区发展到鼎盛时期。第一，范围包括赣、闽、粤边的数十县，面积约8.4万平方公里，人口453万。第二，在行政区划上，设立了江西、福建、闽赣、粤赣4个省，共60个行政县，长期占有24座县城。第三，中央红军辖第一、第三、第五军团和若干独立师，连同地方红军共8万余人。第五次反“围剿”期间，主力红军增设第七、第八、第九军团，连同独立师、独立团共约10万人；另有赤卫队、赤少队等群众武装约20万人。

国民党军第五次“围剿”，主要军事原则是碉堡推进、步步为营的“堡垒政策”。

博古、李德的反“围剿”方略：第一，战略指导：“御敌于国门之外”。第二，动员口号：“不丧失根据地一寸土地”。第三，战术原则：进攻中的冒险主义——寻求战略上的速决；防御中的保守主义——以阵地战拼消耗；退却中的神秘主义——战略转移准备神秘化、搬家式的撤退。

1933年9月25日，国民党军大举进攻黎川，中央苏区的第五次反“围剿”斗争拉开战幕。

1934年4月，国民党军以11个师的兵力进攻广昌。博古、李德调集中央红军9个师的兵力，在广昌及其以北地区同国民党军进行“决战”。从4月10日战斗打响到27日晚红军撤出战斗，广昌保卫战历时18天，红军将士浴血鏖战，毙伤国民党军2600多人，但红军损失更为惨重，伤亡了5500多人，占参战总兵力的1/5。

1934年10月初，国民党军开始对中央苏区紧缩包围圈，从东、北、南三个方向对中央红军发起最后攻击，瑞金危在旦夕。至此，第五次反“围剿”的失败已成定局，中央红军被迫实行远距离的战略转移——长征。

中央红军长征以后，从1934年10月开始，苏区中央分局在项英、陈毅等领导下，配合主力红军长征，实现战略转变，将中央苏区的斗争坚持到1935年3月。

三、朱毛之争与古田会议

发生在红四军党的“七大”前后的朱毛之争，关乎党对军队领导、根据地建设、民主集中制等诸多原则问题，而由于这是涉及毛泽东和朱德两位红四军最高领导人的高层分歧，因而格外引人注目。

古田会议的胜利召开，不但圆满解决了纷争，而且，会议的决议始终闪耀着真理的光辉，是我党我军建设史上的里程碑。

（一）论争的缘起

1. 客观因素：①部队成分复杂；②战事频繁。

2. 直接原因——罗福嶂会议暂停军委办公。

3. 论争焦点——要不要设立军委。

4. 涉及问题——第一，关于党对军队的领导问题。第二，关于建立根据地问题。第三，关于反对军阀主义残余问题。第四，关于民主集中制问题。

（二）论争的经过

1928年11月，根据中共中央给朱毛红军来信决定，建立红四军前委。

“特委及军委统辖于前委。前委是十一月六日重新组织的，依中央的指定，以毛泽东、朱德、地方党部书记（谭震林）、一工人同志（宋乔生）、一农民同志（毛科文）五人组成，毛泽东为书记。”

1929年2月，召开罗福嶂会议。主要内容是研究当前形势，总结战斗经验，讨论部队整编。会议作出了几项决定，其中重要的一条是——鉴于行军打仗和军情紧急，为减少层次，便于机断，决定“军委暂时停止办公，把权力集中到前委”，由前委直接领导军内各级党委。

取消军委后，最初一段时间红军发展顺利，没有了前委、军委的相互掣肘，毛泽东指挥战斗得心应手。正当红军局面有所好转之时，中央的“二月来信”也到了前线。“二月来信”是中央考虑到前期毛泽东、朱德反映的红四军离开井冈山后极为困难的实际情况，在听取了共产国际的意见后提出的，要求朱、毛毅然脱离部队，速来中央，让红军留在原地分散打游击，因为朱、毛在一起目标太大。但中央“二月来信”到前线时已是4月份了，当时的局面已有所好转，红军已不再被动挨打了。所以，对中央“二月来信”的意见，朱、毛都表示反对。毛泽东以红四军前委的名义复信中央：“中央二月来信的精神是不好的”，“中央要求我们将队伍分得很小，散向农村中，朱、毛离开部队，隐匿大的目标，这是一种不切实际的想法”。

这时，挑起事端的刘安恭来了。

刘安恭1929年春从苏联回国后，奉中央指派于5月初来到红四军工作。由于罗福嶂会议撤销了红四军军委，于是指定他担任红四军临时军委书记兼政治部主任一职。

刘安恭主持临时军委会议作出的第一个决议，竟是限制前委的权力，规定：“前委应只管地方工作”，“只讨论行动问题，不管其他事”，“不要管军队”。并说：“苏联红军就是这么办的”。对这个下级决定上级权力范围的规定，许多人都觉得不合适，因而议论纷纷……

1929年5月28日，召开湖雷会议。毛泽东认为：当前前委领导工作的重心仍在军队，“军队指挥需要集中而敏捷”，由前委直接领导和指挥更有利于作战，不必设重叠的机构，并批评在前委之下、纵委之上硬要成立军委实际是“分权主义”。刘安恭则认为：“既名四军，就要有军委”；建立军委是完成党的组织系统；指责“前委管太多了，权太集中于前委了”；“一支枪也要问过党吗？”“马夫没有饭吃也要党去管吗”……

6月8日，毛泽东在上杭县白砂召开的前委扩大会议上提出了一份书面意见，指出“前委、军委成分权现象，前委不好放手工作，但责任又要担负，陷于不生不死的状态”。毛泽东最后提出，这种不生不死的工作难于进行，请调换书记，让他离开前委。林彪见到这份书面意见后，立即给毛泽东写了一封急信，表示不赞成毛泽东离开前委，希望他留下继续以积极的精神去纠正错误的思想。

6月14日，毛泽东在《给林彪的信》中说："个人领导与党的领导，这是四军党的主要问题"，"四军中向来就有一些同志是偏于军事观点的，与站在政治观点即群众观点上的人的意见不合，这是一个很严重的政治路线问题"，"到近日，两种不同的意见最显明的莫过于军委问题的争论。少数同志们硬是要一个军委，骨子里是要一个党的领导机关拿在他们的手里……人也是这些人，事也是这些事，这是什么人都明白在实际上不需要的。然而少数同志费尽九牛二虎之力，非要设立不可，究竟有什么理由可以说明呢，要找出理由，我只好说这是少数同志们历来错误路线的结穴"。

6月15日，朱德在《给林彪的信》中表达了三点不同看法："党管一切为最高原则，共产主义中实在找不出来"，党应该"经过无产阶级组织的各种机关（苏维埃）起核心作用去管理一切"，"说我代表军官要争自由，与党分权"，我"不能接受"；过去前委代替了支部工作，公开实行的是"由上而下的家长制"，而不是"由下而上的民主制"；毛泽东强调"党员的自由要受限制"，"但他自己的行为却是自由的，不服从中央调动"。

1929年6月22日，红四军党的"七大"在龙岩召开。这次会议未经中央同意，在中央并没有指示改组前委的情况下，改选了红四军前委。在选举前委时，中央指定的前委书记毛泽东落选，只当选为前委委员。

红四军党内发生的争论，是红军初创时期党内不同意见的正常争论，但又是关系到党和红军建设中一些重大问题的原则性争论。争论的双方都是坚定的共产主义者和坚决革命的同志，在党的总路线总任务方面都是完全一致的，不存在任何根本利益的冲突。

（三）古田会议

1929年12月28日至29日，在福建上杭县古田村召开了红四军党的第九次代表大会，史称古田会议。

古田会议共开了两天，出席会议的代表共120多人。大会由陈毅主持。

毛泽东作了政治报告，并多次讲了话。朱德作了军事报告。陈毅传达了中央九月来信——“党的一切权力集中于前委指导机关，这是正确的，绝不能动摇……要恢复朱、毛两同志在群众中的信仰……朱、毛两同志仍留前委工作。经过前委会议，朱、毛两同志诚恳接受中央指示后，毛同志应仍为前委书记，并须使红军全体同志了解而接受”。与会同志讨论了中央指示和上述报告，共同总结经验教训，统一了思想认识，一致通过了《中国共产党红军第四军第九次代表大会决议案》，即著名的古田会议决议案。

古田会议决议的主要内容：第一，规定了红军的性质、宗旨和任务；第二，确立党对红军实行绝对领导的原则；第三，规定了红军中政治机关和政治工作的地位；第四，强调在红军内部加强思想政治教育；第五，规定处理红军内外关系的原则。

古田会议的闪光点：思想建党与政治建军。

四、苏区精神的基本内涵

2011年11月4日，习近平在纪念中央革命根据地创建暨中华苏维埃共和国成立80周年座谈会上讲：在革命根据地的创建和发展中，在建立红色政权、探索革命道路的实践中，无数革命先辈用鲜血和生命铸就了以“坚定信念、求真务实、一心为民、清正廉洁、艰苦奋斗、争创一流、无私奉献”等为主要内涵的苏区精神。

（一）坚定信念，坚信“星星之火，可以燎原”

贺龙元帅的贺氏宗亲中，有名有姓的烈士2050人。在鄂豫皖苏区坚持斗争的徐海东大将，整个家族中为革命牺牲者66人。朱德，则为理想信念而弃官。

（二）求真务实，提出并践行“反对本本主义”的思想路线

毛泽东主张“从群众中来，到群众中去”，调查就是解决问题。

他说：马克思主义的“本本”是要学习的，但是必须同我国的实际情况相结合。我们需要“本本”，但是一定要纠正脱离实际情况的本本主

义。“中国革命斗争的胜利要靠中国同志了解中国情况”。

他指出：马克思主义者不是算命先生，未来的发展和变化，只应该也只能说出个大的方向，不应该也不可能机械地规定时日。但我所说的中国革命高潮快要到来，决不是如有些人所谓“有到来之可能”那样完全没有行动意义的、可望而不可即的一种空的东西。它是站在海岸遥望海中已经看得见桅杆尖头了的一只航船，它是立于高山之巅远看东方已见光芒四射喷薄欲出的一轮朝日，它是躁动于母腹中的快要成熟了的一个婴儿。

（三）一心为民，牢记“真心实意地为群众谋利益”

1934年1月，毛泽东在《中央执行委员会对第二次全国苏维埃代表大会的报告》中说：“我郑重地向大会提出，我们应该深刻地注意群众生活的问题，从土地、劳动问题，到柴米油盐问题……一切这些群众生活上的问题，都应该把它提到自己的议事日程上。应该讨论，应该决定，应该实行，应该检查。”

他深刻地指出：“要得群众的拥护吗？要群众拿出他们的全力放到战线上去吗？那末，就得和群众在一起，就得去发动群众的积极性，就得关心群众的痛痒，就得真心实意地为群众谋利益，解决群众的生产和生活的问题，盐的问题，米的问题，房子的问题，衣的问题，生小孩子的问题，解决群众的一切问题。”

曾山在《赣西南群众武装的伟大壮举》中写道：计算自攻取吉安以来，群众总牺牲了将近一万人，没有哪一个有怨恨，打死了自己家属收埋，被白匪烧了的房子也有很多，不但不怪红军、苏维埃、共产党，而且痛恨反动派，更加决心要打下吉安。

（四）清正廉洁，实践“苏区干部好作风”

1949年，美国驻华大使司徒雷登对国民党的军官说：“共产党战胜你们的不是飞机大炮，而是廉洁，是靠廉洁换得的民心”。

赣东北省领导人方志敏，一贯廉洁自律，不为亲友办事，却向中共中央提供大量黄金：1930年12月提供10万大洋的黄金，1931年连续3次共提供

650两黄金。张闻天拉犁耕田、自带饭包，刘启耀腰缠万贯讨饭……苏区干部确有好作风。

当时，还查处了共产党县级政权第一个集体腐败案——“于都事件”。中央苏区处决了10个贪污腐败分子：谢步陞，左祥云，刘仕祥，滕琼，刘天浩……

（五）艰苦奋斗，“为着支援战争和革命事业，为着我们的经济建设”

1934年3月13日，苏维埃中央政府通过《红色中华》报，发出了“为四个月节省八十万元而斗争”的号召，并提出了开展节省运动的具体办法。邓颖超等人带头响应——“我们是从白区来的。我们在苏区没有分田，但是我们为着革命战争，使我们能在持久战中取得彻底胜利，愿意：（一）每天节省二两米，使前方红军吃饱，好打胜仗。（二）今年公家不发我们热天衣服，把这些衣服给新战士穿。我们要求其他白区来的同志，和在苏区分了田的同志，都同我们一起，来响应红色中华的节省号召！”

（六）争创一流，创造“第一等的工作”

毛泽东在“二苏大”的报告中说：“江西的长冈乡，福建的才溪乡，扩大红军多得很呀！长冈乡青年壮年男子百个人中有八十个当红军去了，才溪乡百个人中，有八十八个当红军去了。公债也销得很多，其它工作也得到了很大成绩。”“我们要造成几千个长冈乡，几十个兴国县。这些就是我们的巩固的阵地。”

在《关心群众生活，注意工作方法》一文中，毛泽东写道：兴国的同志们创造了第一等的工作，值得我们称赞他们为模范工作者。同样，赣东北的同志们也有很好的创造，他们同样是模范工作者。

（七）无私奉献，奉行“一切为了苏维埃”

傅连暲捐赠了福音医院，瑞金县下肖区七堡乡第三村农民杨荣显，八个儿子一起参加红军，全部壮烈牺牲……

课听完了，思潮翻滚……苏区这一段，太多东西值得我们回味，必须大力弘扬苏区精神。

比如，反对教条主义。教条主义真是害死人啊，博古后来就在党的七大作自我批评时说，苏区反对罗明路线，实际是反对毛主席在苏区的正确路线和作风。他形容当时的情形是“教条有功，钦差弹冠相庆；正确有罪，右倾遍于国中”。

比如，关于朱毛之争。前委曾要求毛泽东和朱德“各作一篇文章，表明他们的意见”。于是，在6月出版的红四军前委油印刊物《前委通讯》上，同时刊载了他们《给林彪的信》。毛泽东在信中说：“现在争论的问题，不是个人和一时的问题，是整个红四军和一年以来长期斗争的问题。”“四军的改造工作由此可以完成，四军的党由此可以得到一极大的进步，这是绝对无疑的。”朱德在信中说：“我们四军的党变成群众的党应有此次的斗争，要使四军变为全国一致的新的组织的党，也要有此斗争，要合乎国际共产党也必须有此斗争，斗争之结果必然是好的。”由此可见，爆发于红四军灵魂人物间的这场争论，没有掺杂半点私心，两位伟人的坦荡胸襟展露无遗。说到底，这是红军初创时期党内不同意见的正常争论，是对党和民族命运的一些深入思考，不仅无需掩饰，而且愈见光芒。没有争论，没有反复的争论，就不会有更深入的思考，就不会有更辽远的探索……真理愈辩愈明！红四军党内这场争论的圆满解决，也为树立批评与自我批评的好风气，以正确态度和方式对待党内矛盾及争论，积极维护党的团结与统一，提供了一个范例，产生了积极影响。

历史的车轮滚滚向前。习近平说：中央革命根据地和中华苏维埃共和国的历史，已经成为我们党的历史和近代中国革命斗争历史非常重要的一页，是一部丰富生动的教科书，广大干部和党员应该不断从中得到教益，受到启迪，获得力量。

勿忘苏区！无论是现在，还是在遥远的未来……

17.1 瑞金

2016-5-23 上午 晴

竹子向后退却，阳光直扑过来。

与竹子对视了半个月，已深爱它的生命与品格。爱它的“不择壤流，漫山遍野”，爱它的“一节复一节，千枝攒万叶”，爱它的“未出土时先有节，及凌云处尚虚心”……总想沉吟郑燮的名篇：“晨起看竹、烟光、日影、雾气，皆浮动于疏枝密叶之间。胸中勃勃，遂有画意。”

阳光打在竹叶，也打在车窗——一大早出发，奔向瑞金。

瑞金，一直在书本上熠熠生辉：它是闻名中外的红色故都、共和国摇篮、中央红军长征出发地，是苏区时期党中央驻地、苏维埃中央政府诞生地。从1929年2月开辟以瑞金为中心的中央革命根据地，到1934年10月红军离开瑞金长征，以瑞金为中心的中央苏区一共存续了五年零八个月。曾有专家以“上海建党，开天辟地；南昌建军，惊天动地；瑞金建政，翻天覆地；北京建国，改天换地”，精辟概括了瑞金在中国革命史和中共党史上的重要地位。

昨天老师授课时也讲到了瑞金的“威水”：新中国第一、第二代领导人大多数在瑞金得到了历练，1955年授勋的开国元帅开国大将，以及1966年以前授衔的上将、中将和少将共600多名将帅，当年都曾在瑞金战斗、工作和生活过，邓小平在苏维埃临时中央政府成立前后，担任过瑞金第三任县委书记。“毛主席”的称谓也源于此——1931年11月27日，中华苏维埃共和国中央执行委员会第一次会议选举毛泽东为中央执行委员会主席和人民

委员会主席，选举完毕后，任弼时大声提议：请毛主席讲话。当时大家一愣，但很快反应过来，热烈鼓掌。在此之前，人们都称毛泽东为“毛党代表”、“毛委员”，自此开始称为“毛主席”。

苦难辉煌，瑞金的特殊地位是用鲜血浇灌的，它为中国革命作出了太多的牺牲。多年前看到过一份材料，至今记忆犹新：当年24万人口的瑞金，一共有11.3万人支前参战，5万多人为革命捐躯，其中1.08万人牺牲在红军长征途中，瑞金有名有姓的烈士17166名。为支持苏区建设和红军北上抗日战略转移，1932年至1934年间，瑞金人民一共认购革命战争公债和经济建设公债78万元，支援粮食25万担，捐献银器22万两，连同存在苏维埃国家银行瑞金支行的2600万银圆，全部无私奉献给了中国革命。按当时可比价计算，瑞金人民当年捐资捐物、购买公债总额折合现在人民币约78亿元。这是什么样的贡献？又是什么样的精神？真是令人为之动容！

路上，观看音像教学片《瑞京奠基》。该片生动再现了中华苏维埃共和国在瑞金成立和局部执政的全过程，展现了以毛泽东为代表的中国共产党人在红都瑞金和中央苏区治国安民的不懈探索和宝贵经验，彰显了毛泽东、朱德、周恩来等老一辈革命家的丰功伟绩和人格魅力，挖掘了中国共产党人在红都瑞金治党、治军、治政、治国伟大预演的历史意义和时代内涵。看了之后，深深震撼。五年八个月零八天的中华苏维埃政权，虽然存续时间不长，但具有重要的历史地位和意义。毛泽东就此曾评论道：“党开辟了人民政权的道路，因此也就学会了治国安民的艺术”。

“摇篮执政”，之所以能赢得苏区干部群众的真心拥护，我感觉还是缘于它执政为民，真心实意为群众谋利益。正如毛泽东在《关心群众生活，注意工作方法》一文中所指出的：“我们现在的中心任务是动员广大群众参加革命战争，以革命战争打倒帝国主义和国民党，把革命发展到全国去，把帝国主义赶出中国去。谁要是看轻了这个中心任务，谁就不是一个很好的革命工作人员。我们的同志如果把这个中心任务真正看清楚了，懂得无论如何要把革命发展到全国去，那末，我们对于广大群众的切身利益问题，群众的生活问题，就一点也不能疏忽，一点也不能看轻。因为革命战争是群众的战争，只有动员群众才能进行战争，只有依靠群众才能进行战争。如果我们单单动员人民进行战争，一点别的工作也不做，能不能达到战胜敌人的目的呢？当然不能。我们要胜利，一定还要做很多的工作。领导农民的土地斗争，分土地给农民；提高农民的劳动热情，增加农业生产……总之，一切群众的实际生活问题，都是我们应当注意的问题。假如我们对这些问题注意了，解决了，满足了群众的需要，我们就真正成了群众生活的组织者，群众就会真正围绕在我们的周围，热烈地拥护我们。同志们，那时候，我们号召群众参加革命战争，能够不能够呢？能够的，完全能够的。”

四小时的车程，无尽的思考……瑞金，我们来了！

17.2 十七棵松的故事

2016-5-23　下午　晴

青松依旧在，不见儿郎归。

没有比这十个字更贴切的表达了。

扛旗，上山坡。不知是谁小声说：这里的松树有点怪！

放眼望去，挺拔，古老，很普通的树种，好像也没什么异样。再定睛细看，发现了秘密：每棵树上都挂有一块小木牌，上面的字迹已经斑驳，但依稀能看出，应该是人的名字。

瑞金市委党校的陈祖芬老师为我们揭开了谜底，讲述了“十七棵松的故事”——

那是上个世纪30年代初。当时仅有43户的瑞金叶坪乡华屋村家家都有人参加革命，其中17名青壮年在苏区“扩红”时参加了红军。为表达革命

必将胜利的坚定信念，参军前夕，他们到后山的蛤蟆岭上，每人栽下了一棵象征万古长青的松树。兄弟们约定：革命成功后，都要省亲故里，回报乡亲，如果有人“光荣”了，活着的人不仅要为阵亡的兄弟孝亲敬老，还要照看好这些松树。

然而，勇士们再也没有回来，一个也没有回来……当地政府给他们的亲属颁发了革命烈士证书，但乡亲们根本不相信这17个儿郎会全部战死沙场，总觉得有一天他们都会回来。乡亲们给17棵松树分别钉上一块小木牌，用红漆写上种植者的姓名，以当地最古老的方式祝福勇士们一路平安，并形象地称之为“信念树”。在乡亲们的心里，这17棵松树已被当成烈士的英灵，敬为亲人的化身。

当年的这17个年轻人，有两个在出征时，妻子已经怀孕，所以他们留下了遗腹子。另外的15个年轻人，则没有任何子嗣，甚至没有留下一张相片。

此时，再看那些松树，亭亭如盖，耸入云天，壮美至极！其中有两棵松树，离得很近，裸露出地面的根系竟连在了一起，像手臂彼此相拥。一问，果然，是一对亲兄弟，当年一起种下这两棵树，也一起壮烈牺牲了。

此时，再看那些松树，虬枝盘曲，绿波翻涌。仿佛，他们奋进的呼号由远而近，他们全力的搏杀犹在眼前，他们并不清晰的脸庞格外俊朗……他们站成了树，十七棵，一百七十棵，一千七百棵，漫山遍野！

青松一棵挨着一棵，一棵望着一

棵，一棵护着一棵。我认真地记下了他们的名字：华崇宜、华崇森、华钦恩、华钦仑、华质彬、华钦柏、华钦梁、华崇煌、华崇沂、华桃生、华德和、华树生、华钦材、华德思、华崇松、华钦遥、华崇球。这些名字，普通，但挺拔，英武，闪着生命之光。他们根系华屋，心在华夏，客死他乡，每个人都是一部感天动地的传奇！他们如此年轻，却又如此郑重地对待过生命，虽死无憾，虽去犹荣！

一鞠躬，二鞠躬，三鞠躬！华敬锋同学此时尤其感动，他寻找着一个又一个华氏宗亲，和一棵又一棵“华氏松”合影，一张又一张……我想，这十七棵松，一定长在了我们每一位同学的心里，郁郁葱葱。

让我们记住这个红色小村吧。华屋，地处瑞金市东南部，距城区15公里，与福建省长汀县交界。因整个村庄姓华，所以称为华屋。它素有“赣闽边际红色第一村”之誉，全村119户家庭都是苏区干部和红军烈属后代，是著名的红军烈士村。

我们在村子里寻访。小村的人们一直“日出而作，日落而息”，很少向人讲起过去的故事，但他们是如此深情地爱着党——村里最显眼的地方悬挂着“永远热爱党，永远跟党走”的标语，每家每户都张贴着领袖的画像……

一排排错落有致的新居，堆满笑容的乡亲们，集中连片的大棚蔬菜……如今的华屋，真正变成苏东坡词里“乳燕飞华屋”中的“华屋”了。英灵若有知，当含笑九泉了。

17.3 红军烈士纪念塔

2016-5-23　下午　晴

你们奋斗　你们牺牲
你们冲锋　你们陷阵

为着人类与世界的光明，
为着苏维埃中国而斗争。
你们的意志是最伟大的解放的旗帜，
你们的姓名刻画在工农大众的深心，
让光辉的红星永远闪烁着这个塔顶，
让革命的红旗展招飘扬在中国全境。

这是博古为瑞金红军烈士纪念塔的题词，沉雄悲壮。

毛泽东的题词则拔地参天、韩潮苏海："在反帝国主义与土地革命的伟大战争中，许多同志光荣牺牲了！这些同志的牺牲，表现了无产阶级不可战胜的英勇，奠定了中华苏维埃共和国的基础；全中国工农劳苦群众，正在踏着这些同志的血迹前进，推翻帝国主义国民党的统治，争取苏维埃在全中国的胜利。"

纪念塔伫立在叶坪村革命遗址。塔高13米，塔座为五角形，塔身为紧弦待发的炮弹，寓意"党指挥枪"；塔身布满一粒粒的小石块，象征着无数的烈士；塔的正前方、绿草坪中镂空书写着"踏着先烈血迹前进"8个大字，苍劲有力，耀眼锃光，直指人心……

讲解员告诉我们，红军长征后，敌人对瑞金进行了疯狂的屠戮，苏区"无不焚烧之居，无不伐之树木，无不杀之鸡犬，无遗留之壮丁，闾阎不见炊烟，田野但闻鬼哭"，许多村落变成了无人村。从红军离开到1949年瑞金重新解放的15年里，瑞金的人口一直呈负增长。红军烈士纪念塔当然也难以幸免，被国民党军队炸毁。叶坪村一位老人冒着生命危险，摸黑扛回了炸毁后的一个石板以作纪念，一直珍藏到全国解放。1955年，在原址按原貌修复纪念塔时，老人的亲属把那块石板捐了出来。这才发现，原来老人扛回去的是"红军烈士纪念塔"中完整的"烈"字。现在烈士塔身上书写的"红军烈士纪念塔"7个大字，就是根据这个"烈"字字体恢复的。

纪念塔所在的叶坪村革命遗址，有中华苏维埃共和国临时中央政府、中共苏区中央局旧址、博生堡、公略亭、红军检阅台、朱毛旧居等。其中，临时中央政府旧址原是谢氏宗祠，建于明代，砖木结构，分前后二厅，中间为天井。1931年在此召开了第一次全国苏维埃代表大会（简称“一苏大”）。旧址内部以木板隔成15间，作为各部委办公室。

站在“一苏大”会址前，静静谛听，遥想当年。那是怎样的石破天惊啊，1931年11月7日，中华苏维埃共和国第一次全国工农兵代表大会，就在这瑞金叶坪村的谢家祠堂里隆重召开，中国有史以来第一个全国性红色政权——中华苏维埃共和国临时中央政府宣告成立，定都瑞金，并将“瑞金”改为“瑞京”。在这次大会上，通过了《中华苏维埃共和国宪法大纲》、《中华苏维埃共和国土地法令》、《中华苏维埃共和国劳动法》、《中华苏维埃共和国关于经济政策的决定》等文件。来自全国各苏区的610名代表一致推选毛泽东为临时中央政府主席，“毛主席”这一响彻全球的称呼，就是从这里开始叫起。

“一苏大”后，临时中央政府9部1局除教育部在洋溪村寨下园办公、国家政治保卫局在庙背村办公外，其余外交、军事、财政、劳动、内务、司法等8个部全在这祠堂里办公，每个部仅分配一个小房间。每个房间内设一部手摇电话，一张桌子，几条凳子。每个部连部长在内仅几个工作人员。一个老祠堂，“装”下了整个中华苏维埃共和国中央政府机关，实为世所罕见。

为什么会选择在这里开会、定都呢？

老师告诉我们：第一，瑞金的地理位置适中，物产丰富。第二，受当时敌我态势制约。当时惟有瑞金，既是中央苏区中心，又相对距离国民党军队较远，受威胁较小，较为安全。第三，瑞金革命基础较好。早在1927年8月，周恩来、朱德等领导八一南昌起义部队经过瑞金时，曾帮助瑞金建立党组织。1929年上半年，毛泽东、朱德等曾先后3次率红四军来到瑞金。1930年，瑞金成立中共县委、县苏维埃政府和红军第二十四纵队，1931年春全县即已赤化。第四，时任瑞金县委书记邓小平工作出色，局势稳定。

讲解员边带我们参观，边告诉我们中华苏维埃共和国的重要历史地位：它是建立新中国的一次预演，是中国共产党领导和管理国家政权、学会治国安民艺术的一次有益的尝试，为中国共产党培养、造就一大批栋梁之材提供了实验基地，丰富了毛泽东思想的理论宝库，形成了苏区革命精神和苏区干部好作风。

说它是“预演”、“尝试”，绝非虚言，在旧址走一走就深有体会。你看，它发行货币——它不承认中华民国的货币，发行独立货币，不使用孙中山的头像，而是将列宁的头像印在货币上，并同时发行背景为地球图案的“全世界无产阶级联合起来”的一圆币值的银币。你看，它还办银行——1932

年2月1日，中华苏维埃共和国国家银行成立，行长毛泽民，设有分行、支行、兑换处等，除办理抵押、贷款、存款、票据买卖贴现、汇兑、发行钞票、代理国家金库外，还发行“革命战争公债”及“经济建设公债”，同时也发售部分“银行股票”。不看实物，真是难以想象啊！

留心看，就会发现：党早在战争时期就非常注重依法执政。尽管战事危急，但苏维埃政权在成立后的三年时间内，就颁布了宪法、土地法、劳动法等一百三十余部法律法规，许多立法原则甚至沿用至今。当时的法治意识之强、立法速度之快、立法质量之高，令人吃惊。我和几位同学认真研读了当时的宪法，不约而同地点赞：一些条款现在看也不落后啊！

对宣传工作，它也重视得很。我在这里找到了媒体的“根”。红色中华通讯社于“一苏大”期间建立，设有编委会和新闻台等机构，负责编辑《红色中华》报，发布新闻。《红色中华》报是中华苏维埃共和国临时中央政府机关报，于1931年12月11日创刊，周以栗、瞿秋白等先后担任过主笔……毛泽东曾高兴地在“二苏大”上讲：“中央苏区已有大小报纸三十四种，其中如《红色中华》从三千份增至四五万份以上，《青年实话》发行二万八千份，《红星》一万七千三百份，证明民众文化水平迅速提高了”。有意思的是，当时的《红色中华》报还办有“红板”、“黑板”等专栏，在“红板”中刊登表扬稿件，在“黑板”中刊登批评稿件。

红军总政治部主办的《红星》报，也辟有“铁锤”专栏，专门批评红军部队和军事机关存在的不良现象和作风。《红星》报还辟有“自我批评”专栏，一些被批评了的单位和个人，都迅速给编辑部写出自我批评稿件。

甚至，对于植树造林这样具体的工作，它也十分上心。1932年3月16日召开的中央人民委员会第十次常委会，专门作出《 人民委员会对于植树运动的决议案》，称“为了保障田地生产，不受水旱灾祸之摧残，以减低农村生产，影响群众生活起见，最便利而有力的方法，只有广植树木来保障河坝，防止水灾旱灾之发生。并且这一办法还能保证道路，有益卫生，至于解决日常备用燃料（如木材、木炭）之困难，增加果物生产，那更是与农民群众有很大的利益。况中央苏区内空山荒地到处都有，若任其荒废则不甚好，因此决定实行普遍的植树运动，这既有利于土地的建设，又可增加群众之利益”。该决议案还具体规定了五条：“一、由各级政府向群众作植树运动广大宣传，说明植树的利益，并发动群众来种各种树木。二、对于沿河两岸及大路两旁，均遍种各种树木，对于适宜种树之荒山，尽可能的来种树以发展森林，必须使旷场空地都要种起树来。三、在栽树时，由各乡区政府考察某地某山适合栽种某种树木，通告群众选择种子。四、为保护森林和树木的发育起见，在春夏之时，禁止随意采伐，免伤树木之发育。五、这一运动最好用竞赛来鼓动群众，以后要注意培养树木种子，在每年春天来进行此种运动”。毛泽东、周恩来、项英、任弼时、张鼎丞等领导干部身体力行，在叶坪村开展植树运动，并每人栽下一棵树。后来，这些革命家所种的树木被称为“红树林”。

站在“红树林”下，我想起了1929年1月，红四军主力从井冈山根据地向赣南闽西挺进前，由毛泽东起草、司令部发布的“四言体”《红军第四军司令部布告》——

红军宗旨，民权革命，赣西一军，声威远震。
此番计划，分兵前进，官佐兵夫，服从命令。

平买平卖，事实为证，乱烧乱杀，在所必禁。
全国各地，压迫太甚，工人农人，十分苦痛。
土豪劣绅，横行乡镇，重息重租，人人怨愤。
白军士兵，饥寒交并，小资产者，税捐极重。
洋货越多，国货受困，帝国主义，哪个不恨。
国民匪党，完全反动，口是心非，不能过硬。
蒋桂冯阎，同床异梦，冲突四起，军阀倒运。
饭可充饥，药能医病，共产主张，极为公正。
地主田地，农民收种，债不要还，租不要送。
增加工钱，老板担任，八时工作，恰好相称。
军队待遇，亟须改订，发给田地，士兵有份。
敌方官兵，准其投顺，以前行为，可以不问。
累进税法，最为适用，苛捐杂税，扫除干净。
城市商人，积铢累寸，只要服从，余皆不论。
对待外人，必须严峻，工厂银行，没收归并。
外资外债，概不承认，外兵外舰，不准入境。
打倒列强，人人高兴，打倒军阀，除恶务尽。
统一中华，举国称庆，满蒙回藏，章程自定。
国民政府，一群恶棍，合力铲除，肃清乱政。
全国工农，风发雷奋，夺取政权，为期日近。
革命成功，尽在民众，布告四方，大家起劲。

我留意到，不少学者把这个布告视为“中国共产党和红军的宣言，苏维埃政府的施政纲领”。不管这个判断是否确切，但有一点是确信无疑的——党和苏维埃政府确定并认真实践着一个宗旨：真心实意为群众谋利益。

望一望“红树林”，久久不愿离去……

18.1 红井

2016-5-24 上午 晴

还记得小学二年级第32课的《吃水不忘挖井人》吗？

瑞金城外有个小村子叫沙洲坝。毛主席在江西领导革命的时候，在那儿住过。

村子里没有井，吃水要到很远的地方去挑。毛主席就带领战士和乡亲们挖了一口井。

解放以后，乡亲们在井旁边立了一块石碑，上面刻着：“吃水不忘挖井人，时刻想念毛主席”。

这口井，当地群众称之为“红井”。在上个世纪二三十年代，沙洲坝

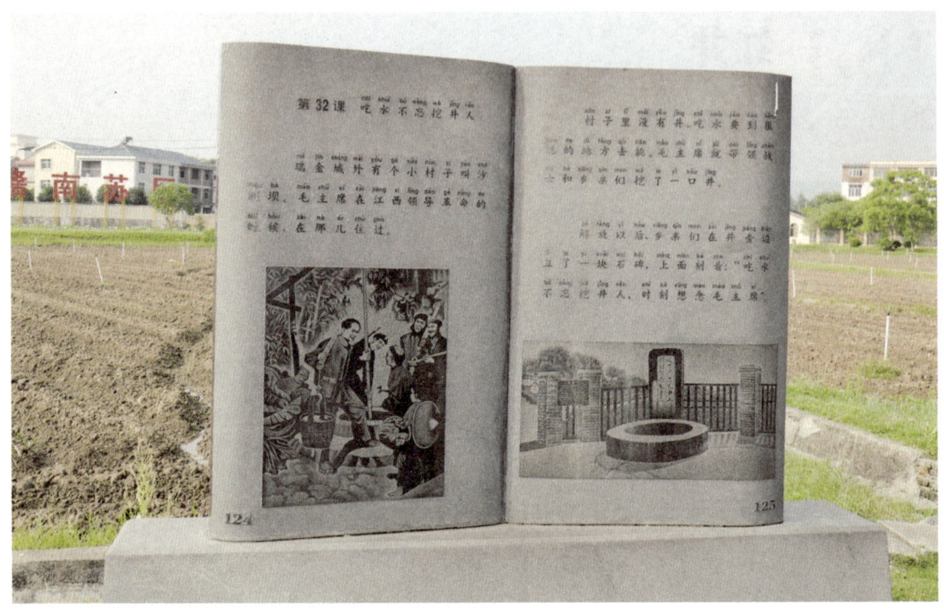

一带缺水，有民谣传唱道："有女莫嫁沙洲坝，天旱无水洗头帕"。1933年9月，毛泽东带头开挖了这口直径85厘米、深约5米的"红井"。1934年10月红军主力长征后，敌人曾多次要填塞这口井，沙洲坝人民坚持斗争才保存了下来。1950年，当地对水井进行了修整。每个到此参观的人，都会被邀请喝上一口。据不完全统计，红井从开挖到现在，已有1000多万人饮用过红井水。这大概是世界上饮用人最多的一口水井了。

站在井边，往井里望，水依然清澈，还有水汽儿泛上来。工作人员将一只水桶慢慢放下去，盛满了，又缓缓拉上来。我们每人拿了一个小竹筒，舀一下，品一口，真清甜！

"红井"，就在沙洲坝第二次全国苏维埃代表大会（简称"二苏大"）旧址那儿。沙洲坝是中华苏维埃共和国临时中央政府机关1933年4月至1934年7月的驻地。1934年1月21日至2月1日，"二苏大"在这里召开。大会听取和审议了毛泽东作的政府工作报告，讨论和通过了修改宪法大纲等决议。选举了新的中央执行委员会。此间，中央执行委员会机关和毛泽东、徐特立、

谢觉哉等在此办公和居住。在此期间，毛泽东先后写下了《必须注意经济工作》、《怎样分析农村阶级》、《我们的经济政策》、《关心群众生活，注意工作方法》等光辉著作，同王明“左”倾错误进行了坚决的斗争，领导根据地经济建设，创造了模范的后方工作，有力地支援了革命战争。

在中华苏维埃共和国临时中央政府大礼堂，老师进行了详细的史实讲解，学习委员张西立代表全班诵读了《关心群众生活，注意工作方法》一文的节选——

一切群众的实际生活问题，都是我们应当注意的问题……在我们的工作人员中，曾经看见这样的情形：他们只讲扩大红军，扩充运输队，收土地税，推销公债，其他事情呢，不讲也不管，甚至一切都不管……我郑重地向大会提出，我们应该深刻地注意群众生活的问题，从土地、劳动问题，到柴米油盐问题。妇女群众要学习犁耙，找什么人去教她们呢？小孩子要求读书，小学办起了没有呢？对面的木桥太小会跌倒行人，要不要修理一下呢？许多人生疮害病，想个什么办法呢？一切这些群众生活上的问题，都应该把它提到自己的议事日程上。应该讨论，应该决定，应该实行，应该检查。要使广大群众认识我们是代表他们的利益的，是和他们呼吸相通的。要使他们从这些事情出发，了解我们提出来的更高的任务，革命战争的任务，拥护革命，把革命推到全国去，接受我们的政治号召，为革命的胜利斗争到底。

老一辈无产阶级革命家不仅是这样说的，也是这样做的。他们与群众一道吃“包包饭”，穿草鞋，着粗布衣，“有盐同咸，无盐同淡”。毛泽东为群众放水润禾苗，朱德帮农民插秧收割，周恩来帮助红军家属拉犁，陈云、博古、邓颖超等23位领导干部带头“每天节省二两米”。苏区当时点灯用菜油，为节省用油，规定只能每2人或3人共用一盏油灯，每盏灯只能用一根灯芯。毛泽东按规定可以点三根灯芯，但他也只点一根，而且把灯芯缩到最小，就在那一根小灯芯所发出的微弱灯光下，他每天都工作到深夜……

授课老师还动情地讲起了张闻天砍柴的故事。1934年2月8日，张闻天签署发布了《优待红军家属条例》。他以身作则，带头参加礼拜六义务劳动，在红军家属地里锄草、种菜、挑水。由于缺少耕牛，需要人用肩拉犁，开垦荒地。张闻天的肩膀拉得又红又肿，可他仍然坚持，还一边笑着说："天气这么冷，我们一拉犁身子就冒汗了，这可是不花钱的暖气！"红军家属缺柴火，张闻天便领着大家上山砍柴，警卫员考虑到他身体差，眼睛又近视，劝他就别去山上了。张闻天摇摇头说："你们可别小瞧我，论砍柴也许你们还不如我呢。"说罢，脚穿麻草鞋，腰挎柴刀，领着大伙就上路了。傍晚，张闻天果然跟大家一道挑回了满满一担干柴。他将柴挑进了沙洲坝村头杨大妈的家里，亲切地说："老人家，我们给你送柴来了。"……《红色中华》的记者恰好在场，赶忙写下了这一动人的情景。

走出礼堂，讲解员告诉我，那时对于腐败毫不留情。1933年秋冬间，临时中央政府总务厅基建工程所主任左祥云，利用负责建筑临时中央政府大礼堂和红军烈士纪念塔等工程之机，贪污公款246.7元，事后又偷开路条企图逃跑，而总务厅长赵宝成和总务厅管理处长徐毅，作为其上级领导，官僚主义作风严重，管理疏漏，造成大量公款浪费，对左祥云贪污逃跑负有直接领导责任。1934年2月18日，左祥云被判处死刑！徐毅被处以六年监禁，赵宝成被处以罚苦工一年，其他涉案人员也分别受到处罚。

1934年9月11日，苏维埃中央审计委员会在审计了苏维埃中央政府各部5

月至8月的经费开支后，发布了一份审计报告，得出结论说——“我们可以夸耀着：只有苏维埃是空前的真正的廉洁的政府。”

讲解员说，苏区干部上至中央政府主席，下至伙夫马夫，不仅没有工资报酬，公家只发生活费，而且为了节约，还“自带干粮去办公”，许多干部连生活费也不要公家发。我问讲解员“生活费”是什么概念？讲解员说“生活费是指公家发给的服装和伙食费”。

不要工资，不要津贴，有的连伙食费也不要，请问古今中外哪一个政府的工作人员可以做到？！只有共产党领导下的苏维埃！必须要脱帽致敬了。

参观徐特立旧居时，还意外获得了一组数字：苏维埃政府高度重视教育，到1934年，光“列宁小学”就办了3199所！

……

一口红井，浸润着心灵；一根灯芯，点燃着信仰；一份审计报告，透露着自信；一所所列宁小学，孕育着希望……

18.2 于都

2016-5-24 上午 晴

坐在书斋，靠想象，是写不出感人作品的。今天在于都县参访，更加确信这一点。

上午，急行军，到达于都县。最先映入眼帘的，是七个红色大字——长征从于都出发。马不停蹄，瞻仰长征出发纪念碑，参观长征出发纪念馆，凝望长征渡口，驻足长征出发地纪念园，我大致了解了于都那风云激荡的特殊一页。

那是1934年10月上、中旬，中共中央、中革军委、红军总部、中央政府等领导机关和中央红军第一、三、五、八、九军团，先后来到于都县城集结休整，补充待命。17日至20日，中央领导机关及中央红军八万六千余人，其中大部从于都县城的东门、南北、西门，梓山的山峰坝、罗坳的孟口、鲤鱼、石尾、靖石的渔翁埠等八个主要渡口渡过于都河，踏上了战略转移的征途。10月18日，毛泽东、朱德、周恩来等中央领导随中央第一野战纵队，从东门渡口过河踏上征途。中央红军历经千辛万苦，战胜各种艰难险阻，历时一年，纵横十一省，长驱二万五千里，取得了长征的胜利，开创了中国革命的新局面。叶剑英元帅1962年建军节为缅怀当年赣南省军

区政治部主任刘伯坚，挥笔写下：“红军抗日事长征，夜渡于都溅溅鸣。梁上伯坚来击筑，荆卿豪气渐离情。”陆定一也曾赋诗抒怀：“十月里来秋风凉，中央红军远征忙，星夜渡过于都河，古陂新田打胜仗。”毛泽东挥斥方遒：“长征是宣言书，长征是宣传队，长征是播种机……长征是以我们胜利、敌人失败而告终。” 就连美国记者斯诺也由衷叹服：“与此（长征）相比，汉尼拔经过阿尔卑斯山的行军看上去像一场假日远足。”

鲜为人知的是：当时的于都，10万多人支前参战，6.8万儿女参加红军，走出了16位共和国将军，有名有姓的烈士多达1.6万多人。

在纪念馆，两位长征亲历者的描述，让我泪眼蒙眬。他们的文字未必侈丽闳衍，他们的构思也不一定匠心独运，但他们笔下流淌的是真实的点滴，是历史的回声，读之如临其境，感同身受。

重温一下彭加伦的《别》吧——

是一个晴天的下午，太阳斜挂在西边的天空，很多人都在田里，为了他们自己分得的土地，弯着腰在努力地耕种，不断地唱出快乐的山歌。妇女们三三两两地坐在门前做慰劳红军鞋和其他针线。孩子们一群一群地很活泼地在游戏，乡政府门前的红旗迎风飘荡，在阳光的照射下，现出特别鲜艳的颜色。

号音响了，尖锐的声音激动着每个战士的心弦，鸣号本是军队中平常的事，可是今日的号音却带来了特别的意味，好像在这声音中包含了很浓厚的刺激的感觉。谁知道它就是长征进行曲，谁知道它就是故乡离别之歌！

队伍出发了，红色战士一对一对地由各个村庄下涌现出来，一线一线不断地向着于都河畔进发，马声、担子声、刺刀摩擦声、步伐声、歌声、相互错杂着。

渡口中站满了红色的英雄，船夫不断地摇着他的木橹，一船一船渡过去了。一个个战士都轻捷地一跃登岸，他们一跳上岸就飞跑地跟上队伍去了，动作是那么低（地）迅捷。战士们身上的装备很整齐；衣服都是新的，背包颜色是一律，每人二个或四个手榴弹挂在胸前。军鞋每人三双，小的两双。捆在背包上端的防空帽——用树枝做的伪装，以防备敌机用的——都戴在头上。十天的粮食，有的掮着、有的挑着、有的扛着。伙食担子、公文担子很有次序地随在队伍的后面，一个个雄赳赳地迈着大步前进。

红军家属和儿童团的小弟弟们，一堆堆地站在路旁欢送。他们手里有的拿着草鞋，有的拿着食物，有的拿着银钱，候他们的儿子、丈夫、哥哥、弟弟经过时作临别的礼物。当他们的子弟经过时，有很多有叮嘱：

"到外面要谨慎，要听负责同志的指挥，回来的时候，有适用的东西带点回来！"

"哥哥，多捉几个师长回来啊！"

红军家属是这样关心着他们的子弟，集体送别，每次出发都是很多的，这是革命根据地特有的现象。

太阳在远山背后，渐渐地下去了，夜幕开始笼罩了大地，正在起着晚烟的村庄和黄透了的田野，葱翠的山林，渐渐地模糊，在队伍的后面消逝了。红色战士们一面前进，一面谈笑着，他们活泼愉快兴奋的情绪，不断地在他们笑容上流露出来。

队伍继续地在黑暗中前进着，穿过了无数的田垅，走过了很多森林，有时脚下渐渐高了，又高了，知道已在上山；低了又低了，是在下山；哗哗的流水，知道已经到了山脚，沿着山溪前进。谈笑声到处传下来，远远地不断送来一声声犬吠声，秋虫在山野间奏着音乐，战士们是有些倦意了。经过无数次的休息，远远的前面照耀着很多灯光，东一路西一路的分散，大家忽然高兴起来，嚷着"到了，到了，跟上呀！"

人声嘈杂起来，秩序也忽然零乱，各部队都找着自己房子宿营了。

一切都是沉寂，大地仍在黑暗中沉睡，红色健儿也进入了梦乡。

……

再来读读王耀南《坎坷的路》中第十二节《长征路上第一桥》吧——

聂鹤亭同志亲自率领我们工兵营的连以上指挥员对架桥点河川情况进行了现场侦察，结果查明：河宽六百多米，水深一至三米，最大流速每秒一米二，河底为沙石。当时总部决定集中大部分工兵连队，在江西于都花桥、潭头圩（龙石嘴）、赖公庙、大坪心（龙门山）、峡山圩（孟口）一线架五座浮桥。我们总部工兵营负责在赖公庙附近架桥。在我们上游架桥的是红一军团的工兵连队。这些桥要求能通过骡马和炮车，并要在十月十六日午夜十二点前架通。聂鹤亭同志还说：“为了防止敌机侦察，过早暴露目标和我军行动意图，要求架桥作业在午后五时至次日七时之间进行。”

当天下午，架桥开始了。在深水区，我们用民船作桥脚，杉杆当桥桁，上面铺上门板结构成浮桥。在浅水区打下木桩作桥脚。尽管主要架桥材料已经由总部作战局征集、准备好，但桥板、绳索等材料还缺很多。为此，营党委决定分工刘子明政委带领一个小组到老乡家里去征集。材料组

出发前，刘子明政委对大家说："架六百米长的桥，零星材料不零星。于都附近无树可砍，只有发动群众，到周围的老表那里去征集。我们来个比赛，看谁动员得好，征集得多。像扩红一样，既要数量多，又要质量好，还不能违反纪律。"

根据地的老表非常热情，只要说红军要用，不管他的材料是干什么用的，马上抽出来给我们送来。有个姓赵的老表听说红军要木料，就要拆瓜棚。当时南瓜还未完全熟，材料征集组的同志劝阻老表说："瓜还没有熟，瓜棚不能拆。"老表一听，啪地一下就把瓜藤扯断了，并主动把搭瓜棚用的木料扛到了河边，还特地为我们煮了一担南瓜汤。有一次，我正在指挥架桥，突然看到河滩上何立斌、刘调元几个同志和一个老大爷争吵，互相争抢几块木板。我当时心想，征集材料怎么能和老表吵架呢？连忙跑了过去，安慰老大爷说："老大爷，板子我们可以不要你的。"我的话还没说完，老大爷更急了，说："这位同志啊，你怎么硬是不通情理。红军战士前方打仗，连命都拿出来了，我献出几块棺材板算什么！"我这才明白，原来老人家把棺材板献出来了。我忙对大爷说："寿材您老人家百年

之后还要用的，我们的材料够用了，板子我们给您送回去。”老大爷说：“扯谎，材料差得远呢！要不是红军，要没有苏维埃，别说寿材，我连饭都吃不上哩！”我说：“好！这样吧，板子先放在您家里，等我们用时再到你家里去取。”老大爷生气地说：“别看我曾老头七十多岁了，身子骨还硬着哩！还要活上十年八年。你们要不收这几块板子，就是说我不中用了。”我们没办法，只好答应暂时收下这几块板子。曾大爷这才高兴地和战士们一起搬着板子送到桥头。曾大爷献出的不是几块普通的木板，而是根据地人民支援红军的赤诚的心。

……

于是，便不难理解，周恩来曾动情地说：“于都人民真好，苏区人民真亲”；于是，便不难理解，苏区妇女飞针走线，极短的时间内便赶做了20万双草鞋献给红军；于是，便不难理解，这一长串参加长征的女红军名单：邓颖超、蔡畅、康克清、贺子珍、刘群先、李伯钊、钱希均、陈慧清、廖似光、周越华、金维映、李桂英、谢小梅、杨厚珍、萧月华、邱一

涵、曾玉、刘英、李坚真、谢飞、邓六金、危拱之、王泉媛、甘棠、危秀英、钟月林、吴富莲、李建华、刘彩香、吴仲廉、彭儒（长征出发后又与丈夫陈正人一起留在苏区坚持斗争）、黄长娇（长征出发时发现已怀有身孕被留在苏区坚持斗争）……

读原著，学原文，悟原理，这才是学习的正道。道听途说，寻章摘句，恐怕难以进行思想上真正的“长征”。

18.3 模范兴国

2016-5-24 下午 晴

还记得《西行漫记》封面那个吹号的小战士吗？还记得飞夺泸定桥那个双脚倒挂的勇士吗？……他们都是兴国县人。

的确，不到兴国，不知道什么叫老区牺牲大；不到兴国，不知道什么叫自己贡献小。

对兴国，只能致敬，应该致敬，必须致敬。这个驰名中外的“将军县”，在土地革命战争时期仅有23万人口，参军参战的就有9.3万多人。参加长征的“兴国模范师”、“少共国际师”、“中央警卫师（工人师）”三个师，大多是兴国子弟。革命战争年代，兴国县为国捐躯的烈士有5万多名，其中姓名可考的烈士就达23179名，位居全国各县市之首。其中，仅牺牲在长征路上的烈士就达12038名，几乎每一公里就有一名兴国籍将士倒下……兴国的将士们经受了生与死、灵与肉、血与火的战斗洗礼，锻造出许多优秀的革命将领，仅解放初期授衔的将军就有56位。将军数量之多，列江西之首，全国第二。

在兴国“将军馆”，看将星云集，听大战风云，真有点恍惚——仿佛回到了那金戈铁马，穿越到了那枪林弹雨，触摸到了那一颗颗有信仰的灵魂。

写出名作《长征组歌》的萧华上将，发出“富贵非吾愿，名利我不希；全国齐解放，攘攘又熙熙”呐喊的陈奇涵上将……好一个赫赫巍巍的兴国将军群！好一部壮怀激烈的兴国将军谱！

随着讲解员声情并茂的讲述，我听到了这样一些传奇——

很多人可能不知道他的名字，但一定欣赏过他的英姿。他是谢立全将军。斯诺撰写的《西行漫记》流传到哪里，他的军号就“吹”到哪里；《西行漫记》经久不衰，他那嘹亮的号声同样经久不息。因为书的封面上那位身躯伟岸、英姿勃发的红军号兵，就是兴国人

少将

裴周玉	廖步云	廖冠贤	廖鼎祥	廖鼎琳	谭开云
熊奎	熊伯涛	熊梦飞	黎有章	黎同新	黎新民
潘振武	戴润生	魏洪亮			

赣南各县市将军人数

县别	上将	中将	少将	小计
兴国	2	6	48	56
于都			16	16
瑞金			12	12
宁都		1	13	14
赣县	1	1	6	8
石城			4	4
会昌			2	2
寻乌		1	1	2
信丰		1	4	5
南康			6	6
上犹			4	4
崇义		1	3	4
大余			1	1
合计	3	11	120	134

谢立全。那是1936年6月，斯诺到陕北采访。一天，他来到红军大学，见学员在唱歌，猎猎翻飞的军旗下，一位全副武装的战士正迎着喷薄欲出的朝阳，精神抖擞地吹起了冲锋号。几十个红色健儿高声呐喊着“冲啊！”“杀啊！”，猛烈地向前冲刺。这精彩的画面，令斯诺十分感动。他赶紧端起照相机，“咔嚓”一声按动快门。后来，斯诺在其《西行漫记》的彩色封面使用了谢立全吹军号的那帧照片，取名为《抗战之声》。

人死也可“复生”，居然参加了自己的追悼会。他是钟国楚将军。1935年春，钟国楚率领樟平游击队在猪仔坝与敌人战斗时，因受伤一时说不出话来，写了几个字就晕过去了，两个战士把他抬到九州山临时医院，摸摸鼻子没气，以为他牺牲了。小战士在大山里转了二十多天才追上部队，向部队报告钟国楚已经牺牲，部队在永春山的一座破庙里为钟国楚举行了追悼会。谁知，钟国楚并没有死，经过二十多天治疗后初步痊愈，便偷偷离开医院，追赶部队，当他在破庙找到部队时，部队正在为他举行追悼会。头戴雨笠、衣着破烂的钟国楚，站在队伍的后面目睹了自己的追悼会。

炮火纷飞，也敢水上飞。他是陈美福将军。在飞奔泸定桥战斗中，陈

美福冒着敌人的炮火，双手抓住铁索，双腿倒挂在铁索上，身下是波涛汹涌的大渡河，周围是嗖嗖的弹雨，他咬紧牙关，靠两手两腿一抓一接、一伸一屈攀援过桥，当到达彼岸时，双手都已脱皮流血，却也顾不上包扎，端起枪，越过敌人在桥头设置的屏障，继续向前冲锋。

独自长征，爬也要爬到延安城。他是杨卓将军。攻打会理县城时，杨卓任敢死队队长，率部冲锋在前，腿负重伤。后来，留在老乡家里的他，伤腿残疾了，变短了。但他坚强不屈，把三枚手榴弹一直带在身边，风餐露宿，日夜兼程，连走带爬，一个人艰难地行进在大西北，追赶红军队伍。终于到了延安，把三枚手榴弹交还了组织。

……

他们每个人，都是一本大书，一部传奇。共和国的旗帜上，有他们血染的风采！

“兴国”，这名字名副其实啊！

“模范兴国”，毛泽东这褒扬名副其实啊！

18.4 长冈乡调查

2016-5-24　下午　晴

讲解员钟群燕，唱了五首歌来穿插介绍《长冈乡调查》，深入浅出，悦耳入心。大家打趣说：这也是掌握了当年长冈乡的“三大法宝”之一——注意工作方法。革命传统教育，方法对头蓬莱近，路径不当咫尺远。

1933年11月中旬，中华苏维埃共和国临时中央政府主席毛泽东为总结苏区乡苏维埃工作的经验，给即将召开的“二苏大”做准备，对长冈乡苏维埃政府的工作和农民生活情况作了深入细致的调查研究，写下了著名的《长冈乡调查》。他总结出了长冈乡的主要经验：一、密切联系群众；

二、关心群众生活；三、注意工作方法。1934年1月，在“二苏大”上，毛泽东称赞长冈乡是“乡苏维埃工作的模范”，并号召“要造成几千个长冈乡，几十个兴国县”。“二苏大”秘书处将毛泽东的《长冈乡调查》一文印成小册子，并定书名为《乡苏工作的模范（一）——长冈乡》，与毛泽东的另一篇调查报告《乡苏工作的模范（二）——才溪乡》一起发给代表，人手一册，大力推广长冈乡和才溪乡的先进经验。

其中，毛泽东在《长冈乡调查》中发出号召：“每个乡每个区都要学习长冈乡与上社区的消费合作社！”在长冈乡模范消费合作社旧址，我们认真了解了合作社的来龙去脉。1931年秋，兴国成为第三次反“围剿”的主战场，敌人加紧了对苏区的经济封锁，兴国城乡市场萧条，商品奇缺，食盐布匹更是有钱无货。兴国县长冈乡古岭村决定派人去白区采购，大家推选共产党员李奎应负责。李奎应带着李其尚、王仁森到白区采购了三挑子稀缺物资，分给了群众。群众得到了当时罕见的食盐和布匹，喜出望外，纷纷拿钱要他们再去采购。李奎应趁此机会以每股五角的标准，集股八十元，创办了古岭村消费合作社，把苏区出产的物资销往白区，再从

白区购回苏区紧缺的商品，做起了封锁线上的生意。合作社越办越红火，社员们分得了几倍的红利。但李奎应等人却不领工资，平时卖货自己带饭吃，外出采购时才吃社内饭。他们风里来，雨里去，心甘情愿地为群众服务……1933年1月，古岭村消费合作社升级为长冈乡消费合作社，仍由李奎应他们三人经营。群众提议要给他们发津贴，乡苏维埃政府也决定向他们三人每人每月支薪三元，他们三人坚辞不受。这就是苏区干部的作风和境界，令人感佩。

毛泽东做调查的方法，历久弥新。主要是四步走：调查宜用讨论式小型会议调查；调查应该亲自出马和亲手做记录；调查后要分析和研究、提炼观点；调查后抓住主要矛盾提炼调查结论。

在长冈乡调查纪念馆，有两段话引起了学员们的议论。

一段是“前言”中的：现在许多地方的苏维埃机关中，发生了敷衍塞责或者强迫命令的严重错误，这些苏维埃同群众的关系十分不好，大大障碍了苏维埃任务与计划的执行。另一方面，无数的下级苏维埃工作同志，又在许多地方创造了许多动员群众的很好的方法，他们与群众打成一片，他们的工作收到了很大的成效。上级苏维埃人员的一种责任，就在把这些好的经验收集整理起来，传播到广大区域中去。这样的工作，现在应该立即在各省各县实行起来。反对官僚主义的最有效方法，就是拿活的榜样给他们看。

大家说：八十年过去了，为官不为，不了解基层的情况，还没完全解决呢。不用脚丈量土地，不用眼察看实情，不用心贴近百

姓，很危险啊。

另一段是1965年毛泽东重读《长冈乡调查》时的批注：什么叫马克思主义？那时的中央领导者们，实在懂得很少，或者一窍不通，闹了多年的大笑话。但是这是难免的，人类总是要犯一些错误才能显出他们的正确。对客观必然规律不认识而受它的支配，使自己成客观外界的奴隶，直至现在以及将来，乃至无穷，都在所难免。认识的盲目性和自由，总会是不断地交替和扩大其领域，永远是错误和正确并存。不然，发展也就会停止了，科学也就会不存在了。要知道，错误往往是正确的先导，盲目的必然性往往是自由的祖宗。人类同时是自然界和社会的奴隶，又是它们的主人。这是因为人类对客观物质世界、人类社会、人类本身（即人的身体）都是永远认识不完全的。如果说有一天认识完全了，社会全善全美了（如神学所说那样），那就会导致绝对的主观唯心论和形而上学，不是一个马克思主义者的世界观。

有人不禁惊叹：这认识也太深刻了！很多时候，我们不敢迈一小步，怕出错，担心没有好果子吃。其实，人生的每一次努力，就像空谷中的呐喊，没必要指望有多动听，也没必要指望谁都听到，但那辽远的回音，一

定会来！

严格来说，调查研究，是领导干部特别是年轻干部的基本功。如果不掌握这个本领，而满足于听汇报、看材料，一定是盲人骑瞎马，要栽大跟头的。毛泽东在《关于农村调查》中写道：“认识世界，不是一件容易的事。马克思、恩格斯努力终生，作了许多调查研究工作，才完成了科学的共产主义”。习近平总书记曾经指出：“调查研究是谋事之基、成事之道。没有调查，就没有发言权，更没有决策权。研究、思考、确定全面深化改革的思路和重大举措，刻舟求剑不行，闭门造车不行，异想天开更不行，必须进行全面深入的调查研究”。这很值得我们深思笃行！

说到底，调查研究，是成功之母。

19.1 重上井冈山

2016-5-25　上午　晴

苏区归来，重上井冈山。

对井冈山，但凡来过的都不吝赞美。老一辈无产阶级革命家董必武曾赋诗曰："四面重峦障，五溪曲水萦。红根已深植，今日正繁荣"。朱老总，1962年饱蘸深情地写下了"天下第一山"五个大字。著名作家魏巍则直抒胸臆："不朝圣来不拜仙，我来朝拜井冈山。人说你五千八百尺，我说你天下第一山"。我曾多次来过井冈山，并在朋友圈感慨：若论山栖谷隐，还是井冈山。晨披朵云，夕望竹林，漱石枕流，鹭朋鸥侣……那画面太美不忍直视！

可能是吃坏了肚子，腹胀如鼓。好在归途中一直在播放革命史电视剧《红色摇篮》，大家都看得着迷，也让我暂时忘却了疼痛。

学院的培训真是"润物细无声"。在两次共六天外出教学的车上，都安排了播放红色电影、电视剧。这次，播的是2010年拍摄的《红色摇篮》。该剧讲述了1929年至1934年这5年多时间里，毛泽东、朱德、周恩来、刘少奇、邓小平等老一辈无产阶级革命家，在以瑞金为中心的赣南、闽西苏区纵横驰骋，进行共和国建设伟大预演的历史故事。

给我印象极深的是毛泽东的坚忍不拔。他把马列主义与中国具体实际相结合，提出了"农村包围城市"、"工农武装割据"、"诱敌深入"等一系列重要思想，却没有被当时的中央主要领导人所重视，甚至被一些吃过洋面包的领导人视为另类，屡遭打压。就在中华苏维埃共和国成立的前

两天所召开的中共苏区中央局第一次代表大会（赣南会议）上，毛泽东在中央苏区的正确领导已开始被排挤、批评。一年之后的宁都会议上，毛泽东对军事的正确领导也遭到排斥。1932年10月26日，因病在长汀福音医院治疗的毛泽东被远在上海的临时中央正式免去红一方面军总政委的职务，失去了对自己亲手创建的这支队伍的直接领导权……但毛泽东就是毛泽东，他充分显示了“经天纬地”的雄才大略，既有临事权变的过人机智，又有包容团结的博大胸襟，终于化解了一次次的人生危机，带领中国人民走向了一个又一个胜利。因为，他充分认识到了人民群众所蕴含力量的伟大，始终相信“人民，只有人民，才是创造世界历史的动力”，“只要我们依靠人民，坚决地相信人民群众的创造力是无穷无尽的，因而信任人民，和人民打成一片，那就任何困难也能克服”。

其实，中井院的红色音像教学，平时已经渗透到了我们学习、生活、休闲的每一个空间和时间，熏陶着我们，感动着我们。学院在闭路电视网开设了两个教学频道，专门播放音像教学片。时间从每晚19:35开始，至21:50左右结束。其中，1频道是纪录频道，播出宣传片《让梦想照亮未来》、“井冈山儿女口述史料”专题片、政论专题片、文献纪录片等；2频道是影视频道，播出有关历史教育、国情教育的经典影视，每晚3集。印象最深的是，早上起床时，播的是红色歌曲，饭堂就餐时，放的是红色访谈，院内散步时，飘过来的也是革命歌谣……哈哈，红色包围圈！

我没有具体统计过学院有多少图书馆、阅览室、书店，但感觉“有书”的地方相当多。因为穿过走廊，或者走去饭堂，甚至去学2楼买些日常用品，路两旁都排满了书架，也分不清是教室、阅览室还是书店。我有次走进去，完全被震住了，全是红色书籍，书山啊。随手一翻，便见英雄气——

书里讲的是刘启耀。他是江西兴国龙口人，1933年12月当选江西省苏维埃政府主席。他逢会必讲“十二分的节俭”，在民主生活会上又郑重宣布：“我响应中央人民委员会‘节省三升米支援前方红军’、‘节省一个铜板为着革命战争’的号召，我4月开始自带伙食办公，5月开始，我仍坚持每月自

带伙食，一直到粉碎敌人的五次‘围剿’为止……”他每月坚持回兴国家乡背米去省政府办公，老婆和他开玩笑说：“老公老公，饭要我供。”

1935年初，刘启耀在于都南部山区的一次突围战斗中被敌军冲散，与部队断了联系，只好化装冲出敌人的包围圈，隐姓埋名。他走村串乡，乞讨度日。有谁会想到，这个脸色憔悴衣衫褴褛的讨米人，竟会是赫赫有名的江西省苏维埃政府主席；更不会有谁知道，这个手持打狗棍，肩背讨米袋，蓬头垢面的乞丐，腰间缠着“金条银圆”——一笔“巨款”。这些金银是党的活动经费，是组织上给他保管的。他宁可自己吃尽艰辛，也要“完璧归赵”……后来国共合作，我党在吉安建立了新四军办事处，贺怡同志接见了刘启耀。刘启耀把自己珍藏的“巨款”，一一清点上交，自己一分一厘也没有留下……

此外，院内设计，处处匠心，单单看风物名字，就让人自省、自悟、自觉。如廉溪、明德桥、正气亭、群英廊，等等。在这些地方散步，红色歌曲会悄悄“钻”过来，引得你不由轻声和。听得最多的是《十送红军》、《八角楼的灯光》、《毛委员和我们在一起》。有一次我气喘吁吁步行到了半山腰，居然第一次听到了传说中的《朱总司令的扁担金光闪》——

“弯弯的哟山路哟长又长啰喂，朱总司令挑粮哎上呀么上井冈啰喂。哎！红米南瓜哎喷喷香啰喂，革命战士哎肩上担啰喂……”

当时，立即气定神闲，河出伏流……哈哈，写到这儿，望窗外青竹笔挺，夏风和畅，远山蜿蜒，腹痛貌似好多了。

19.2 徐文秀讲课

2016-5-25　下午　阴

徐文秀来讲课啦，消息不胫而走。

徐文秀是有名的“大笔杆子”，中组部研究室副主任、政策法规局副局长。他从事组织工作近30年，是研究组织人事工作的资深专家，这几年发表的一系列如何“为官”的文章，在互联网上产生了巨大反响。我本人就是他的“粉丝”，分享、转发过不少他的佳作。

徐文秀局长分星擘两，妙语连珠，主要讲了三个问题：一、关于培养选拔人民需要的好干部问题；二、学习习近平总书记系列讲话精神的初步体会；三、做人做事做官的粗浅思考。

一、关于培养选拔人民需要的好干部问题

十八大以来，中央和习近平总书记对党的建设和组织工作提出了一系列新思想新观点新要求，干部工作呈现出许多新的特点：突出导向、强化把关、破解难题、加强监管、破格从严、完善公选、注重基层。

习近平总书记指出：现在，大家想得比较多、议论得比较多的有三个问题：怎样是好干部？怎样成长为好干部？怎样把好干部用起来？正确回答和解决这三个问题，我们的干部工作就能做得更好。

（一）怎样是好干部？

好干部是时代的呼唤、事业的需要、人民的期盼。现在谈这个问题有很强的现实针对性——大量的案件表明：党内有一些“两面人”。

“一人双面或多面”的典型表现：善于装穷，善于装廉，善于贴金，善于忽悠，善于炒作。这使我们的官员形象面临一些危机。

那么，什么是好干部呢？其标准从大的方面说是明确的、一贯的，就是德才兼备、以德为先，但不同历史时期又有不同的时代内涵和侧重点，而且具体要求也有所不同。习近平从新的时代特点出发，概括了好干部的20字标准：信念坚定、为民服务、勤政务实、敢于担当、清正廉洁。

在这几个标准中，习近平经常讲、反复讲、特别强调的，一个是信念坚定，一个是敢于担当。

1. 信念坚定问题。习近平指出，理想信念是共产党人精神上的“钙”，理想信念坚定，骨头就硬；没有理想信念，或理想信念不坚定，精神上就会“缺钙”，就会得“软骨病”。他强调：“理想信念坚定，是好干部第一位的标准，是不是好干部首先看这一条。”

我们要谨防“亚信仰”。医学上有个概念叫“亚健康”，是指人的身体虽然没有明显的疾病，但出现或存在一些病症和病灶，属于非病非健康的中间状态或第三状态，处于一种临界点。当下，有些党员干部思想上存在一种“亚信仰”的现象——对党和国家前途命运、对共产主义和中国特色社会主义制度表现出半信半疑、将信将疑或时强时弱、忽高忽低、时有时无的“灰色状态”，便是一种典型的“亚信仰”。

2. 关于敢于担当问题。“为官避事平生耻。担当大小，体现着干部的胸怀、勇气、格调，有多大担当才能干多大事业。”当前，出现了四种“变形人”：明哲保身的“老好人”；吹吹拍拍会“来事”的人；拉拉扯扯搞“小圈子”的人；包装炒作善“作秀”的人。

敢于担当的本质：就是要坚持原则、认真负责。敢于担当，关键在于做到“五个面对”：面对大是大非敢于亮剑，面对矛盾敢于迎难而上，面对危机敢于挺身而出，面对失误敢于承担责任，面对歪风邪气敢于坚决斗争。

（二）怎样成长为好干部？

好干部不会自然而然产生。习近平说，成长为一个好干部，一靠自身努力，二靠组织培养。

从干部自身来讲，个人必须努力，这是干部成长的内因，也是决定性因素。自身努力要做到“四个一定要”：一、一定要有一个好的精神状态。要能从成功中走出来，在失败中站起来；站起来的次数能够比跌倒的次数多一次，你就是强者。二、一定要经常善于总结。毛主席说：我是靠总结经验吃饭的。三、一定要有一个准确的角色定位。要严谨不拘谨，昂扬不张扬，低调不低声；自信不自负，自豪不自满，自尊不自大；得志不得意，谦虚不谦卑，书卷气不书生气。四、一定要有“看家本领”。人无我有，人有我优，人优我特。

（三）怎样把好干部用起来？

一是健全考察机制；二是科学合理使用，关键是用当其时，用其所长。当前，主要是选好用好“十种人”：

一是既有学历、又有阅历。用人看学历是应该和基本的，学历是学识的反映。然而，拥有一纸文凭固然重要，拥有一身本事更加重要。综观干部队伍，整体上看多半不缺学历但缺少基层和一线工作经历。如面对一些突发性事件，会常常束手无策、惊慌失措，缺乏“底气”，成为只会处理文件而不善处理事件的干部。选人用人要既看知识文凭，又看工作水平；既看这“士”那“士”，又看有没有本事；既看学历，又看阅历。

二是既有苦劳、又有功劳。干部有苦劳、疲劳和辛劳，充分估量他们的辛勤汗水是必需的，但是又远远不够，最终还是要拿政绩说话、凭实绩用人。实绩是一个干部德才的综合反映，是“硬件”、“硬通货”。

三是既领导说行、又群众叫好。领导和组织了解、熟悉和掌握干部情况，他们对干部的看法有相当的准确性、全面性和权威性，应当也必须重视。同时，群众心中有杆秤。群众公认是最大的奖赏和最高的评价。

四是既有知识、又有文化。如今的干部尤其是年轻干部，知识面广、知识量丰富、知识层次高，但近年来因言惹祸、因行失范的干部也不在少数，原因就在于这些人身上虽不缺知识但缺文化，缺少文化修养、文化素养和文化涵养。知识是积累，文化是积淀；知识是学来的，文化是修炼和感悟来的，有知识不等于有文化。

五是既有能力、又有感情。没能力干不成事，干事创业需要有能力、能干事的干部，这是很重要的条件和保证。应该真正让那些能干事的靠前，不干事、干不好的靠边，把那些经过实践摸爬滚打，有思路、有办法、有实招和有实战经验的干部选出来、用上来。然而，基层干部和普通群众也越来越有一种反映，现在许多干部是不缺能力缺感情，在他们身上缺少对群众的那份朴素的感情，缺少对基层那种感同身受的理解，有的甚至麻木不仁、冷漠无情，心渐行渐远。能力是条件，感情是基础。有能力没感情不会全身心干事，也不会忘我地无私奉献，做官也好，为民也罢，既需要有能力，更要靠感情来做动力。

六是既敢负责、又能负重。敢负责、能担当既是一个干部事业心、责

任感的体现，也是一个干部勇气和魄力的表现。当前，改革、发展和稳定的任务依然十分繁重，面临的矛盾、问题和困难仍然不少，特别需要那些肩膀硬、腰板直，善于爬坡过坎、攻坚克难的“推土机”式的干部，需要一批关键时刻站得出来、非常时期豁得出去，敢于喊出“跟我上”而不是“给我上”的铁肩能担当的干部。

七是既有智商、又有情商。随着竞争性选拔干部力度的加大，一批智商高的干部从“考场”走上了实践的“战场”，其中一些属于高分低能和有想法、有说法却没有办法的人。现实中，情商高的往往更容易得到认同，更容易成事。要把二者结合的干部选出来、用上来。

八是既有干劲、又有韧劲。现在有的干部习惯烧“三把火”，喜欢砍“三板斧”，这当然是难能可贵的一种激情。但事业不可能“毕其功于一役”，不是一年半载的事，而是更需要一股一抓到底的韧劲。相对来说，点燃激情易，保持激情难；一时一事激情易，激情“保鲜”难，尤其是在遭遇挫折、不顺乃至失败时，还能保持激情更不易。事业的永续发展、可持续进行，需要那种一张蓝图绘到底，“咬定青山不放松”，韧劲十足的干部。

九是既讲团结、又不抱团。为了共同的目标，广大干部从四面八方走到了一起。来自五湖四海，本不应该形成“小圈子”，但有的干部热衷于搞亲亲疏疏，拉帮结伙，抱团入“圈”，成了“小兄弟”，这样的干部要不得、用不得。我们反对抱团，当然不是不讲团结，恰恰要能团结、会团结、善团结，“相互补台好戏一台，相互拆台一起垮台”。只有既不抱团、又讲团结的干部才是事业所需，队伍所缺。

十是既一心干事、又一身干净。想干事、能干事、干成事又不出事的干部，是事业发展之宝、队伍建设之福。一心干事的干部现在不少，许多人都有很强的建功立业的成就欲，然而，有的却很可惜地倒在了清正廉洁的高压线上，没有守住做官为人的底线。要厚爱那些挡得住诱惑、耐得住寂寞、守得住清贫的干部，把那些既有进取之心，又有敬畏之心，还有平常之心的干干净净的干部用好、用在刀刃上。

二、学习习近平总书记系列讲话精神的初步体会

习近平执政理念的12个重要思想：

第一，“凝聚共识的最大公约数”：强调实现“中国梦”。

第二，“人民对美好生活的向往，就是我们的奋斗目标”：强调始终把人民放在心中最高位置。

第三，“在大的问题上不能出现颠覆性错误”：强调稳中求进，事缓则圆。

第四，“一件事情接着一件事情办，一年接着一年干，锲而不舍向前走”：强调政贵有恒，驰而不息，久久为功，善作善成。

第五，“从最坏处准备，向最好处努力”：强调问题意识，底线思维。

第六，“鞋子合适不合适，自己穿了才知道”：强调走自己的路，坚持“三个自信”。

第七，“必须识民情、接地气”：强调想问题、作决策、办事情必须一切从实际出发、实事求是。

第八，“一分部署，九分落实”：强调空谈误国，实干兴邦。

第九，“十个指头弹钢琴”：强调统筹兼顾、综合平衡、突出重点、带动全局。

第十，“把权力关进制度的笼子”：强调依法治国、依规治党，治国必先治党，治党必先治吏。

第十一，“始终把选人用人作为关系党和人民事业的关键性、根本性问题来抓”：强调治国之要，首在用人。

第十二，“一个政权的瓦解往往是从思想领域开始的”：强调把意识形态工作的领导权、管理权、话语权牢牢掌握在手中。

三、关于做人做事做官的粗浅思考

做人、做事、做官，是不少人需要经常面对和正确把握的大问题，处理好了，则健康成长，反之则裹足不前，甚至掉入人生的一个个“陷阱”，这其中有规律可循，总结“十悟”可思之用之。

第一，信仰、信念、信心是安身立命的“压舱石”。人无信仰没有精神，人无信念没有力量。信仰和信念好比人体身上的钙，缺钙就会得“软骨病”，就站不稳、立不住、走不动。对自己心中的信仰、信念，要像做“大拜”一样，虔诚、执着，让信仰信念成为自己始终不变的人生追求。信心源自内心的一种自信，信心十足的人有一种坚强的意志力，能够咬定目标、咬紧牙关，始终不分心、不走神，排除万难去赢得成功。

第二，世界观、人生观、价值观是干好干坏的“总开关”。世界观、人生观、价值观就是观世界、观人生、观价值，是一个人对世间万物、人生目标、价值取向的立场观点态度和看法的总和。什么样的世界观、人生观和价值观决定着做人做事乃至做官的立场、态度和方法，甚至包括感情，它好比是“总开关”，具有决定性作用。大量反面事实告诉我们，但凡出事或有问题的人，根源都是从这“三观”出现病变后开始的，这个缺口一旦打开，各种细菌就会悄然侵入，在思想的温床上滋生蔓延，然后使人的肌体产生腐化。只有树立正确的世界观、人生观和价值观，才会使人对客观事物有个正确的立场观点和思想方法，才能使人确立正确的人生目标和价值取向，才能做人有大是非、做事有大方向、做官有大原则。所以，在改造好客观世界的同时，改造好主观世界，树立正确的世界观、人生观、价值观是伴随一生的大课题。

第三，能力、动力、定力是站稳走好的“支撑点”。能力是干事的基础，决定你“能做什么”；动力是干事的条件，决定你“想做什么”；定力是干事的保证，决定你“敢或不敢做什么”，三者具备则决定你“做成什么”。本领不强会被笑死，办法不多会被急死，劲头不足会被骂死，品

行不端会被搞死。当下，最为可贵的是定力，能够挡得住诱惑、耐得住寂寞、守得住清贫、坐得住“冷板凳”，不被忽悠、不被糊弄、不被捧杀和棒杀，能够任凭风浪起稳坐钓鱼船。有能力没动力，能力打折扣；有能力有动力，而没有定力一切全白费。这三者好比“三足”可以鼎立，让人站得稳、干得好、走得远。

第四，能干、能处、能忍是进步前行的“大阶梯”。一个人能干是一种素质，能相处善团结是一种境界，而能忍得住一时的委屈、不公和苦痛则是一种修炼。能干在于学习和实践，不断地学习，不断地实践，学中干、干中学，逐渐就会能干起来；能处在于能否宽容、包容和理解、信任。世界再大，大不过包容的心，宽容、包容才能融合、融洽、融入，理解、信任人是一种境界，被理解被信任则是一种幸福；能忍在于能否看长远、想大局，站得高、看得远，唯“风物长宜放眼量”，才沉得住气、吃得了亏、受得了罪，“事不三思总有败，人能百忍自无忧”。能干、能处、能忍好比三个大的阶梯、三道大的门槛，跨过去、迈过去了，便能顺利地往前走。

第五，想法、说法、办法是能力高低的“三级跳”。一个人的能力水平，可以说有两次飞跃，一次是把心里的想法变成说法，另一次是把口中的说法变成实际的办法。人人皆有想法，只不过成熟不成熟而已，然而要把想法说出来，而且“说清楚、讲明白”，让人“听得进、记得住、用得上”，不至于一只耳朵进一只耳朵出，则大不一样。能说得到人心坎上去，打动人、温暖人、感染人，让人信服、佩服那叫真本事、真智慧；如果说再能够把这些想法、说法变成一个个具体的行动和办法，付之于行、见之于效，那便是大本事、大智慧了。而每个人的能力高低就在于其中的差别，到底处于哪一级跳上。

第六，学识、见识、胆识是成大器者的“好法宝”。有学识没见识，容易孤芳自赏、刚愎自用，会坐井观天，乃至夜郎自大。而胆识就是胆略和气魄，有胆识便是有勇有谋，胆识是学识和见识的体现。什么是文化？

“三识”俱佳、“三识”兼备就是一个真正有文化的人，就具备了创大业、成大器的法宝。

第七，大事件、大舞台、大考验是成大业者的“龙门跃”。一个人要成大业，得大气，而大气的养成得想办法干大活、上大舞台、经受大考验。干大活，上大舞台，就是上“主战场”，去打大仗、硬仗、恶战，这个过程必定要经受大挑战、大考验和大检验。艰难困苦，玉汝于成。温室里的花朵长不大，志存高远者得经风雨、见世面，到大风大浪中去“冲浪”，到急难险重里去“摔打”，到逼得自己没退路的环境下去“搏杀”。绝路逢生者必定有大彻大悟，劫后余生者必定会淡定从容。

第八，知足、知不足、不知足是人生航程的“校正仪”。做官做人做事关键在人生的价值取向，要做官知足、做人知不足、做事不知足，这样才会不折腾、不陶醉、不停步，才会真正拿到了人生价值的“金钥匙”。知足者乐，知不足者勇，不知足者进，处理好了三者的关系，就走出了自我的小天地，走进人生大天地，就会找到准确的人生定位。

第九，平和、平静、平淡是快乐幸福的“主打歌”。如何让平和、平静、平淡成为一种常态，需要沉淀和修炼。淡泊以明志，宁静以致远，对人平和、对名平静、对利平淡，始终保持着平和之状、平静之态和平淡之心，始终对身外之物“看得透、想得通、放得下、忘得了”，就会心平气和、幸福快乐。

第十，防线、底线、红线是守护前程的“生命线”。但凡出事者，皆因思想上没防线、心里头没底线、行为中没红线，我行我素、胆大妄为。任何人，都得有敬畏之心，懂得害怕。要知道什么事可干什么事不可干，什么人可交什么人不可交，什么地方可去什么地方不可去，这就是防线；还要知道做人做事的底线在哪里，边界在哪里，出界就会出局，出界就会出事；更要明白政策法规的红线是什么，踩红线意味着什么，要时时刻刻特别是在得意中、顺利时和掌声鲜花多的情况下，筑牢思想防线，守住做人底线，不踩政策法规红线。这“三线”是高压线，也是生命线，保持住了这“三线”，就不会被“设局”、被“下套”，就不会掉入陷阱，倒在成功前的“一米线”上。

十八大以来，政治生活面貌发生显著变化，除了治国理政方面的重要创新，过去党内的好传统、好规矩、好做法也重新活跃在政治生态中。一位老同志就曾这样勉励年轻干部：各级干部一定要有定力、有把握，党的优良作风，该坚持的就要坚持下去，不要怕说这说那。具体来看，政治新生态之下，领导干部当有“七不怕”——

一是不怕说“唱高调”。领导干部担负着联系群众、组织群众、动员群众的重任，传达好中央精神、落实好上级政策是天职。在维护党的形象、捍卫人民利益的时候，就要敢于发声、带头发声，而不是集体失语。当然，宣传政策绝不是说官话、套话、假话，应该善于用接地气的话来讲大道理，消除“唱高调”的感觉。

二是不怕说“太清高”。对待群众，清高自然不可取，但远离腐蚀、诱惑，防止“被围猎”的“清高”，但有无妨。领导干部不能刚愎自用不合群，更不能随随便便“勾肩搭背”。我们所要的“清高”，是大气而没霸气、有骨气而没傲气、有正气而没邪气、有书卷气而没书生气。

三是不怕说“太正统”。有人给正统扣上刻板、死板、呆板的帽子，跟僵化保守画等号，跟“假正经”挂上钩。我们说的正统，是对优良传统的传承，是对一些根本原则的坚守，是对内心理想信念的坚持。讲正统就是讲正道、扬正气，讲正统就是守规矩、遵纪律。不称“同志”叫“老板”，不要团结要结团，才是丢了好传统。

四是不怕说“太老实”。如今“老实”似乎成了无用的代名词，老实人常常吃苦又吃亏、流汗又流泪，这是不良政治生态下的怪现象。领导干部就是要以说老实话、办老实事、做老实人为荣，对党忠诚，对同事老实。公是公、私是私，一是一、二是二，钉是钉铆是铆，是非曲直、好坏对错分得清清楚楚。

五是不怕说“太胆小”。“胆小”未必是坏事，现实中有一些人，什

么话都敢说，什么地方都敢去，什么饭都敢吃，什么人都敢交。领导干部是特殊群体，说话办事、为人处世都得谨言慎行，有所敬畏。“胆小”并非裹足不前，更非不思进取，而是要时刻如履薄冰、如临深渊，保持一份敬畏之心，敬畏组织、敬畏群众、敬畏人生。

六是不怕说“太认真”。共产党最讲认真，在大是大非的问题上，就是要跟理不跟人、从道不从上，敢于说真话、道真情、讲真理，这是避免出错、规避出事的有力武器。现在“老好人”越来越多，“一根筋”却越来越少。坚持原则不变通，严肃认真不通融，这是我们的制胜法宝。

七是不怕说“太土气”。“土气”跟“宁在宝马车里哭”的价值取向格格不入，却是艰苦朴素的精神体现。党的干部不该整天穿名牌、抽名烟、喝名酒，更应该甘愿淡泊、乐于清贫，为“出无车食无鱼”的“土气”而欣慰。

在全面从严治党、从严治吏的新常态下，一些人深感为官不易。在这样一种状态下，及时调适好为官心理和从政意识，保持一个好的精神状态，显得尤为重要。具体讲，应该有这么“七种意识”：

第一，当官就不要发财，发财就不要当官。习近平同志在福建任职时曾讲过：“熊掌和鱼不可兼得，从政就不要想发财。你既要从政，又要发财，就只能去当让人指脊梁骨的贪官、赃官，既名声不好，又胆战心惊，总怕被人捉住，最后落个不好的下场。”这些话把为官和发财的关系揭示得非常到位。大量事实证明，权力一旦与金钱联姻，就会被金钱绑架，走上不归路。任何一个为官者，都不要想着法子“捞钱”“淘金”，从一开始就要横下一条心，彻底打消以权谋私、升官发财的思想，正如当年黄埔军校的一副对联中说的那样：“升官发财请往他处”。不彻底打消发财这个念头，做官迟早要出事。从政者清清白白、干干净净地做官，经商者规规矩矩、勤勤勉勉地赚钱，两者不能搅和在一起，这才是正道。

第二，当官就是要立志做大事，而不是立志做大官。革命先驱孙中山先生曾对青年学生们说：“古今人物之名望的高大，不是在他所做的官大，是在他所做的事业成功。如果一件事业能够成功，便能够享大名。所以我劝诸君立志，是要做大事，不可要做大官。”他还对“大事”下了一个定义：“无论哪一件事，只要从头至尾彻底做成功，便是大事。”1977年，邓小平同志复出时也曾说过一句意味深长的话：“我这次出来工作，不是为做官，是为了做事。”从政就是要有这个样子，就是要为了做事。现在不少人“官本位”意识仍然很强，做事就是为了做官、做更大的官，做人也是一门心思“步步高升”。于是急功近利、心浮气躁者有之；揽功诿过、表里不一者有之；看领导眼色行事、不看群众脸色办事者有之，等等。做大事不为做大官，是为官者应该有的角色定位，把握住了，也就会做官知足、做事不知足，也就不会因为“升不上去”了而心理失衡、因为所谓“天花板现象”而自暴自弃。

第三，当官就是要法大于权、法高于权，而不是以权压法、以权代法。权大还是法大，这看似简单的问题，一些为官者就是搞不清楚。他们的长官意识太浓，总是自觉不自觉地让法听命于“我”、听命于权，总是觉得这“一亩三分地”我说了算，所以常常干出一些匪夷所思的事情来。实现全面依法治国，为官者应该首先养成知法、懂法、守法的习惯，养成一切在法律下行动、一切权力在笼子里行使的习惯，让这种习惯真正成为一种自觉、一种定力，干涉和触犯法律的话一句也不能说，干涉和触犯法律的事一件也不能干。法律法规既是不可触碰的高压线，也是不可逾越的底线，敬畏法律也就是敬畏自己的从政生涯。

第四，当官就是要靠组织靠群众，而不是靠单打独斗。组织去哪儿了？群众在哪里？一段时间以来在一些干部那里变得有些模糊不清，甚至丢到脑后了。不少人信奉“个人奋斗”，自以为是地单打独斗，加上一些不合理的选人用人现象，使得一些人或多或少地产生错觉，认为成功都是自己努力的结果，于是把掌声和鲜花都献给了自己，根本看不到组织的培养，看不到群众的支持，连一句感谢组织和群众的话都没有，个人英雄主义极度膨胀，最后发展到不信群众，也不听组织召唤。做官靠谁？一靠个

人努力，二靠组织培养。两者不可或缺，不可偏废。当前特别需要强调的是，做官靠组织、靠群众才靠谱。任何时候都要明白，组织是我们的主心骨，群众是我们的靠山。

第五，当官就是要靠实绩靠实干，而不是靠关系靠“朝中有人”。做官除了靠组织靠群众之外，还要靠实干靠实绩，然而很多人信奉“朝中有人好做官”。于是千方百计巴结“权贵”，有的直接拿钱铺路，有的以色贿权，有的变着花样“套近乎”、搞“雅贿”，还有的拐弯抹角走“夫人路线”“身边人路线”，指望着攀高枝、进“圈子”，等等。从一些地方“塌方式”腐败的查处可以看到，那些曾经有背景、有靠山、有来头，而且曾经很“风光”、不可一世的人一个个都栽了跟头，种种“关系学”“厚黑学”“权谋术”都破了产。这再次证明，找靠山，甘当“门客”，甚至搞人身依附、结党营私，迟早有一天靠山会变成火山，会分崩离析。任何投机取巧、投机钻营，或许可以得利于一事或得势于一时，然而终归“人在做，天在看”，落个“竹篮打水一场空”。为官还是要老老实实干事，凭本事吃饭；还是要规规矩矩做人，靠本分赢得信任。

第六，当官就是要做公仆，而不是做老爷。“当官做老爷”的意识深深植根在一些人的脑子里，一朝权在手，便把令来行，喜欢搞封建社会耍“老爷”威风、摆“老爷”派头、享“老爷”福气那一套。多一份特权，少一分政权。我们的政权要稳固，要想“千秋万代”，这些“老爷”就得下马。随着民主步子的加快，老百姓已经越来越“得罪”不起。要想让群众“听话”，我们的干部得“像话”。当官就是要为民办事，不但要走近，更要走进群众中去当“公仆”，多找上群众门，少让群众找上门。只有把群众放在心上，群众才会把我们放在台上。

第七，当官就是要不舒服不容易，而不是很逍遥很自在。“无官一身轻”，但只要“官帽”在头上，想享清福就不可以也不可能了。习近平同志曾告诫为官者说：“我认为认认真真地当好共产党的官是很辛苦的。我也没有听到哪一个称职的领导人说过当官真舒服。”为官意味着责任，意味着担当，从这个角度看，“为官不易”是一种真实的状态。随着政治生态的不断净化，过去一些习以为常的“规则”被打破，一些见怪不怪的“套路”不能用、不管用了。于是有人说，“当官的好时候”已经过去了，现在真正需要一种既能吃苦又能吃亏，既能受累又能受气的胸襟、肚量和心态，更加需要一种奉献精神，做不到这一点，为官随时都会感到憋屈、难受和尴尬。但如果明白了为官只有自己不舒服，人民群众才会真正舒服，那么倒可能是当官的好时候来了。

这“七种意识”既是“试金石”，又是“火焰山”，经得试、过得去就能平安为官、健康为官、幸福为官，就能成为为党争光、对民有利、于国有用的好官。

最后，用五句话与大家共勉：始终要把责任举过头顶；始终要把道义扛在肩上；始终要把百姓装在心中；始终要把名利踩在脚下；始终要把本色践行到底。

掌声雷动。真是讲到了痛处，讲到了点子上，讲到了心坎里，真有“听君一席谈，胜读十年书”之感。这样的课，年轻干部太需要了，适时、适度、适意！

晚饭，同学们围聚在一起，话题惊人的一致：怎样成长为好干部？人生必须面对的严肃课题啊——走好了，光明大道；走不好，万丈深渊。

20.1 羽毛球比赛

2016-5-26　上午　晴

早餐后，散步去。

周泽光、周跃武和我，在院内不疾不徐，边走边聊。其实，这样“行走中的交流”，每天都在进行。甚至，它成了我们进行思想交锋、感情交流、信息交互的重要方式，偶尔落下一次还真不习惯，总觉得缺了点什么。我把它当作“身体和精神的双锻炼”，坚持参与，每次都仰取俯拾，捆载而归。

忽然，赵辉在微信群里吹“集结号”了。上午是文体活动，班里举行羽毛球比赛。韩松、杨凤屹、代永林……应者云集。

学院对文体活动很重视，学员们也非常自觉，愉悦身心嘛。早在开学之初，班里几位学员就悄悄开始了强化训练，天天坚持；一周前，班里举行了激烈的乒乓球大战，柯继铭、吴洮、章晓斌、陈凯、刘志红、韩松获

得了前六名。最让人意外的是柯继铭，小小个，身体好得很，能一连打好多个侧翻……跟他开玩笑：胖子与你做同学，压力山大啊。

就在上周六晚上，本班乒乓球队在章晓斌队长的带领下，与厅局班展开了对决，取得了一金二银的骄人战绩。也就是说，厅局班赢了，我们没输——志在必得的劲头没输，更何况我们还包揽了男单冠亚军呢。比赛嘛，重在参与……话可以这么安慰着说，但厅局班平均年龄应该比我们大好几岁，却赢了我们；我去年在延安读的年轻干部班，也赢了比我们年轻好几岁的甘肃中青班。越年轻的越输球，值得警惕啊。

其实，我党是极其重视体育运动的。早在1933年5月30日至6月3日，中国共产党领导的第一次全苏区体育运动大会——中华苏维埃共和国“五卅”运动大会就在叶坪红军广场召开了，19个代表队，180名运动员参加了篮球、足球、排球、乒乓球、网球等18个竞赛项目的比赛。毛泽东以中央政府的名义为运动会题词——“锻炼工农阶级铁的筋骨，战胜一切敌人。”运动会主席团由博古、邓颖超、王盛荣、项英、张爱萍、何长工、杨尚昆7人组成，并聘请博古为总评判主任，毛泽东、张闻天、邓颖超、何克全、项英、杨尚昆、陈云、何长工8人为总评判员。真是阵容鼎盛，三复斯言！

蔡元培先生说过，“完全人格，首为体育”。习近平总书记讲：“说到体育活动，我喜欢游泳、爬山等运动，游泳我四、五岁就学会了。我还

喜欢足球、排球、篮球、网球、武术等运动。冰雪项目中，我爱看冰球、速滑、花样滑冰、雪地技巧。”他还对拳击颇有心得，曾边看拳击手训练边点评说：“你们的勾拳打得好，也很擅长直拳、摆拳。我年轻时也练过拳击。练拳击，抗击打能力、体力和场上控制力非常重要。”

反思。深刻反思。由学生时的“瘦成闪电”，到现在的大胖子，说到底，原因只有一个：好吃懒动，管不住嘴，迈不开腿。减肥计划一次次启动，又一次次夭折……懒惰，真是比勤劳更能消耗身体！呵，手机里此时突然跳出老同事发的一条微信：如何形容一个人脸大？别站我面前好不好，WiFi快断开了……

岁月枯荣，身体是大地。为了不让WiFi断开，加油！

20.2 学习毛泽东战略思维，提高领导判断力

2016-5-26　下午　阴

为什么有的人能“运筹于帷幄之中，决胜于千里之外”？因为他有战略思维。

下午，王旭宽教授主讲《学习毛泽东战略思维，提高领导判断力》，颇受启发。他的讲授分为三个部分：一、战略思维是领导者科学判断形势的重要基础；二、毛泽东是善于战略思维科学判断形势的典范；三、学习毛泽东，提高科学判断形势能力。

一、战略思维：领导者科学判断形势的重要基础

1. 领导者角色：通过预见和判断作出决策

毛泽东曾讲过，领导者职责概括起来主要是两件大事，一是“出主意”，二是“用干部”。

1940年8月，谢觉哉在《关于政权的三三制》中写道：政府中民意机关中，共产党员只占1/3，并不是放弃党的领导，相反，为要实现领导，党员在政府中民意机关中就不能超过1/3以上。什么叫领导，领导是带路的意思，有正确的政策与模范的行动，大多数人们自然跟着走。如果靠党员占权位的人多，使少数人不敢不跟着走，那是压迫，不算领导。

毛泽东在七大指出："什么叫做领导？领导和预见有什么关系？预见就是预先看到前途趋向。如果没有预见，叫不叫领导？我说不叫领导。"

美国著名管理学者华伦·丹尼斯根据自己对90位杰出领导人的研究，把"预见能力"列为领导者的首要能力。

2. 战略思维：科学预见和判断的基础

战略思维则是人们对关系事物发展全局性、长远性、根本性重大问题谋划的思维过程，是人们分析和解决宏观性、前瞻性、策略性、规律性等重大战略问题的立场、观点和方法。

战略思维的核心是把握事物运动变化发展的趋势，做到"运筹于帷幄之中，决胜于千里之外"。

毛泽东："所谓预见，不是指某种东西已经大量地普遍地在世界上出现了，在眼前出现了，这时才预见；而常常是要求看得更远，就是说在地平线上刚冒出来一点的时候，刚露出一点头的时候，还是小量的不普遍的时候，就能看见，就能看到它的将来的普遍意义。"

历史教训和经验告诉我们：一个人、一个团队、一个国家，不可能不犯错，重要的是少犯错，尤其是要避免关键时刻、关键人物（领导人）战略判断上出错。战略决定成败。

"领导就是服务"，不要以为领导服务就是搞好生活保障、弄好福利待遇，就是排列好职务晋升次序、协调好方方面面关系。前瞻、预见、判断，才是领导者应当提供的最大服务。

二、毛泽东是善于战略思维科学判断形势的典范

毛泽东是一位伟大的战略家，是中国共产党历史上善于以世界眼光和战略思维观察、分析、判断和解决问题的典范。

美国前助理国防部长菲利普·戴维逊在《毛泽东的战略》一书中写道："毛何止是一位游击战士！他是一位伟大的战略家。在本世纪20年代和30年代初期，他在一系列辉煌的游击战中，把蒋介石及其国民政府弄得苦恼不堪。十年后，他以游击战和运动战相结合，在中国打败了日本人。40年代后期，他在一系列得心应手的运动战中征服了中国。最后，他的部队在朝鲜阵地上顶住了美国。哪个领袖能像他这样在这么多的不同类型的冲突中长期立于不败之地。"

战略思维能力强弱，决定于思维主体站立的高度、思考的深度、观察的广度和预见的时间跨度。

1. 眼界宽，高瞻广视看全局

"指挥全局的人，最要紧的，是把自己的注意力摆在照顾战争的全局上面。"

井冈山斗争时期，毛泽东和战士们从宁冈挑粮登上黄洋界在荷树下歇脚时，毛泽东问战士们：站在荷树下能看多远？战士们有的回答"可以看到江西"，有的回答"还可以看到湖南"。毛泽东接着大家的话说："对，我们革命者就是要站得高看得远，站在井冈山，不仅要看到江西和湖南，还要看到全中国，全世界。"

在陕北，周恩来感慨："毛主席是在全世界最小的指挥所里，指挥了世界上最大的人民解放战争"。

在处理局部和全局关系时，毛泽东敢于牺牲局部利益，去赢得全局胜利。如1947年3月，胡宗南率领23万国民党军进攻陕北，毛泽东决定放弃延安。毛泽东说：我们在延安住了10年，挖了窑洞，种了小米，学了马克思列宁主义，培养了干部，指挥了全国革命……但是延安不可死保。我们打

仗不在于一城一地的得失，主要是消灭敌人的有生力量。存人失地，人地皆存，存地失人，人地皆失。我们暂时放弃延安，是为了人民解放战争的大局。

对于这段历史，美国政府1949年发表《白皮书》说：国民党军“攻占延安曾经宣扬为一个伟大的胜利，实则是一个既浪费又空虚的、华而不实的胜利”。台湾1959年编写的《戡乱战史》说：在西北战场上，“我军主力始终被匪牵制于陕北，一无作为，殊为惋惜。”

2. 目光远，深思熟虑察未来

毛泽东一生，以其睿智的思维和敏锐的洞察力，妙算于未发，决策于未始，防患于未然，提出了“枪杆子里面出政权”、“上山”思想、“星星之火，可以燎原”、“中国抗战有打七八年的可能”、“解放战争要打三五年”等许多战略判断，为指导战争正确实施发挥了极其重要的作用。

“星星之火，可以燎原”：预见中国革命正确道路的基本方向。毛泽东在《中国的红色政权为什么能够存在？》中写道：“不但小块红色区域的长期存在没有疑义，而且这些红色区域将继续发展，日渐接近于全国政权的取得。”

抗日战争爆发后，“亡国论”和“速胜论”广为流传。而毛泽东认为中国既不会亡，也不会速胜，抗日战争是持久战，要经过战略退却、战略相持、战略反攻三个阶段。他及时发表了《论持久战》，引导和坚定了中国人民抗日的信心和决心。程思远回忆说：“毛泽东《论持久战》刚发表，周恩来就把它的基本精神向白崇禧作了介绍。白崇禧深为赞赏，认为这是克敌制胜的最高战略方针。后来白崇禧又把它向蒋介石转述，蒋也十分赞成。在蒋介石的支持下，白崇禧把《论持久战》的精神归纳成两句话：‘积小胜为大胜，以空间换时间。’并取得了周公的同意，由军事委员会通令全国，作为抗日战争中的战略指导思想。”

一位外国记者这样评论说：“不管他们对于共产党的看法怎样，以及他们所代表的是谁，大部分的中国人现在都承认毛泽东正确地分析了国内

和国际的因素，并且无误地描绘了未来的一半轮廓。”

1945年9月2日，日本侵略者正式签署无条件投降书。美国纽约《下午报》当天发表了一篇文章《这就是毛泽东——中国共产党的领袖》。文章写道：在预测中国会发生什么事情的时候，毛泽东永远是正确的；毛泽东的科学预见就像总设计师似的准确，而抗日战争的进程和结局也雄辩地证明了毛泽东审时度势，高瞻远瞩。

抗战时期，美军驻延安观察组成员谢伟思说：“为什么毛主席能够成功地战胜他的众多对手而成为公认的领袖？”结论：“目光远大。”

斯诺在《红星照耀中国》里高度评价毛泽东的预见能力：“革命运动要求它的领袖能够比旁人早一点看到将来要发生的事情，在这方面毛泽东很成功，所以他的追随者对他的判断力产生了极大的信心。”

3. 眼神准，审时度势抓关键

毛泽东：“任何一级的首长，应当把自己注意的重心，放在那些对于他所指挥的全局说来最重要最有决定意义的问题或动作上，而不应当放在其他的问题或动作上。”

第二次国共合作，中共中央决定把陕甘宁根据地政府改名为中华民国特区政府，红军改名为国民革命军，停止武力推翻国民党，停止没收地主的土地。很多人想不通。毛泽东指出：这些让步是必需和许可的。历史证明，这种让步是完全正确的。

1947年6月30日，刘邓大军千里跃进大别山，也是毛泽东善抓重点的一个范例。美国记者杰克·贝尔登在《中国震撼世界》中以目击者的身份写道：“从未见过比共产党这次抢渡黄河更为高明出色的军事行动。说它高明出色，倒不在于这次军事行动本身，尽管没有行动一切都将是空的，而主要在于对这一军事行动的构想——它的胆识、气魄，特别是它的创造性的想象力。中国共产党的军事领导人在以下这一件事上堪称为大师，他们善于抛弃不重要的方面，而紧紧抓住主要环节。”

辽沈战役，毛泽东力主先打锦州，认为锦州是具有全局意义的重点局部，是战役胜利的关键。锦州一役生俘守将范汉杰及手下九万人。范汉杰感慨："打锦州这一仗，非雄才大略是下不了决心的。锦州好比是一根扁担，一头挑着东北，一头挑着华北。现在这根扁担断了"。时任东北野战军副政委的陈云1983年8月9日谈话指出："如果按照林彪的打法，主力围困长春不南下，以后占领了义县又不打锦州，而要回师长春，那就不会有辽沈战役，东北的胜利就不可能来得这么大，这么快。"

4. 眼力深，洞察透视辨实质

毛泽东："我们看事情必须要看它的实质，而把它的现象只看作入门的向导，一进了门就要抓住它的实质，这才是可靠的科学的分析方法。"

中国革命的中心问题是农民问题，而农民问题的根本是土地问题。1944年，毛泽东在延安同美国人谢伟思谈到中国共产党和国民党前途时断言：在中国谁能赢得农民，谁就可以赢得中国，蒋介石不能赢得农民，所以他不能赢得中国。

出兵朝鲜，是新中国建立之初对毛泽东的一次决策考验：第一，战火没有烧到中国，只是到了鸭绿江边；第二，新中国刚刚建立，百废待兴，民穷国弱；第三，军队劣势明显：美国钢铁年产量8700万吨，中国61万吨，美国一个军1500枚大炮，我们36门；第四，高层分歧，林彪称病；第五，苏联在空中掩护问题上出尔反尔，拒绝空中支援。

毛泽东认为：出兵朝鲜不仅是一个国际主义问题，也是爱国主义和国际主义的高度结合，即抗美援朝，保家卫国。1950年10月27日，毛泽东约见民主人士周世钊等人，告知"志愿军已经出国"。周世钊不无忧虑地表示："全国人民都希望和平建设，志愿军出兵援朝，是不是会影响和平建设呢？"毛泽东回答："不错，我们急需和平建设，如果要我写出和平建设的理由，可以写出百条千条，但这百条千条的理由不能敌住六个大字，就是'不能置之不理'。现在美帝的矛头直指我国的东北，假如它真的把朝鲜搞垮了，纵不过鸭绿江，我们的东北也时常在它的威胁中过日子，要进行和平建设也会有困难。所以，我们对朝鲜问题置之不理，美帝必然得

寸进尺，走日本侵略中国的老路，甚至比日本搞得还凶，它要把三把尖刀插在中国的身上，从朝鲜一把刀插在我国的头上，从台湾一把刀插在我国的腰上，从越南一把刀插在我国的脚上。天下有变，它就从三个方面向我们进攻，那我们就被动了。我们抗美援朝就是不许它的如意算盘得逞。打得一拳开，免得百拳来。我们抗美援朝，就是保家卫国。”

毛泽东的权威就是这样形成的，以致后来他决策未必正确时，人们也信服他。

庐山会议，黄克诚违心认罪。后来在《黄克诚自述》中他分析原因：“许多年来，在内战、长征中，主席的英明、正确已为全党所公认。抗日战争、解放战争和抗美援朝更使全党钦服主席的领导高明。他不时力排众议，而结果常常证明他正确。所以我们已习惯于认为：主席比我们都高明，习惯于服从主席的决定，习惯于接受主席的批评，尽管心里有不同意见，也接受了。虽然这一次实在不能接受，也不应该接受，也强迫自己接受了。”

三、学习毛泽东，提高科学判断形势能力

1. 注重理论学习和运用，提高理论思维能力

战略思维本质上是一种理论思维，需要深厚的理论功底。

毛泽东曾经指出：“我们的眼力不够，应该借助于望远镜和显微镜。马克思主义的方法就是政治上军事上的望远镜和显微镜。”

刘英回忆：“毛主席在长征路上读马列书很起劲。看书的时候，别人不能打扰他，他不说话，专心阅读，还不停地在书上打杠杠。有时通宵地读。红军到了毛儿盖，没有东西吃，肚子饿，但他读马列书仍不间断，有《两个策略》、《“左派”幼稚病》、《国家与革命》等。有一次，主席对我说：‘刘英，实在饿，炒点麦粒吃吧’。毛主席就一边躺着看书，一边从口袋里抓麦粒吃。”

毛泽东注重学习马克思主义理论，更为重要的是，善于运用理论分

析、指导中国革命的实践。

1928年，毛泽东在《中国的红色政权为什么能够存在？》中分析指出：井冈山革命根据地悲观情绪产生“是因为他们对于一般情况的实质并没有科学地加以分析”，“没有找出这种红色政权所以发生和存在的正确解释的缘故”。

1936年，毛泽东在《中国革命战争的战略问题》中总结：在井冈山的时候，由于对“红旗到底打得多久”的问题作了科学的回答，“中国革命运动，从此就有了正确的理论基础”。

福原亨一评价：“毛主席是理论上的领袖，每当中国革命面临关键时刻，他就发表重要文章，给革命确定方向。”

2. 博览群书，提高学习能力

战略学家约翰·科林斯：“如果说在某个领域通才比专才更为可取，那么这个领域就是战略。科学家是沿着相当狭窄的途径探索知识领域的，而战略家则不然，他们需要有尽可能广泛的基础知识。”

毛泽东一生博览群书，通晓古今。从社会科学到自然科学，从马列主义著作到西方资产阶级著作，从古代的到近代的，从中国的到外国的，包括哲学、经济学、政治、军事、文学、历史、地理、自然科学、技术科学等方面的书籍以及各种杂书，毛泽东都广泛涉猎。

周世钊：毛泽东青年时代有“四多”的习惯——读得多，想得多，写得多，问得多。

博览群书，纵横古今，读书有方，造就毛泽东超群智慧和分析、预判能力。

3. 勤于调查研究，提高把握国情的能力

毛泽东战略思维的一个鲜明特征，是把国情作为基本出发点。

毛泽东：“反对本本主义”，“中国革命斗争的胜利要靠中国同志了解中国情况”。

井冈山斗争时期：毛泽东做过《永新调查》、《宁冈调查》。

中央苏区时期：毛泽东做过《寻乌调查》、《兴国调查》、《分田后的富农问题》、《东塘等处调查》、《赣西南土地分配情形》、《江西土地斗争中的错误》、《分青和出租问题》、《水口村调查》、《长冈乡调查》、《才溪乡调查》等。

在毛泽东的调查报告中，《寻乌调查》最为详细。1930年5月，他采取调查会方式，找了县商会长、杂货店主、铸铁工人、县署钱粮办事员、开过赌场的老童生、做过小生意的乡苏委员、秀才出身的小学教师、年轻的区政府主席、自治研究所毕业的缝工等各色人物，前后共11人，开了10余天调查会。《寻乌调查》内容包括寻乌地理位置、历史沿革、行政区划、自然风貌、水陆交通、土特产品、商业往来、商品种类、货物流向、税收制度、人口成分、土地关系、阶级状况、剥削方式、土地斗争等详细情况，为制定正确对待城市贫民、商业资产阶级和限制富农的政策提供了依据。

建国后，毛泽东在党和国家一些重大决策上犯错，如“人民公社化”运动、“大跃进”等，原因很多，但其中有一个原因是明显的，就是逐渐缺乏了对国情的清醒认识和把握。1961年1月他在中央工作会议上讲：“但是建国以来，特别是最近几年，我们对实际情况不大摸底了，大概是官做大了。我这个人就是官做大了，我从前在江西那样的调查研究，现在就做得很少了。”

4. 善于宏观思考，提高总揽全局能力

耶鲁大学教授斯格特·鲍尔曼在《拖长的游戏：从围棋角度解释毛泽东的战略》一文中分析：“当时被国民党控制的农村地区，就像围棋中的边角，而被国民党控制的城市就是棋盘的中心”。

“金角、银边、草肚皮。”毛泽东引兵井冈山，建立中国第一块农村革命根据地，正是应了棋理的一句话：“起手据边隅。”

活棋的关键是“做眼”，毛泽东这个“棋手”，在战场上“做眼”就是开辟根据地。1938年，八路军各师开赴指定地区，毛泽东叮嘱各师指挥员，“要像下围棋‘做眼’一样，在敌后发展游击战争，建立抗日根据地。”

如果把中国比作一个大棋盘，中国革命比作一个大棋局，毛泽东是当之无愧的“棋坛高手”。“上井冈山伟大，下井冈山也伟大”是最好的例证。

5. 勇于创新，提高开放思维能力

战略思维也是一种开放性思维。

培养开放性思维，要解放思想，敢闯新路；还要善借外脑和外力。

6. 善于总结经验，在不断修正中增强预见能力

大革命失败后，毛泽东从失败中总结经验，提出了“上山”思想；秋收起义失利后，毛泽东不断总结经验，引兵来到了井冈山；在井冈山，毛泽东领导工农革命军艰难转战湘赣边界，总结出：“坚决地和敌人作斗争，造成罗霄山脉中段政权，反对逃跑主义；深入割据地区的土地革命；军队的党帮助地方党的发展，军队的武装帮助地方武装的发展；对统治势力比较强大的湖南取守势，对统治势力比较薄弱的江西取攻势；用大力经营永新，创造群众的割据，布置长期斗争；集中红军相机迎击当前之敌，反对分兵，避免被敌人各个击破；割据地区的扩大采取波浪式的推进政策，反对冒进政策”。

毛泽东多次总结道——

“我搞过国民革命军政治部的宣传工作，在农民运动讲习所也讲过打仗的重要，可就是从来没有想到自己去搞军事，要去打仗。后来自己带人打起仗来，上了井冈山。在井冈山先打了个小胜仗，接着又打了两个大败仗。于是总结经验，总结了十六个字的打游击的经验：‘敌进我退，敌驻我扰，敌疲我打，敌退我追。’”

“28年里，战争22年，打了那么许多仗，才摸索出一套军事路线、政治路线、组织路线，党内外关系的路线。这都是从失败中得来的——经过14年（1934—1949），吃了苦头，牺牲了多少人民、党员、干部，方得到一套经验——有了那些经验，我们才写出了那些文章；没有经验，我的那些文章也写不出来。”

“过去那么多年的革命工作，是带着很大的盲目性的。如果有人说，

有哪一位同志，比如说中央的任何同志，比如说我自己，对于中国革命的规律，在一开始的时候就完全认识了，那是吹牛，你们切记不要信，没有那回事。过去，特别是开始时期，我们只是一股劲儿要革命，至于怎么革法，革些什么，哪些先革，哪些后革，哪些要到下一阶段才革，在一个相当长的时间内，都没有弄清楚，或者说没有完全弄清楚。”

……

毛泽东的战略思维，的确是仰之弥高。我认真读过两遍《毛泽东书信选集》，从一些最平常的书信中——它不同于文件、文章或报告，亦可一窥毛泽东的不同凡响。有的体现了战略思维，有的到不了战略这个层面，只是一些寻常事，但也蕴含了新思想，试举几例。

如1959年6月，广东东江流域暴雨造成大水灾。毛泽东致胡乔木、吴冷西：广东大雨，要如实公开报道。全国灾情，照样公开报道，唤起人民全力抗争。一点也不要隐瞒。政府救济，人民生产自救，要大力报道提倡。工业方面重大事故灾害，也要报道，讲究对策。

又如1941年1月，毛泽东致毛岸英、毛岸青：惟有一事向你们建议，趁着年纪尚轻，多向自然科学学习，少谈些政治。政治是要谈的，但目前以潜心多习自然科学为宜，社会科学辅之。将来可倒置过来，以社会科学为主，自然科学为辅。总之注意科学，只有科学是真学问，将来用处无穷。

再如1957年1月，毛泽东致臧克家等：《诗刊》出版，很好，祝它成长发展。诗当然应以新诗为主体，旧诗可以写一些，但是不宜在青年中提倡，因为这种体裁束缚思想，又不易学。

……

20.3 联欢晚会

2016-5-26 晚 雨

无独有偶。

今天，在朋友圈发出微信：北京电影学院广东培训中心正式落户羊城创意产业园。有点小兴奋——这个项目是我牵头促成的，最初的设想是合资开办，后改为战略合作。我一直固执地认为，电影更多的是一种寄托，仿如世界上最美的花园，梦想可以始于此，成长于此，盛开于此，也可以终老于此。

还在享受"点赞"，文体委员张俊英走过来说：该上场了。

天，第一次登台表演。

从小缺少文艺细胞，见表演就退避三舍。这次是怎么也逃不了了，班委和组长要合唱《少年壮志不言愁》。

今晚是厅局班、年轻干部班举行联欢晚会。更确切地说，是汇报演出，把这一段的感悟通过文艺的形式表达出来，所谓"艺为心声，行为心表"。

班里对这个联欢会空前重视，汪志军专门负责撰写主持词，杨春蕾

主动制作微电影，彭勃早就申请提纲主持人，全班还悄悄集体排练了一晚。我们这个小合唱，也是“颇费周章”。最初有人动议唱《团结就是力量》，后担心与厅局班重复，加上感觉体现不出年轻干部班的特点，就决定改换曲目。后经华敬锋提议，选中了《少年壮志不言愁》。为了唱出气势和精神，我们又专门排练了两次。怕我们记不住词儿，细心的张俊英还打印出来，裁成小纸条人手一份。

联欢会大气磅礴，欢快热烈，节目丰富。既有合唱《打靶归来》，也有清唱《这么好个妹妹，见不上个面》，还有男女声二重唱《为了谁》；既有脱口秀《深海扬帆》，也有诗朗诵《井冈山》，还有男声二重唱《得民心者得天下》……我们的《少年壮志不言愁》也是响遏行云，锵金铿玉，相当好啊。总之，厅局班、年轻干部班学员都使出了浑身解数，展示出了良好的艺术素养，体现出了昂扬向上的精神风貌。

其中，最让大家感动的还是杨春蕾同学。她前几天上呼吸道感染，一直说不出话来，还去医院打了几次点滴，大家都劝她别上场了。但她还是选择了带病出征：井冈山精神要内化于心，外化于行，决不当逃兵。她和代永林完美演绎了二重唱《为了谁》，曲未歇，台下已是掌声雷动。

鲁迅先生讲：文艺是国民精神所发的火光，同时也是引导国民精神的前途的灯火。我党对文艺工作一直格外重视。早在苏区时期，就领导广大军民开展了丰富多彩的文艺活动，包括音乐、舞蹈、戏剧、诗歌、美术等。当时的红军学校是培养军事干部的摇篮，也是开展戏剧活动的中心。红军学校俱乐部于1931年冬设立了戏剧管理委员会，专门组织热心的同志进行演出。几乎每周都有晚会，都要演戏，广大军民都来看，影响很大。1932年9月，以红军学校八一剧团为基础，在瑞金沙洲坝官山村上赖屋成立了工农剧社。初期，张爱萍曾任剧社党团干事。1933年4月4日，又成立了中央苏区第一所培养戏剧人才的专业学校——蓝衫团学校，同时组织了蓝衫团，李伯钊任教务主任。苏区的艺术家们，创作演出了很多现代革命戏剧，收录到《中央苏区戏剧集》的，就有74个剧本。

充满欢乐与战斗精神的人们，永远带着快乐，欢迎雷霆与阳光……英格兰作家赫胥黎这话好极了！

欢快的散场。此时，夜微凉，听得见山的呼吸，望得到窗的灯光，甚至感受得到翠竹的惬意，那不，它正在小雨中轻轻摇……

21.1 学员论坛

2016-5-27　上午　阴

知识可羡，胜于财富。

上午的学员论坛，就让大家狠狠地“丰富”了一下。

今天有六个组的代表登台发言，聚焦“年轻干部的成长感悟”。

第一组：国家食品药品监督管理总局综合局副局长柳军谈“食品安全”。关键词：体量大。金句：食品安全没有零风险，食品安全最大的风险是化学风险。

第二组：农业部人事劳动司副巡视员崔鹏伟谈“科学认识农业转基因技

术”。关键词：科技制高点。金句：转基因技术本身是中性的，既可以造福人类也可能产生风险，要在最严格的产业监管下，实现健康快速发展。

第三组：中航工业沈阳所党委书记奚继兴谈“我国飞机制造的历史及现实”。关键词：不自卑。金句：我国航空工业比俄罗斯发展更加快速，产业规模全面超越，技术代差几无。

第四组：中证资本市场运行统计监测中心党委委员、纪委书记杨春蕾谈“资本市场之中国实践”。关键词：监管。金句：资本市场是个“好东西”，在中国搞资本市场，搞对了！

第五组：国核电力规划研究院副院长、党委委员王成立谈公司情况及个人体会——“萌萌哒”。关键词：安全。金句：为社会奉献清洁能源。

第六组：国家认监委信息中心主任王海谈“传递信任，服务发展”。关键词：检验检测认证。金句：提升质量供给水平，提振消费信心，促进消费升级。

每个人都谈得很好，内涵丰富，视角独特，没有官话套话，全是真货“干货”。每个人讲完，都是“哗哗哗”，掌声说明了一切。这也说明，年轻干部懂业务、有专长是多么重要。业务精通，才会说话有底气、决策更靠谱、群众更信服，才不容易被忽悠、犯糊涂。毛泽东1937年曾就“干部问题”作过精辟论述：“懂得马克思列宁主义，有政治远见，有工作能力，富于牺牲精神，能独立解决问题，在困难中不动摇，忠心耿耿地为民族、为阶级、为党而工作。”能独立解决问题，就需要干部们重视业务、热爱业务、精通业务，在有一些领域甚至要成为权威。

印象极深的，是以“萌萌哒”为题的王成立的发言。他特别讲到两点感悟：一、身体是革命的本钱，没有健康，有什么都没用。他长期坚持跑步，25年前在大学创造的纪录到现在还没有人打破。二、学会“说话”。要善于驾驭情绪，小心说话而且要“说好话”，要想着说，不要抢着说。他具体总结为：急事，慢慢地说；大事，清楚地说；小事，幽默地说；没把握的事，谨慎地说；没发生的事，别胡说；做不到的事，别乱说；伤害

人的事，不能说；讨厌的事，对事不对人地说；开心的事，看场合说；伤心的事，不要见人就说；别人的事，小心地说；自己的事，听听自己的心怎么说……

前天下午，中组部的徐文秀副局长也谈到“说话”问题。他希望大家要“八个多讲”——

第一，多讲些贴近实际、贴近基层、贴近群众的话，让话语接地气、有底气。

第二，多讲些真话、实话、心里话，让话语还原本色，回归本真。

第三，多讲些简洁明了、通俗易懂的“大白话”，让话语生动活泼、鲜活有趣。

第四，多讲些针对问题、直面矛盾、尖锐逆耳、敢于担当的话，让话语掷地有声，铿锵有力。

第五，多讲些有根有据、有血有肉的话，让话语“立得住、站得稳、攻不破”。

第六，多讲些与当下话语体系对接的新话，让话语始终与时代发展同步、与社会节奏合拍、与人民心声吻合。

第七，多讲些信息量大、“含金量”高的话，让话语内涵丰富、有效管用。

第八，多讲些动之以情、示之以行的话，让话语更富人情味、更具公信力和可信度。

“语言是思想的直接现实。”用什么样的语言讲话是一门大学问，是一种能力、艺术和技巧。习近平总书记在任浙江省委书记时，曾就一些干部不会说话而批评道：他们与新社会群体说话，说不上去；与困难群体说话，说不下去；与青年学生说话，说不进去；与老同志说话，给顶了回去。

的确，说话，既是一种思想观点和能力水平的展现，也是一种工作方法和领导艺术的反映，同时还是一个人立场、态度和感情的表达。“人是未说出口之言语的主人，却是已说出口之言语的奴隶。”学会“说话”，是摆在年轻干部面前的一道大课题，应当悉心体悟、仔细琢磨它的特点和规律，真正让自己的话“说得上去、说得下去、说得进去、不被顶回去”。当然，学会说话，不是指要讲花言巧语，更不是指口是心非，这是无论如何不能混为一谈的。

向谁学？毛泽东早就讲过：人民的语汇是很丰富的，生动活泼的，表现实际生活的。群众才是真正的语言大师。

21.2 专题辅导

2016-5-27　下午　阴

今天下午，是中组部干部一局的陈正权老师作“贯彻落实《党政领导干部选拔任用工作条例》（以下简称《条例》）的专题辅导”。

陈正权老师的讲授高瞻远瞩，深入浅出，真是受益匪浅。他主要讲了

四个方面的内容：一、《条例》修订的背景。二、《条例》修订的重点内容。三、《条例》的贯彻落实情况。四、推动《条例》深入贯彻落实。

陈正权老师说，党内法规包括：党章、准则、条例、规则、规定、办法、细则。其中，党章、准则和条例只能由党中央制定。“条例”是对党的某一领域重要关系或者某一方面重要工作作出全面规定的规范性文件，它在党内法规体系中的地位仅次于党章和准则。

《条例》需要与时俱进：一、中央对干部工作提出了一系列新要求；二、干部人事制度改革积累了新经验，干部政策有新变化新调整；三、干部选拔任用工作中出现了一些突出问题。陈老师说，“解决突出问题，是修订的根本动因”，“《条例》修订从2013年5月14日启动，到2014年1月14日正式颁布，整整8个月”。

陈老师说，新修订的《条例》，在保持原有框架和内容总体稳定的基础上，增设“动议”一章，拆分“酝酿”一章并将有关要求分别体现到选拔任用的各个环节之中。修订后，《条例》共13章71条，对干部选拔任用工作作出了实体性和程序性规定。其中，从“动议”到“民主推荐”到“考察”到“讨论决定”再到“任职”五个环节，构成了干部选拔任用工作的基本流程。

新《条例》突出了五个方面：一是坚持党管干部原则；二是把好干部标准贯穿全过程；三是贯彻了全面深化改革的精神；四是体现了从严管理干部的要求；五是坚持有效管用、简便易行、优化程序、删繁就简。

陈老师认为，新《条例》突出强调了党组织的领导和把关作用。把坚持党管干部原则、强化党组织把关作用贯穿于选拔任用工作的始终；在重点环节，进一步突出强化了党组织的领导作用和把关责任；最集中的体现，就是新增“动议”一章。习近平总书记鲜明地指出，党组织要在干部选拔任用工作中起领导和把关作用，不能只起点票人、计分员的作用；要增加党委（党组）、分管领导和组织部门在干部选拔任用中的权重，强化党组织和干部部门在考察识别干部中的责任；要把加强党的领导和充分发扬民主结合起来。

对“改进完善民主推荐”，习近平总书记提出了明确要求。选人用人工作中，民主是手段而不是目的，发扬民主不是只有投票推荐一种方式；推荐票只能作为用人的重要参考，不能作为用人的唯一依据；要正确分析和对待票数；要认真解决唯票问题，让干部不再为票纠结。新《条例》在“改进民主推荐”上有新亮点：一、方向要坚持：坚持作为必经程序；二、定位要调整：由“重要依据”改为“重要参考”；三、方法要改进：主要是个别提拔时可调整顺序；四、质量要提高：主要是完善参加人员范围。“核心就是使其回归应有的地位，发挥应有的作用”。陈老师打比方说，民主推荐有点像吃肉，是好东西，但关键要科学配餐、营养配餐、均衡配餐。

对改进干部考察，习近平总书记有过一系列重要论述：要坚持全面、历史、辩证看干部；考察识别干部，功夫要下在平时；加强德的考察，既要在“大事”上看德，又要在“小节”中察德；改进工作实绩考核，不能简单以国内生产总值增长率来论英雄；干部考核要有作风要求，要把作风要求贯穿于干部培养选拔和管理监督全过程。新《条例》在“考察”环节作了改进：一、专门对确定考察对象作了规定。一方面，对怎样确定考察对象作出了规定，另一方面，规定了6种人不得列为考察对象。二、对考察内容作了充实完善。三、改进了考察程序和方法。四、加强廉政情况把关。

公开选拔和竞争上岗，社会关注度一直比较高，议论也比较多。应该说，它有积极作用，但也暴露了不少问题：一是“唯分”取人、以考定人，“一张卷子论英雄，一场面试定终身”。二是“逢提必竞”“凡竞必考”，把竞争性选拔等同于考试选拔。三是成本比较高、周期比较长，有的地方科级干部也面向全国公选。四是“考试导向”冲击“干事导向”。针对这些突出问题，习近平总书记提出了明确、具体的要求。一是范围和规模要合理，不能搞“逢提必竞”。二是要尽量就近取才。三是方式方法

要改进，引导干部在实干、实绩上竞争，考出干部真水平、真本事。陈老师分析了新《条例》在“规范公开选拔和竞争上岗”上的四点改进：一是合理确定范围；二是严格资格条件设置；三是加强组织把关；四是提高科学化水平。

前些年，一些地方和单位把关不严，使“破格”变成了“出格”，一度引起网民热议。陈老师说，新《条例》对破格提拔的规定更具体更明确了：规定特别优秀的或者工作特殊需要的方可破格提拔，并分别明确具体适用情形；规定了哪些“格”可以破，哪些“格”不能破，防止“破格”变为“出格”；强调严格审核把关；增强公开性透明度。

陈老师特别谈到，新《条例》强调了“三个注重”和“一个用好”。新《条例》第三条规定：“应当注重培养选拔优秀年轻干部，注重使用后备干部，用好各年龄段干部”，“应当树立注重基层的导向”。这“三个注重”和“一个用好”，体现了中央关于培养选拔年轻干部、不唯年龄使用干部和重视基层的战略要求。

陈老师在讲授中还结合了现实案例，旁征博引，设疑引思，同学们无不目注心凝，聚精会神。

个人体会，新《条例》确实体现了科学性和实用性的统一，体现了对干部工作规律性认识的深化与成熟，既彰显了中央的新精神新要求，又回应了社会关切，还抓住了突出问题，的确是利于选拔好干部的好制度。

22.1 自学

2016-5-28 上午 雨

井冈山的雨雾天，真是挺有意思。总是不期而遇，一时来，一时去，说有影儿，又无踪。早上伸懒腰的当儿，还好好的，早餐后散步又雨蒙蒙的啦，正准备撑上雨伞，水滴又随一阵风去了……

雨雾中的井冈山，别有意境。云气磅礴，云雾缥缈，云海茫茫，云山一体，云水交织……翠竹愈发青翠，茶树愈发墨绿，映山红愈发红艳，一切都水灵灵、湿漉漉、雾嘟嘟的。人间仙境，不过如此吧。

有片刻的闲情，得益于上午是自学。不过，自学靠自觉，还得学。闲情不能当饭吃，学习可以充饥。

春节前，南沙自贸区的钟华英副书记送了我一套书：《毛泽东年谱》。厚厚一摞，九大本。我读得比较投入，一字一句，细嚼慢咽。这次上山，又带来了。上午，读长征之前的内容，一页页再重温。

大家都知道毛泽东爱学习，临终前几个小时还在读书。在《年谱》中，我看到了有意思的几处记载：1917年7月中旬—8月16日“和萧子升步行漫游长沙、宁乡、安化、益阳、沅江五县，历时一个月，行程九百余里。这次长途旅行，未带一文钱，用游学的方法或写些对联送人以解决食宿”；1920年9月28日致信友人“现在读书虽甚少，然把英文作为主课，每天多少必读几句，诚已晓得非读不可了”；1920年6月7日致信黎锦熙“强调自学和博学，并写道‘自由研究，只要有规律，有方法，未必全不可能’。”其中，关于“游学”一事，毛泽东的同学、萧子升的弟弟萧三在

《毛泽东同志的青年时代》中有过详细描述："一个夏天，毛泽东同志利用暑假时间，游历湖南各县。身边一个钱也不带，走遍了许多地方。遇到政府机关、学校、商家，他们就作一副对联送去；然后人们给他吃饭，或打发几个钱，天黑了就留他食宿。这在旧社会叫作'游学'——没有出路的'读书人'，又不肯从事体力劳动生产，就靠写字作对联送人、'打秋风'以糊口。毛泽东同志却利用这个办法来游历乡土，考察农民生活，了解各处风俗习惯——这是他这个举动的现实主义的一面。"

除了学习，毛泽东也非常重视劳动。1921年8月，他为湖南自修大学起草了组织大纲，大纲专门把"劳动"列为一章，"本大学学友为破除文弱之习惯，图脑力与体力之平均发展，并求知识与劳力两阶级之接近，应注意劳动。"1922年12月14日发表《铅印活版工会致大公报记者盾书》："但愿教训我们的人，能够下得身段，真真实实地教训我们"，"我们很愿意先生能真个脱去长衣，辞去大编辑职务，帮助我们，干劳动运动"。

毛泽东真是志向远大。1919年7月，他在《湘江评论》创刊宣言中说："世界什么问题最大？吃饭问题最大。什么力量最强？民众联合的力量最强。什么不要怕？天不要怕，鬼不要怕，死人不要怕，官僚不要怕，军阀不要怕，资本家不要怕。"他在《湘江评论》第二号中也写道："压迫愈深，反动愈大，蓄之既久，其发必速"。在1917年，他更直言："现在国民性惰，虚伪相崇，奴隶性成，思想狭隘，安得国人有大哲学革命家，大伦理革命家，如俄之托尔斯泰其人，以洗涤国民之旧思想，开发其新思想"。

他关于留学的论述也极有远见。1920年3月，他在写给周世钊的信中说：我觉得求学实在没有"必要在什么地方"的理，"出洋"两字，在好些人只是一种"迷"。中国出过洋的总不下几万乃至几十万，好的实在很少。"因此我想暂不出国去，暂时在国内研究各种学问的纲要"，"我不是绝对反对留学的人，而且是一个主张大留学政策的人，我觉得我们一些人都要过一回'出洋'的瘾才对"。

……

习近平在纪念毛泽东同志诞辰120周年座谈会上的讲话中说：（毛泽东）既有“问苍茫大地，谁主沉浮”的仰天长问，又有“到中流击水，浪遏飞舟”的浩然壮气……不管是“倒海翻江卷巨澜”，还是“雄关漫道真如铁”，毛泽东同志始终都矢志不移、执着追求。读一读《年谱》，感受更深了。

22.2 公方彬·做廉洁自律的好干部

2016-5-28　下午　阴

德国著名的教育家第斯多惠说过，教学的艺术不在于传授本领，而在善于激励、唤醒和鼓舞。我感觉，国防大学的公方彬教授就深谙其中精妙。听他的课，有一种深深的代入感。

去年在延安听过他的课：《反腐，是一场民族灵魂的救赎行动》。今天提前到课室，向他讲了当时听课的情形与体会。没想到，公方彬教授立马严肃地说：那今天我得特别认真讲才行，不能浪费大家的时间。

公方彬教授今天讲的题目是：学习《中国共产党廉洁自律准则》和《中国共产党纪律处分条例》，做廉洁自律的好干部。他跳开了具体的条文，讲了三个方面：一、从哪个视角才能读懂《条例》、《准则》的“神和魂”。他认为应该从政治的角度来解读：“在西方，读不懂宗教，就读不懂西方；在中国，读不懂政治，就读不懂中国”。二、《条例》、《准则》有哪些思想点需我们把握。他从政治信仰、政治逻辑、政治规矩、政治伦理、政治修养、政治行为这六个关键点进行了阐述。三、怎样落实《条例》、《准则》。他认为应该从信仰信念、价值追求、社会和谐、精神力量等方面来具体实践。

讲得真好。课间休息的时候，一堆同学围上去，向他请教。下课了，大家意犹未尽，和他边走边聊……

他讲授的“我们不能没有信仰”这部分，给我印象最深。记述如下：

中国历史上有三个以“万里”为计的活动，万里长城、万里丝绸之路、万里长征。三个“万里”有一个半与信仰有关。半个是万里丝绸之路，当年敢于过沙漠、闯戈壁、越雪山的，要么是为利益而来的商队，要么是传播佛法的僧侣，也就是通常所说的“丝绸西去，佛法东来”，算“半个”。一个是万里长征，如果哪位同志去过云南的迪庆州和四川的甘孜州，就会知道那个香格里拉，也叫世外桃源，那里直线距离并不遥远，但你要翻越那连绵雪山，真难，历史上靠双脚走过这段距离的，只有两支队伍，一支是喇嘛，另一支是中国工农红军，两支队伍区别很大，但有一点是一致的，那就是都在追求精神的天堂，所以中国历史告诉我们，信仰产生的力量无比强大。信仰对一个民族、一个集团、一个人，都非常重要。

当年共产国际代表鲍罗廷和廖仲恺对话，鲍罗廷评价国民党，说国民党已死，只剩下国民党人而无国民党。这就告诉我们，政治集团失去了政治信仰，表面的强大掩盖不了里面的虚弱，外面轻轻一撞，就会瞬间垮掉，因为每一个来的人都在权衡：既然我为利益而来，你有利益的时候那我就追求，所以就呼啸而至，有利益干吗不来呢？当某一天代价大于利益的时候，那就作鸟兽散，既然为利益而来，干吗替你承担呢？

我是军人，我喜欢用军人来证明信仰的力量。我们来比较一下三支军队——清朝的八旗军，国民党的北伐军到后来的国军，中国人民解放军，三支军队一比较，我们会很清晰地看到信仰的力量。

我们先看清朝的八旗军，八旗军了不得呀，满族人借助十多万八旗军马踏中原，靠什么？那就是一个王朝兴起的时候强大的势能，但到了王朝后期呢？国运衰败，势能没有了，这个时候需要补充新的精神力量，但清王朝做不到，因为清王朝没有国歌唱采茶歌，没有国旗打黄龙旗，国就是家，家就是国，家天下。那么士兵效忠的就是军饷，而不是国家利益，所以到了鸦片战争，八国联军进北京，那就是一触即溃，望风十里。

国民党的北伐军呢？北伐的时候带着三民主义的信仰所向披靡，像丁泗桥、贺胜桥打得相当的惨烈，也反映了信仰的力量，敢于牺牲。但是当国民党军阀蜕变为四大家族的家丁，信仰没有了，这个时候也是一触即溃。济南战役国民党守军十多万，几乎顷刻之间土崩瓦解。守将王耀武就感叹：就是一群猪让共军来抓，也不至于消失得那么快。十几万头猪抓起来不容易，十几万个人突然就没了，什么原因？没有信仰。

中国人民解放军呢？这支军队诞生以来在所有的对手面前没有败绩。“战役有失败，对手无胜者”，靠什么？就是这支军队强大的自我牺牲精神！我军的牺牲精神，全世界的军队都无出其右。

最能证明这一点的是抗美援朝，抗美援朝的故事惊天地、泣鬼神，荡气回肠。在中央电视台做节目时，主持人一定让我讲两个故事，两个故事没讲完，我就热泪横流。九兵团入朝，九兵团的官兵主要是南方兵，当时穿的是华东地区的冬季服装，团以上军官还没发棉衣。原计划部队到沈阳去休整、换装，再入朝作战，结果火车开到山海关，中央军委派人拦住

列车，说朝鲜战事吃紧，立即入朝，火车直接开向边境。边防军一看大为震惊，因为那一年是五十年不遇的严寒，零下四十度，所以赶快动员官兵换装。其实四十度也不准，美军查过，说朝鲜那一年是人类自有气温记录——1888年以来最寒冷的一个冬天。我没有考证是不是1888年有气温记录，但至少美军讲的故事给我们很大的启示，说有一个美国大兵，在一个帐篷里边倒了杯热牛奶，要跑到另一个帐篷里喝，十米，跑回去以后打开饭盒冻成冰棒。由于边防军太少，时间太紧迫，有的棉衣脱下来还没有送到火车上去，火车就开走了。一个班两、三条薄棉被，有的士兵还是几层单衣套起来，棉衣都没有，那已经不是御寒，是勉强不被冻僵。入朝第一天冻伤700人，在八九天的时间内没有吃到一口热饭，啃的都是石头一样硬的土豆。三天的口粮，剩几口炒面舍不得吃，等发起冲锋的时候吞下肚子补充热量。彭德怀在向中央军委汇报的时候讲到，朝鲜的艰苦程度超过了井冈山时期。

就是这样的队伍打了一个改变世界历史的长津湖之战，作战中许多故事极具震撼力。九兵团司令宋时轮在向彭德怀、向中央军委汇报时讲了这样几个故事，说有一个连队只出来一个掉队的士兵和一个送通知的通信员，全连冻死，临死的时候还保持着冲锋的队形。还有一个连队也是全连冻死，收拾遗体的时候，手和枪分不开。有一个守山头的部队，打得剩了六十几个人，炮弹炸起，血空中溶化以后落在身上，寒风一吹迅速结冰，结果人的眼睛在眨，嘴巴在动，人被冻在地上，救援的人用铁锹撬起一个个冰疙瘩……长津湖之战，冻死了四千人，九兵团十五万人，三分之一伤亡。

这一点就是我们的对手也为之震撼。美军就讲，参加过二战，对德作战，对日作战，进攻过太平洋上的瓜岛和冲绳，对德军和日军的牺牲精神已经为之震撼，但相比中国的军人无法比拟。中国的军人面对美军，第一波倒下，第二波继续前进，还有第三波，第四波，战斗到最后一个人的姿态就像殉道者似的，那大概不是因为命令和纪律，一定是信仰，他们信仰共产主义，相信战争是正义的，这已经进入他们思想的深处，不，已经渗入骨髓。

这一点还是毛泽东讲得好，他在《井冈山的斗争》这篇文章里面讲：同样一个兵，昨天在敌军不勇敢，今天在红军很勇敢，就是民主主义的影响。红军像一个火炉，俘虏兵过来马上就熔化了。我们经常讲共产党伟大，绝非虚言。

……

中国人民大学最引以为荣的校友张志新烈士曾经说过：人活着，总得有个坚定的信仰，不光是为了自己的衣食住行，还要对社会有所贡献。是的，要有信仰，有信仰就会砥廉峻隅，就会薄凉中有温暖，困窘中有力量，失落中有希望，无往而不胜。

23.1 领导干部压力管理与心理健康

2016-5-29　上午　晴

“友谊的小船说翻就翻”。

这是今年的网络流行语，俏皮地道出了都市人的无奈——工作压力大，留给维系友谊的时间少、空间小。

其实，前几年也有一句类似的流行语——“你有压力，我有压力，未解决”。那是有一次在香港的公交巴士上，阿叔与一年轻人发生争执。阿叔连珠炮似的讲“我打电话有没有吵到你……你有压力，我也有压力……事情解决了吗？没解决，没解决……”说了将近5分钟。无论对错，这种黑色幽默都道出了都市人备感压力的心声，引起了网友的共鸣。

是啊，谁的心里没有过兵荒马乱？谁的夜里没有过辗转难眠？谁的人生图谱上只有绿草原？

压力管理是门学问，也是年轻干部的必修课。正所谓：最厉害的人，是能控制自己情绪的人，是能排解自己压力的人。今天，天津行政学院的戚翠莲教授专门来讲授《领导干部压力管理与心理健康》。她讲解风趣，例举丰富，中间还穿插了“保健操”的小互动，让大家既学到了知识，又放松了身心。

戚翠莲教授主要讲了三个部分：领导干部压力管理分析，心理健康及模式，领导干部提升压力管理与心理健康的方法。

一、领导干部压力管理分析

压力是什么？压力是超出个人应对能力范围时所产生的心理紧张和焦虑状态。

（一）压力形成的因素：1. 外部因素。当时代变迁、外部环境发生改变时，人的心理压力就会增大。而压力就是外部环境及其变化对主体不断提出新的要求，需要主体努力适应的过程。2. 内在因素。个体已有的知识和经验不足以应对当前需要解决的问题，用来对付威胁的常规方法的失败。

（二）领导干部面对多重压力：社会压力，工作压力，生活压力，人格因素与压力。

以前在工作中领导干部只需要解决具体的问题，而今天则需要经常面对更为复杂的人和事。每个领导干部都想处理好工作中的各种问题，但其

处理工作问题的能力又与不断变化的外部环境和工作要求存在差距，时常觉得失去了对现实生存的把握和控制的能力，这种无助感容易导致领导干部产生压力、焦虑、抑郁和身心疲惫。

大家可以自检压力程度。经常感冒，手脚经常冰冷，突然间喘不过气，有时会心悸胸痛，容易口腔溃疡，头时常沉甸甸的易头晕耳鸣，容易上火喉咙肿痛，面对美味依然食欲不佳，暴饮暴食很难自控，易失眠，早上起床后依然疲倦，易感到疲劳，多梦半夜醒来很难再入睡，容易被一点小事激怒或焦躁不安……简易自诊结果：在0～3个尚无问题，4～6个属于轻度状态，7～11个表示陷入压力状态，12个以上表示身心可能已出现障碍。

（三）压力的作用。其积极作用是：激发个体的潜能，提高心理的承受能力，提高社会的适应能力；其消极作用是：引起工作绩效的数量与质量的降低，造成人际关系的紧张，身心健康受到影响。

（四）压力的管理。人的成长和发展就是不断适应环境压力的过程。

社会学的观点认为：发展必然产生压力，发展最快的国家、地区、系统，压力也最大。

二、心理健康及模式

（一）心理健康的含义

是指人们在出现心理压力和心理障碍时，主动地运用心理学一般理论和方法，调节自我，疏解心理压力，排除心理障碍，达到心理健康的过程。

（二）心理健康一般模式

是驾驭生命还是被生命所驾驭？心理健康与否决定了你是坐骑还是骑师。21世纪的最大疾病是精神疾病。2013年中国人力资源网公布的统计资料显示，我国已有近57%的人由于压力过大而引起亚健康状态，有3600多万人患有抑郁症，抑郁症已上升为自1990年以来我国总的疾病负担的第二大疾病。其原因在于现代社会的快速进程还没有和现代化的心理干预及疏导渠道相匹配。面对压力产生的心理困扰、心理障碍等问题时，很多领导干部对如何解决的方法关注不够，心理压力疏导技能普遍缺失，也很少关注心理救助或寻求专业人士的心理援助。

正因如此，重视压力管理，维护心理健康已成为领导干部提高自身生命价值和完成肩负的责任与使命的重要前提。

三、领导干部提升压力管理与心理健康的方法

方法一：组织干预与对策。1. 组织观念。把提升领导干部压力管理与心理健康作为组织发展的重要战略决策。2. 领导重视。加强对领导干部"心理压力"的管理，构筑人文健康的释压平台。3. 组织培训。进行必要的心理危机干预、心理辅导以及心理健康培训教育。4. 组织关怀。关注领导干部的心理困扰，提供必要的心理援助，减少角色冲突。

方法二：个体积极心理的塑造。1. 与时俱进，改善认知模式。认知模式是人们的思想方法和思维习惯。要改善认知模式：人的生存不是一个自我封闭的系统，而是要与社会环境相互影响相互作用。尤其是在迅速变化和发展的社会环境中，更需要不断做出相应的调整和改变，以寻求自身的发展，提高生存的效能。2. 适应人际关系，调控好情绪状态。与人相处，应有不同的表现，把握不同的分寸，留有不同的余地。3. 换位思考，改变看问题的角度。学会自我否定，不要太固执；换位思考，站在别人的角度去思考问题。4. 直面挑战，变压力为动力。对压力要有所认识：压力是能力发展的必要动力；对压力要有所准备：预先分析，设计多种方案；对压力要有所调整：善待工作与生活中的挫折和痛苦。5. 团结协作，共同完成工作任务。"水尝无华，相荡而成涟漪；石本无光，相击而发火花"。6. 减少工作压力的对策：与尽量多的同事建立有益的、愉快的和合作的关系；工作有计划、有重点、有授权、有委派、有指导、有评估；有效沟通，理解上级领导的问题并帮助上级理解你的问题；不要推迟处理讨厌的问题。7. 培养积极的心态。这个世界总会有阴暗面，一缕阳光从天上照下来，总有照不到的地方，要把更多的注意力放在积极的事情上。要培养

积极的心态：适度反应和宣泄；不要生活在历史中；多读书；发展多种兴趣；培养幽默感；学会宽容；能够放下；心怀感恩，珍惜拥有。8. 建立稳定的社会支持系统。要学会寻求帮助，任何情况下都不要封闭自己，压力很大时与最亲密、最信任的朋友倾诉和沟通，或心理咨询寻求专业帮助。9. 自身建设，增强能力与素质。要提高领导品格与人文素养；在工作中体现生命的价值与意义；加强自身能力与素质建设。10. 与人为善，和谐相处。尊重他人，关怀他人，理解他人，帮助他人，支持他人。11. 学习进取，持续发展。要学习新知识、新观念，用新的能力、新的创造，来提高自己的应变能力和核心竞争力。

在这个充满了变化、竞争和压力的时代，能否具有良好的压力管理与心理健康，将决定一个领导干部能否做好工作实现组织目标，能否充分地发展自己取得成就。如果我们不了解这些变化，不适应这些变化，仍然用过去的旧观念、思维、习惯及处理问题的方法，来面对今天不断变革的时代，来处理工作与生活中各种事务和交往，就会遭遇更多的困难和挫折。

因此，不断提升压力管理与心理健康，既是自身成长的需要也是社会发展对领导干部的能力和素质要求。

……

压力管理，历史上有一人十分了得，那就是曾国藩。毛泽东曾说："愚于近人，独服曾文正"，蒋介石也讲"平生只服膺曾文正公"。姑且不论曾国藩的雄才大略，仅看他的压力管理，就令人叹服。他在31岁的时候为自己制定了一个"日课册"，也就是现在的日记本，取名《过隙影》。"每日一念一事，皆写之于册，以便触目克治"，"凡日间过恶：身过、心过、口过，皆记出，终身不间断"，"念念欲改过自新"。

以我的观察，现在的年轻干部，最大的压力恐怕还是来自于得失、荣辱、进退、取舍。说到底，还是个人利益占了上风，忘记了初心——入党、从政为了什么？清康熙年间，河南内乡县衙悬挂有一副对联："得一官不荣，失一官不辱，勿道一官无用，地方全靠一官；穿百姓之衣，吃百姓之饭，莫以百姓可欺，自己也是百姓。”习近平总书记说，“封建时代官吏尚有这样的认识，今天我们共产党人应该比这个境界高得多”。真是一针见血，发人深省啊。

多读读《曾国藩家书》，牢记“战战兢兢，即生时不忘地狱；坦坦荡荡，虽逆境亦畅天怀”，相信“除了能造福于人类的工作之外，世上再也没有什么事业能真正而永久的名声了”，也是很好的减压。

不要眯着眼缝看世界，也不要关起门来折磨自己。大道朝天，把情绪调成静音吧。

23.2 “拿山调查”成果汇报会

2016-5-29　下午　雨

哗啦啦啦啦下雨了，看到大家都在跑……进教室，“拿山调查”成果汇报会。

汇报会由班长于海田主持。一组代表刘敏、二组代表王凌宇、三组代表付磊、四组代表吴万雄、五组代表马奎、六组代表刘开树，分别汇报了调查情况。应该说，每个组的调查都条入叶贯，每个组的思考都穷幽极微，每个组的报告都兼权熟计……因为大家是带着感情、带着思考、带着使命感去调查的，不是走马观花、浮光掠影，而且讨论、撰写都极其认真。我看，每份报告都极具价值，都应该评上优秀论文。如付磊报告中的“五思”就对我触动很大：一是如何进一步增强基层党组织的凝聚力和战斗力？二是如何进一步调动基层党员干部的积极性？三是基层党组织的有生力量从哪里来？四是加强基层党组织的钱从哪里来？五是基层党组织的活动如何更接地气？

吴万雄代表本组上台汇报，相当精彩。我给他的点赞语是：有理论素

养，具颜值担当，家国情怀、文化自觉、理论自信都在《报告》上。《报告》全文如下：

拿山乡贵溪村“两学一做”调研报告

——第四期年轻干部党性教育专题研修班第四小组

当前，农村基层党组织和广大农村党员如何贯彻落实中央精神、开展“两学一做”学习教育活动？如何通过开展“两学一做”，进一步发挥农村基层党组织战斗堡垒和党员干部的先锋模范作用，引领农村贫困地区脱贫致富，促进农村精准扶贫工作？针对以上问题，5月19日，本小组全体成员赴拿山乡贵溪村，通过与贵溪村党员干部交流座谈、发放问卷及进入农户家庭访谈等形式进行了调研。

一、贵溪村总体概况

（一）村基本情况

贵溪村为井冈山市拿山乡十个下辖行政村之一，全村6个村民小组，240户，总人口940人，其中精准扶贫特困户13户，人口37人，一般贫困户9户，人口20人。全村有外出务工人员近300人，其中200余人因井冈山市近年来大规模新区改造选择在本地务工。转移收入及在本地做泥工、瓦工等打零工为村民主要的收入来源，全村年人均收入4200元左右。贵溪村多山地，农业生产主要以花卉苗木、蔬菜及蜜柚种植为主。村道路建设、通信、电力、饮用水、医疗等公共服务设施基本齐全，总体发展水平在拿山乡十个行政村中处于中游偏下位置。

（二）村党组织建设与“两学一做”教育学习情况

贵溪村现有党员30名，党员平均年龄47.5岁，其中35岁以下的党员占总数的10%，60岁以上的党员占总数33%，年龄最大的党员为85岁，女性党员4名。作为最基层一级的党组织，贵溪村党的组织体系完善，各项工作制度、学习制度健全。村党支部能定期或不定期开展支部活动，召开党员大

会和支部委员会，宣传贯彻党的路线方针政策，组织广大党员干部学习领会党章党规，大部分党员每年能参加两三次组织生活。近年来，村支部认真组织村党员干部开展党的群众路线教育实践活动、三严三实专题教育。“两学一做”学习教育作为目前村支部的一项重要工作，该村已于近日召开了启动大会，制定了实施方案，方案根据不同群体农村党员各有侧重，设计了灵活多样的教育学习方式。村党支部希望通过这次在全村党员中开展“两学一做”学习教育活动，进一步解决该村基层党员队伍在思想、组织、作风、纪律等方面存在的问题。

通过调研我们发现，村党支部及村支书、村主任等村两委主要领导，在该村群众中具有较高的威信和认可度，村民普遍反映，十八大以来，村党员干部的思想作风、纪律意识、精神面貌有明显改进，特别是在村建设发展、带领村民脱贫致富、解决村民实际困难等方面，村支部的战斗堡垒作用、村支书和村主任的带头带动作用及绝大部分村普通党员干部的先锋模范作用得到了村民的较为一致的正面评价。

（三）精准扶贫工作开展情况

精准扶贫工作是目前村党支部及村委会的中心工作，根据市、乡党委的工作要求，贵溪村成立了由中国井冈山干部学院、井冈山市、拿山乡及本村相关领导组成的精准扶贫工作领导小组，并制定了村扶贫开发重点项目建设分类计划。在扶贫具体措施方面，该村主要采取三种方式，一是金融扶贫和保障扶贫，利用国家扶贫政策和经费支持，通过按比例补贴，增加贫困户和低保户收入；二是安居扶贫，通过资金补助，统一改造村民土坯房，实施安居工程；三是产业扶贫，由村党员干部牵头，在市园林处的指导下，成立花卉苗木种植专业合作社，引导农户入股，带领群众脱贫致富。同时，作为中国井冈山干部学院的定点包扶对口村，贵溪村注重加强与中井院的合作，在村基础设施建设等方面都得到了中井院的大力扶持。

二、存在的主要问题

（一）党员结构严重失衡、村两委工作经费短缺、村干部待遇偏低调查中发现，贵溪村党员存在年龄偏老、文化程度偏低、男女比例严重失调的问题。全体党员中60岁以上的占到33%，35岁以下的仅有3人，由于大多数农村优秀青年在外务工，致使在发展年轻党员和选拔年轻后备干部的工作方面成效不大，近三年来仅发展一名党员，党员中的新生力量严重不足。调查还发现，村两委工作经费短缺、村干部待遇偏低是村干部反映的普遍性问题。目前村两委日常工作经费全部来源于转移支付，经费额度远远不能满足日常工作需要，加之该村没有村级企业收入予以补充，致使日常工作经费捉襟见肘，部分常规性工作无法开展，工作设想无法实施。同时村干部待遇与工作付出严重不等。农村工作环境艰苦，情况复杂，任务繁重，工作难做，压力大，但目前待遇太低，严重影响了村干部的工作积极性。在调查中还发现，村个别党员党的意识和党员意识淡化，没有在群众中起到带头作用，甚至出现与民争利行为。

（二）村经济发展迟缓，村集体经济实力薄弱

贵溪村经济总体发展水平在拿山乡目前还处于中等偏下位置，村经济发展迟缓，缺乏有效益的村办企业，村办种植合作社未得到政府更有效的政策和资金支持，产品销路及效益欠佳致使村民合作参股积极性不高，村民主要收入来源均为外出务工或本地打零工，村经济实力薄弱致使村民难以从村集体经济发展中分享红利、增加收入，该村村民总体生活水准的改善提高与村民期望值还存在很大差距。

（三）村公共服务设施有待进一步改进完善，村民医疗保障体系还存在不足

调查中，村民普遍反映村公共服务设施及村民社会保障体系尚需进一步改善和加强，一是学校布局不尽合理，儿童上学和接送还有诸多不便，二是部分垃圾处理等公共卫生服务设施缺乏。在社会保障方面，农村医疗及保险报销制度的诸多不合理之处是村民最多的反映，一是村医疗保障资源不足，本地卫生院医疗设备相对落后，医生医术较低，无法进行较为严重的疾病治疗。二是医疗保险制度筹资报销渠道不畅，报销比例偏低，大

病及异地就医费用负担过重。

（四）精准扶贫的部分措施实施效果不佳，与村民实际需求脱节

调查中发现，精准扶贫的相关措施，如金融扶贫、安居工程、保障扶贫等普遍得到村民认可，但在产业扶贫方面，国家的资金扶持目标范围与村民的实际需求脱节，国家在这方面的资金主要用于支持村民开展种、植、养，资金使用比较分散，而村民普遍对种植养积极性也不高，致使国家产业扶持资金在该村效果不明显，扶贫政策落地效益不佳。贵溪村希望国家资金能集中投放支持该村发展企业，提升该村集体经济发展水平。

三、对策建议

1. 进一步加强村基层党组织建设，采取有效措施，积极争取更多的党员发展指标，加大在村高文化水平优秀青年、致富能手中的党员发展工作力度，吸收更多有志向的村年轻人加入到党组织中来，逐步改善党员队伍的年龄结构、文化结构，同时进一步创新农村“两学一做”教育活动方式，将“两学一做”与精准扶贫中心工作紧密结合，提高学习成效。

2. 健全和完善村干部激励机制，出台相应的规范性文件，从政策上确保提高村干部待遇，保证村干部合理的工作报酬，解决村干部在岗和离任后的基本保障，进一步调动村干部的工作积极性，鼓励村干部主动充分履行职责。同时，市、乡一级主管部门要根据目前村两委的实际工作任务，适当提高财政转移支付额度，增加村两委工作经费，切实保证村两委有效开展工作。

3. 因地制宜，开发村办企业，提高村经济水平，扩大村民收入来源。贵溪村目前在拿山乡属于村办企业“空白村”，村两委要根据贵溪村的实际情况，基于本村农作物种植主业，积极进行招商引资，兴办农副产品加工企业，发展规模种植养，合作经营多种形式和多种经营方式的合作社，增加村集体收入，壮大集体经济实力。同时，由于该村属于集体经济薄弱村，上级部门要加大财政投入的扶持力度，要在全乡区别不同村的发展水平，适度增加对该村的建设项目投资。

4. 改善农村基础卫生条件，适当调整“新农合”制度。针对村民普遍反映的农村医疗水平低、保障水平差、报销标准额度较低的问题，建议加大村、乡一级基础卫生医疗投入，改善和提高村、乡一级医疗卫生和医疗水平，同时建议适当调整“新农合”相关制度，解决农村就医门诊报销范围窄、比例低，定点单位过少，住院报销门槛太高，特别是农民重大疾病异地就医后保障难的问题。

5. 加强精准扶贫政策的连续性，提高扶贫资金的使用效率和扶贫项目的匹配性。要进一步加大精准扶贫资金投入，提高产业扶贫和项目扶贫方式的比重，对每个扶贫项目的实施、每一笔扶贫资金的使用要有跟踪评估，对农民意愿不强、资金使用效率不高的扶贫项目要及时进行调整，注重扶贫项目与农村扶贫区域经济发展的匹配性。

四、几点体会

（一）调研农村、了解农村，是年轻干部成长和了解中国国情的一条重要途径

毛泽东同志曾经说过，中国的根本问题是农民问题。三农问题始终是中国革命和建设的根本问题。通过这次短暂的农村调研，我们共同的感受就是，对于新时期党的年轻干部来说，深入农村调研，加强对我国农村、农业、农民的了解，是年轻干部自身成长和了解中国国情的一条重要途径。通过与农民面对面接触，培养年轻干部对农村、农民的感情，使年轻干部掌握我国农村发展的第一手资料，得到广大农民对党员干部的支持，锻炼我们年轻干部的领导能力及认识问题解决问题的能力，进一步增强年轻干部的党性，真正使年轻干部做到心中有党、心中有农民、心中有责任。因此，给年轻干部创造更多深入农村调研机会，是年轻干部党性教育和培训培养的重要方式，也是必修之课。

（二）老区农村党员干部需要更多的关爱、关心和支持

这次调研，我们一个深切的感受就是，井冈山革命老区的农村党员干部，继承了我们老一辈共产党人的优良传统，在日常工作中处处体现出艰

苦奋斗、密切联系群众的井冈山精神，在待遇低下、经费不足的条件下，任劳任怨、勤勤恳恳，为老区农村的建设发展、老区农民的脱贫致富发挥了重要作用。作为老区农村建设发展的中坚力量和领头人，老区农村基层干部这一群体，需要从组织上、制度上，从经济上、政治待遇上给予他们更多的关心、关爱和扶持，要加大对革命老区农村建设的投入，为老区农村干部的工作创造有利条件。

（三）培养选择高素质年轻干部，是老区基层党组织建设和农村持续发展的有力保障

调研中发现，老区农村基层党组织主要领导干部年龄老化、文化素质偏低是制约老区农村建设发展和贫困农民脱贫致富的一个重要因素。作为农村建设的核心力量和领导力量，培养农村基层党组织高学历、高素质的年轻后备干部，是目前我们党在农村建设事业中的一个迫切需要解决的问题。农村各级党组织，特别是老区各级党组织，要采取有效措施，加强老区农村基层党组织年轻干部的选拔培养，确保革命老区农村建设的持续发展。

感谢吴万雄的努力与付出。此外，全组同学都对此文有贡献，也要一并感谢。

六位学员代表的“乡村调查”汇报结束了，我则由此村及彼村，陷入了深深的乡愁——我的童年是在豫东平原的一个小村度过的，如今的情形和贵溪村大体一样。乡愁这东西，就像是一条河流，永不停歇，一直奔流！离开家乡几十年了，但吃来吃去，还是童年的味道；看来看去，还是故乡景致好；梦来梦去，还是那一马平川大中原……

故乡，你还好吗？

24.1 雷打石

2016-5-30 上午 阴

天下竹子数不清，井冈山竹子头一名。

班主任打趣说：我们这里呀，插根筷子都能长出棵竹子来。

井冈山的竹子实在太美了，正如袁鹰在《井冈翠竹》中所写——“从远处看，郁郁苍苍，重重叠叠，望不到头。到近处看，有的修直挺拔，好似当年山头的岗哨；有的密密麻麻，好似埋伏在深坳里的奇兵；有的看来出世还不久，却也亭亭玉立，别有一番神采”。

穿行在竹海，有点“醉氧”……五十分钟后，到达荆竹山；再步行，直奔“雷打石”。

荆竹山坐落在井冈山的正西面，整个村庄呈狭长形状，一边是如锯齿形的笔架峰，另一边则像是天宫中擂台似的平水岭。通过该村往西而行，便是湖南炎陵县的地界。20世纪二三十年代，这里是一个有30多栋黄泥土屋的小村庄。山腰间长满各种小山竹，而以荆竹最多，所以这里很久以前就称为“荆竹山”。山里的雷打石，是因有块被雷电击破从山上滚落的巨石而得名。

面对着“雷打石”这块我军创设“三大纪律八项注意”的奠基石，我们列队伫立，听刘小毛老师讲授《严明的纪律是事业成功的保证》——

1927年10月23日，毛泽东率领秋收起义部队进入荆竹山，井冈山的绿林首领王佐派联络副官朱持柳前来迎接。毛泽东和朱持柳彻夜长谈，不仅把自己的身世、共产党的宗旨和任务以及秋收起义部队攻长沙失利后艰难上

山的情况一一相告，而且了解到王佐由于以往多次上过反动民团的当，疑心重重，处处警惕。毛泽东感到，要在井冈山站稳脚跟并寻求发展，就要立即为这支初上井冈山的军队立个规矩，建设一支人民拥护的队伍。

1927年10月24日，秋高气爽。荆竹山村头一片收割完的稻田里，一支100人左右的队伍肃立着。毛泽东站在雷打石上，热情地赞扬大家冲破艰难险阻坚持革命的精神，兴奋地介绍了井冈山的形势和王佐的情况，并向大家宣布了三条纪律：一、行动听指挥；二、打土豪筹款子要归公；三、不拿老百姓一个红薯。

这是中国工农红军“三大纪律”的最早雏形。这三条纪律简朴而又易懂，迅速成为全体官兵的自觉行动。

1928年1月，部队攻进遂川县城时又出现了新的情况，部队将小商小贩的货物都没收了，甚至连药铺里卖药的戥子也拿走了。在遂川县的草林圩，又有当地的老百姓向毛泽东提意见，“部队借了我们的门板去睡觉，还回来的不是原来的那一块。还有啊，战士们睡觉用过的稻草遍地都是，成了牛栏了。”1月24日，在遂川县城李家坪，毛泽东向部队提出了六个要注意的问题：上门板，捆铺草，说话和气，买卖公平，借东西要还，损坏东西要赔。同年3月30日，部队到达湖南省桂东县沙田村，毛泽东向全体官兵正式宣布三大纪律六项注意。三大纪律是：行动听指挥，不拿工人农民一点东西，打土豪要归公。六项注意是：上门板，捆铺草，说话和气，买卖公平，借东西要还，损坏东西要赔。从而奠定了中国工农红军统一纪律的基础。

几年以后，当红军到达中央苏区开辟出一块更大的根据地时，在六项注意中又加了两条，即：“洗澡避女人”、“不搜俘虏腰包”。这样，就成了“三大纪律八项注意”。

1947年10月10日，毛泽东起草《中国人民解放军总部关于重新颁布三大纪律八项注意的训令》，对其内容作了统一规定。这就是我军现在执行的并谱成歌曲传唱的《三大纪律八项注意》。三大纪律：一切行动听指挥，不拿群众一针一线，一切缴获要归公。八项注意：说话和气，买卖公平，借东西要还，损坏东西要赔，不打人骂人，不损坏庄稼，不调戏妇女，不虐待俘虏。

这纪律是铁，这纪律是钢，比铁还硬，比钢还强。毛泽东的妻弟贺敏仁，13岁就追随哥哥姐姐参加革命，在黄公略领导的游击第三纵队当战士。长征时，因年纪小，在一个团当号兵。长征到达藏民居住地区毛儿盖时，他实在太饿，违反军纪进入喇嘛庙，没找到吃的，却拿了百十个铜板，被人检举，师部按军纪将他枪毙了。后来贺子珍告诉了毛泽东，毛泽东沉默不语，过了许久才吐出一句话来："红军就应该有铁的纪律，我们应该用红军铁的纪律来要求自己的亲人！"

与平时不同，今天同学们拍照的积极性很高。以"荆竹山"为背景，与"雷打石"为伴，先是一组一组地照，接着是一个一个地照……有人还专门挥动班旗来照。我想，大家此刻一定是希望把"纪律"二字刻进生命里。

站在"雷打石"前，我想起了那个著名的"二十六号训令"。1933年12月15日，颁布了《中央执行委员会第二十六号训令——关于惩治贪污浪费行为》：（甲）贪污公款在五百元以上者，处以死刑。（乙）贪污公款在三百元以上五百元以下者，处以二年以上五年以下的监禁。（丙）贪污公款在一百元以上三百元以下者，处以半年以上二年以下的监禁。（丁）贪污公款在一百元以下者，处以半年以下的强迫劳动。我还想起了陕甘边苏维埃政府的那条"十元铁律"：凡一切党军干部，如有贪污10元以上者执行枪决……

我觉得，年轻干部都应该来看一看"雷打石"，唱一唱《三大纪律八项注意》，牢固树立纪律和规矩意识，始终心有所畏、言有所戒、行有所止，不忘初心。

24.2 红军饭

2016-5-30　上午　阴

想象一下，自己动手做红军饭是什么感觉？自己吃自己做的红军饭又是什么味道?

嗯，美美哒。

红军饭，指的是中国工农红军在井冈山红色根据地的艰苦条件下常吃的各种主食。当时，因受到国民党军封锁和进攻，生活物资匮乏，饮食条件艰苦，红军战士一度以井冈山一带生长的红米、南瓜、野菜为主要食物，仍坚持开展红色根据地建设和反“围剿”斗争。现在，红军饭已经成为乐观主义精神和艰苦奋斗传统的象征。

我们到井冈山学习后，经常听红军饭之歌——“红米饭，南瓜汤，秋茄子，味好香，餐餐吃得精打光”，但自己动手做，还真没有。听说今天要自己做红军饭，这些厅长、司长、市长们兴奋得很，个个摩拳擦掌、跃跃欲试。

做饭地点选在荆竹山，一处面积不大但很干净的农家院。六个组、六个灶台、六盆菜，各组自行分工。我虽久为吃货，却极少下厨，只好选了相对简单的生火和洗菜。洗菜好办，哗啦哗啦，很快洗完了。生火可没那么容易。尹达点了些木柴块，我添了些废报纸，却火苗甚小，又添，浓烟冒出

来，熏得眼睛生疼。华敬锋指点：不要一次堆那么多柴火在里面，要一点一点添、一小块一小块续，让火苗有充分的燃烧空间……生火也是个技术活。

本组真厉害，有人才啊。你看，华敬锋杀鱼、备料、放油、煎炒、加豆腐，一气呵成，香喷喷的“鱼跃龙门”出锅了；包立杰人高马大，却手法细腻，拿出了“清炒葫芦”、“鱼香茄子”两道特色菜，品相不俗；尹

达、代永林强强联手，一连出品了三道家常菜……此间，不知哪个组的哪位老兄放多了辣椒，呛得好几个同学夺门而出……有志青年欢乐多啊。据当地老乡介绍，过去这里盐极少，又极贵，辣椒就成了替代品，所以，井冈山的饭菜普遍偏辣，无辣不欢。记得粟裕在回忆录曾写道："最困难的是部队吃不到盐。不吃盐，行军、作战没得劲。后来自己熬硝盐吃。硝盐就是把房屋墙角下长的一种白毛刮下来，用水熬。那东西又苦又涩，但毕竟比没有盐好一些。"我记得，闽粤赣三省交界处、广东平远县就有一条松溪古道，历史上就是"粤盐赣米闽茶"的重要栈道，广东的盐水运至下坝，再挑运到江西罗塘，最后分散到赣南各地……这种"盐上米下"的交换，也印证了当年盐在江西的金贵。

六道菜，色香味俱全。一声开饭，风卷残云，"筷"如闪电。哈哈，还是自己做的饭菜香啊。本来想尝尝其他组的出品，待放下碗筷环顾周遭，只见残羹剩饭了。没有比较，各自品味，只能都说好啦。

习近平说过：抓改进工作作风，各项工作都很重要，但最根本的是要坚持和发扬艰苦奋斗精神。唐代诗人李商隐在《咏史》一诗中写道：“历览前贤国与家，成由勤俭破由奢。”艰苦奋斗，是共产党人的宝贵品质、优良传统，不过时，不老土，不丢人，今后还要大力提倡。

我想，这顿饭，一定走进了学员们记忆的最深处……有机会，一定要再来井冈山，做做红军饭，听听那首《毛委员带头吃苦菜》——

毛委员带头吃苦菜，
光辉思想传开来。
红军吃了野苦菜，
天大困难脚下踩。

24.3 原著研读

2016-5-30　下午　阴

读书是在别人思想的帮助下，建立起自己的思想。那么，如果你读的不是原著，你的思想之塔可能就危险了。

所以，读原著，读原著，读原著——重要的话说三遍。

下午是原著研读。打开《毛泽东选集》，一字一句细细读。很多篇章都读过好几遍，但每读一遍，都会有新体悟、新收获，都像打开了一扇新的窗户。

一入书山不知归……忽然，李涛在微信群里推荐了求是网上的《毛主席教导我们这样开会》一文。王垂林等同学纷纷点赞、讨论。

太有针对性了。实事求是地说，开会是一种重要的领导方法，对统一思想、协调行动、推动工作作用很大，但现实中我们不少的会议没什么实质意义，为开会而开会，以会议落实会议，空洞无物，繁杂冗长……以至于有些地方产生了“会托”。很多人调侃说，要么在开会，要么在去开会的路上。

有些时候，哪怕是人到会场了，也是眼睛微微眯着，嘴角微微笑着，下巴微微托着，脑袋微微睡着……会开完了，梦也醒了。还有一些时候，台上的讲了半小时，台下的回来又传达了一小时，层层加码，个个发挥，是否失真姑且不论，至少会越开越长了。

好好的会议，被有些人玩坏了。领导干部真应该看看、学学毛泽东如何开会——

毛泽东反对开死板呆板的会。在延安时，他就批评说：“‘一开会，二报告，三讨论，四结论，五散会’。假使每处每回无大无小都要按照这个死板的程序，不也就是党八股吗？在会场上做起‘报告’来，则常常就是‘一国际，二国内，三边区，四本部’，会是常常从早上开到晚上，没有话讲的人也要讲一顿，不讲好像对人不起。总之，不看实际情形，死守着呆板的旧形式、旧习惯，这种现象，不是也应该加以改革吗？”

为什么要开会？毛泽东指出：“有了问题就开会，摆到桌面上来讨论，规定它几条，问题就解决了。”他强调：“一年开几次会，或者大会或者小会，解决当前发生的问题。如果有问题，就要从个别中看出普遍性。不要把所有的麻雀统统捉来解剖，然后才证明‘麻雀虽小，肝胆俱全’。”不是就某个问题来解决某个问题，而要“从个别中看出普遍性”，这样就还原了会议的功能。

关于会议的规模和类型，毛泽东说得很具体：“大型会议、中型会议和小型会议，都是必需的……小型会议，参加的几个人，一二十人，便于发现问题和讨论问题。上千人参加的大型会议，只能采取先作报告后加讨论的方法，这种会不能太多，每年两次左右。小型和中型会议每年至少要开四次。这种会最好到下面去开。”毛泽东还说：“小型会议最好商量问题，我对小型会议很有兴趣，时间不长，就地召开，这种形式最好。”

那么，应当如何开会呢？

提前“安民告示”。毛泽东要求：“开会要事先通知，像出安民告示一样，让大家知道要讨论什么问题，解决什么问题，并且早作准备。”他反对仓促开会：“有些地方开干部会，事前不准备好报告和决议草案，等开会的人到了才临时凑合，好像‘兵马已到，粮草未备’，这是不好的。”他也反对突然袭击：“开会前十分钟把文件拿出来，要人家通过，不考虑别人的心理状态……要文风浸润，不要突然袭击，使人猝不及防。”

认真写好发言稿。毛泽东多次要求，出席会议的领导同志“均须写成发言稿”。他强调：“发言内容应尽可能有较深刻的思想性，而以具体经验和计划数字充实和证明之。”毛泽东详细指导说：“开会的方法应当是材料和观点的统一……要学会用材料说明自己的观点。必须要有材料，但是一定要有明确的观点去统率这些材料。材料不要多，能够说明问题就行，解剖一个或者几个麻雀就够了，不需要很多。”他指出，发言“原则是不要太长，内容要精彩一点”。毛泽东十分看重典型的作用，他说：“我最喜欢听典型，各地委要多讲典型。”

让与会者畅所欲言。毛泽东主张，必须创造一个宽松、自由的环境，允许大家在会上发表不同意见。他说，“请大家评论，提意见，根据大家意见再作修改……这样，就更能充分发扬民主，集中各方面的智慧，对各种不同的看法有所比较，会也开得活泼一些。”

重视开会效率。毛泽东不止一次地强调：“一次会只能有一个中心，一个中心就好。”主题集中，能够提高会议的效率。毛泽东还指出：“讲话、演说、写文章和写决议案，都应当简明扼要。会议也不要开得太长。”

真是高屋建瓴，切中时弊，多好的开会指南啊。

25.1 扶贫攻坚

2016-5-31 上午 晴

“中国要强，农业必须强；中国要美，农村必须美；中国要富，农民必须富。”

“小康不小康，关键看老乡。”

“全面小康是全体中国人民的小康，不能出现有人掉队。”

习近平总书记的这三句铿锵之语，每每想起都很振奋。任何时候我们都不能忘记：“农为四民之本，食居八政之先”，“农村是国家真正富裕的源泉”，“农民情况如何，对于我国经济的发展和政权的巩固，关系极大”。

今天上午，中央党校研究员、著名农村问题专家曾业松就来讲这“农”课，主题是《扶贫攻坚——如何确保实现扶贫攻坚任务》。

曾业松说，贫困是历史问题、也是世界性问题。有人说：历史上中国人从没有富裕过——或如歌中所唱“凤阳本是好地方，自从出了朱皇帝，十年倒有九年荒，捐税多租子重，官府逼人似虎狼；多少人家缺衣衫，多少人家断炊粮，身背花鼓走四方，天南海北去逃荒；奴家走遍千万里，到处饥寒到处荒”。而扶困济贫是历史传统——从儒家主张“大同”、“仁政”，到清代出现同善会、同仁会等民间慈善组织，再到近代兴起宗教救助……从1500年左右起，贫困逐步成为全球性的问题。以世界贫富差距为例：去年全球前0.7%的富豪坐拥占全球45%的财富；全球中产阶层成年人的数目已由2000年的5.24亿人增加1.4亿，至2015年的6.64亿，相当于成年总人口的14%；全球中产阶层的财富自2000年以来，由44.4万亿美元增至80.7万

亿美元，目前占全球财富的32%；中国中产阶级数量虽然仅占全国成年人口的11%，但按绝对值计算却是全球最多，达1.09亿人，百万富翁数量超过133万人，资产净值超5000万美元的近万人。世界银行《2012年世界发展指标》称：每天2美元为贫困线，2015年底，全球贫困人口仍有9.7亿；联合国开发计划署《2010年人类发展报告》指出：世界上79%的贫困人口居住在中等收入国家。

曾业松认为，消除贫困是实践难题、也是重大理论问题。毛泽东讲“穷则思变，要干、要革命”、“打土豪分田地”，可以说一部党史就是党领导人民的脱贫史——解决挨打挨饿问题。邓小平明确提出：前提理论——贫穷不是社会主义；战略理论——让一部分人先富起来；目标理论——先富帮贫困，最终实现共同富裕。1979年7月邓小平指出：社会主义不能建立在贫困的基础之上。1987年邓小平在《社会主义必须摆脱贫穷》一文中又讲：如果老是穷，社会主义就站不住了。的确，实现共同富裕，是社会主义的本质要求，是中国特色社会主义的奋斗目标和根本原则，是党的宗旨的体现，是政府的重大职责。

曾业松讲到了中国改革开放以来的扶贫实践。中国减贫三阶段：

一、经济增长拉动型反贫困（1978—1985）；二、政府主导开发式扶贫（1986—2000）；三、综合性多层次整体化大规模扶贫（2001—2010）。2015年，出台“1+N”系列文件：《中央国务院关于打赢脱贫攻坚战的决定》，中办、国办印发《关于建立贫困退出机制的意见》等。

曾业松讲述了习近平的扶贫足迹和扶贫理念。习近平从1969年开始插队延安梁家河七年，当支书解决农民温饱，修坝挖井建沼气，建磨坊、裁缝铺、铁业社、代销店。1982年，习近平推动 “大包干”在河北正定县全面推广，让正定摘掉了“粮食高产经济穷县”的帽子。1988年，习近平任福建宁德地委书记，提出并倡导实施“四下基层”工作制度，全力推动闽东地区摆脱贫困，离开宁德时全区已有94%的贫困户基本解决温饱。2012年12月，习近平到河北省阜平县看望慰问困难群众，考察扶贫开发工作。2013

年11月，习近平在湖南考察时，前往湘西凤凰县廖家桥镇菖蒲塘村，了解村里围绕扶贫开发发展特色产业的情况。2015年6月，在贵州考察期间，习近平专门主持召开涉及武陵山、乌蒙山、滇桂黔集中连片特困地区扶贫攻坚座谈会，提出"四个切实"的具体要求，强调"切实做到精准扶贫"。在2015减贫与发展高层论坛上，习近平表示 "全面小康是全体中国人民的小康，不能出现有人掉队。未来5年，我们将使中国现有标准下7000多万贫困人口全部脱贫"。十八大后29次国内考察，习近平一半以上聚焦扶贫，连续四年第一次考察都到贫困地区。

曾业松重点介绍了打赢脱贫攻坚战的战略部署和关键举措：（1）产业脱贫；（2）转移就业脱贫；（3）易地搬迁脱贫；（4）生态保护脱贫；（5）教育扶贫；（6）健康扶贫；（7）保障制度兜底脱贫；（8）集体资产增加收益扶贫。

曾业松说，扶贫脱贫是党的"生命工程 "，只要带着使命抓、带着感情抓、采取有效措施抓，一定能打赢这场攻坚战。

25.2 加强党性修养专题报告

2016-5-31　下午　晴

下午的课真是受益匪浅！

原国家人事部部长、中组部副部长张柏林为我们作“加强党性修养，做一名称职的领导干部”专题报告。张柏林老部长站在战略和全局的高度，结合自身多年来的从政经历和丰富阅历，从“政治上坚定、严守政治纪律和政治规矩；以知促行，以行促知，做到知行合一；敢担当、善作为，是领导干部党性的重要体现；省身自律，是平安一生的保证”等四个方面进行了深刻阐述。整个报告内涵丰富，深入浅出，理论上有高度，政治上有见识，实践上有经验，使我们深受教育。最关键的是老部长语重心长，虚怀若谷，让人心灵得到净化。

老部长说，党员干部个人的党性修养，主要体现在理想信念、政治立场、思想理论、工作作风、廉洁自律、道德情操等方方面面，而世界观、人生观、价值观则是总开关。

一、政治上坚定

加强党性修养，核心是坚持正确政治方向，站稳政治立场。

第一，坚定信仰信念。首要的就是坚定对马克思主义的信仰，坚定对中国特色社会主义和共产主义的共同信念。要保持共产党人姓“马”姓“共”的本色，始终做到爱党、信党、护党、跟党走，增强看齐意识。

第二，牢记党的根本宗旨。要多做人民高兴的事情，不断克服“骄”、“娇”二气，努力为工作对象服务。

第三，讲诚信、懂规矩、守纪律。任何时候都要讲诚信，严守政治纪律和政治规矩，并坚决按党的民主集中制办事。

二、做到知行合一

党员干部加强党性修养，必须以“知”促“行”，以“行”促“知”，做到知行合一。

第一，用学习点亮我们的人生。要不断地充电、加油，重点学好理论，勤奋钻研有恒。

第二，树立正确的事业观。一、个人事业要融入党和国家的事业之中。二、正确认识自己。三、在职务上要知止。四，坦然面对人生拐点。

第三，克服浮躁情绪。把心静下来，不盲目攀比。

三、敢担当、善作为

敢担当、善作为，是领导干部党性的重要体现。

第一，想干事、能干事。一、不当“太平官”、“逍遥官”。二、迎难而上、办好每一件事。三、用好“能上能下”的“指挥棒”。

第二，敢抓敢管。一、不当“老好人”。二、严格把关。三、保护作

风正派、敢抓敢管的干部。

第三，勇于担责。一、勇于承担工作失误的责任。二、有勇于“下地狱”的精神。三、让坏事转化为好事。

四、努力省身自律

领导干部省身自律，是党性修养的重要一环，也是平安一生的保证。第一，要经常自省自律。第二，注意暗处的“影子部队”。第三，要慎初慎微慎独。第四，要管好亲属、慎交友。

柳军、岳晓武等同学感慨：老部长一点架子没有，全是平实的话，推心置腹，襟怀洒落，饱含哲理，这样的报告太好了！给我印象最深的是老部长讲的三个故事——

一个是乔石让路的故事。30多年前，乔石还兼着中组部部长。有次，张柏林拿着材料，低着头，急匆匆上楼。猛一抬头，发现正要下楼的乔石同志拿着皮包，在很宽的楼道里侧着身，微笑着，给张柏林让路，“那时我还是个一般干部啊”。

一个是曾志沟通的故事。那时曾志任中组部副部长，总是主动上楼，找下属们面对面沟通。有次为一个中管企业的干部任用问题，曾志和张柏林他们这些下属产生了不同意见。曾志没有命令，而是和气地说：你们再想一想，我也再想一想，我再打电话给一个和他共过事的老领导征求下意见，咱们再商量……

一个是马汉卿担当的故事。1978年春天，范敬宜在辽宁建昌县以右派身份入党，成为全国第一例。当时，在讨论范敬宜入党问题的常委会上，县委书记马汉卿明确表态：“我看了他所有的档案，认为他没有什么大的错误。我们吸收他入党，不违背党章。如果将来认为我们吸收他入党是错误的话，我首先戴高帽、挂牌子去游街。”

……

我想，要做一名称职的干部，就要常常思忖那五句话——“我们从哪里来？要到哪里去？我是谁？依靠谁？为了谁？”就要常常回味那首民谣——

最后一碗米送去做军粮
最后一尺布送去做军装
最后老棉袄盖在担架上
最后亲骨肉送他上战场
……

26.1 党性讲堂

2016-6-1　上午　晴

湘江战役，血流成河……

那一场战役太过惨烈，以至于有了“三年不饮湘江水，十年不食湘江鱼”的说法，甚至被误认为是一场败仗。

今天上午的党性讲堂，请来了长期从事湘江战役研究的广西兴安县

委党校常务副校长刘建新给我们讲授。他从湘江战役的始末、红军突破湘江的法宝、意义与教训、时代价值四个方面，带领我们重温了那场惨胜之战，让中央红军浴火重生的关键之战。

一、湘江战役的全过程

湘江战役是中央红军从中央苏区突围后长征途中最壮烈、最关键的一仗。

湘江战役从1934年11月25日中革军委正式决定突破国民党军的第四道封锁线，从广西全州、兴安之间抢渡湘江开始，到12月6日中央红军后卫部队大部被歼、红三十四师师长陈树湘率残部突出桂军重围为止，历时共12天。其中，双方大规模的激战4天4夜。整个湘江战役由觉山铺、新圩、界首“三大阻击战”组成。红军最终突破了湘江封锁线，进入了相对安全的桂北越城岭山区，逐步转危为安。

湘江之战，是关系中央红军生死存亡的一战。突破湘江，粉碎了蒋介石围歼中央红军于湘江以东的企图。但是，中央红军也为此付出了极为惨重的代价。红五军团和在少共国际师损失过半，其中红五军团三十四师被敌人重重包围，全体指战员浴血奋战，直到弹尽粮绝，全军覆没。红八军团损失更为惨重，战后仅剩1000余人，被迫取消番号。渡过湘江后，中央红军和军委两纵队已由出发时的8.6万人锐减到3万余人。损失正师级指挥员2人，副师级指挥员2人，正团级指挥员7人。

刘建新说，“长期以来，人们对红军长征中湘江战役的评价往往都认定为一次惨败，甚至将其列为解放军史上的十大败仗第六名。我通过查阅军事理论和各种长征史料后综合分析，最终对湘江战役的性质和重要意义有了新的认识：湘江战役不是一场著名的败仗，恰恰相反，应该是一场让中央红军浴火重生的惨胜之战”。所谓惨胜，是指付出极大代价而获得的胜利。但是，尽管付出了巨大的代价，它毕竟还是胜利了，与败仗有着本质上的区别。从多方面来说，它都是一场具有特殊意义的胜仗。

二、红军突破湘江的法宝

面对数倍于己的优势之敌，红军凭什么能够突破湘江？

第一，红军指战员在作战中具有坚定的理想信念和英勇的献身精神。“狭路相逢勇者胜”。红军战士具有坚定的理想信念，具有为了理想信念献身的勇气。其中，红一、红三军团两支英雄部队能征惯战，善打硬仗，红三十四师4000将士以寡敌众，视死如归，尽忠殉职，以自己的牺牲掩护了红军大部队安全过江，师长陈树湘宁死也不愿当俘虏。

第二，红军将士顾全大局、团结拼搏。与国民党军队各自为政和互相推诿不同，红军顾全大局、团结拼搏的精神也是胜利的法宝之一。长征之初，中革军委命第一、第九军团为左翼纵队，掩护左翼安全；第三、第八军团为右翼纵队，掩护右翼安全；军委两个纵队居中，五军团担任后卫。11月26日进入广西之后，中革军委又命令左右翼纵队互换，第五军团则一直担任全军后卫。大家绝对服从命令，竭尽全力完成军委交给的任务。

第三，红军队伍有铁的纪律。朱德1931年7月在《怎样创造铁的红军》一文中写道：“自觉地遵守纪律的精神的养成和提高，就是使各个指挥员战斗员的忠实勇敢、服从纪律，汇合成为全军的忠实勇敢、服从纪律，有了这样自觉地遵守纪律的红军，就是铁的红军。”

开国中将曾国华，长征途中任红五团二营六连连长。他回忆说：“一次集体行动，我迟到了几分钟，团长打了我一枪没打中。”

第四，有一批经验丰富的领导人执行战术指挥。如中革军委主席朱德，军委副主席周恩来，副参谋长叶剑英等。

第五，国民党阵营内部军阀之间的矛盾，给红军有了突破封锁线的客观条件。湘江战役中，蒋介石的中央军和湘军、桂系之间既有防共反共的共同利益，又有各自的局部利益；既互相合作，又互相猜忌，各打各的小算盘。蒋介石试图“一计除三害”，在消灭红军的同时向华南、西南渗透中央军的势力。桂系军阀白崇禧，既要反共，又要防蒋，对红军“只能追击，不能堵击”。白崇禧讲：蒋委员长叫他们（中央军）去剿共，他们偏要“抗日”（晒太阳）；“老蒋恨我们比恨朱毛更甚。管他呢，有匪有我，无匪无我，我为什么顶着湿锅盖为他下油锅呢？”

三、湘江战役的意义与教训

湘江战役有重大意义：

第一，红军突破了敌重兵设防的封锁线，粉碎了蒋介石围歼红军于湘江以东的企图，挽救了红军，挽救了中国革命。

湘江战役如果红军败了，中国革命的火种就可能被浇灭，中国现代史就可能改写。从军事理论的角度评判战役的胜负，不仅仅是依据伤亡数字，更重要的是看它是否实现了战略意图。湘江战役中红军虽然减员约2.7万人，湘军损失7000多人，桂军伤亡2000人左右，双方伤亡比例3∶1，但是，它实现了红军的战略意图，挫败了敌人的战略意图，所以，它对红军而言还是胜利之战。

所谓战略，是对军事斗争全局的策划和指导。所谓战役，则是军队为达到战争的局部目的或带全局性的目的，根据战略赋予的任务，在战争的一个区域或方向，于一定时间内按照一个总的作战企图和计划，进行的一系列战斗的总和。战役是服从于战略的。因此，第二次世界大战期间，斯大林格勒战役中苏德双方伤亡比例为1.34∶1，但由于它挫败了德军的战略企图，因此还是认定苏军获胜。台儿庄战役，中日军队伤亡比例接近5∶1，还是称作台儿庄大捷，因为它挫败了日军夹击徐州、连贯南北战场的战略企图。

湘江战役中，国民党军队的战略意图是将红军全歼在湘江东岸。1934年11月6日，蒋介石亲自拟定作战命令，于11月6日晚21时电令各部：“我军为欲歼灭该匪于湘、漓两水以东地区计，各方部队均须迅速出郴（州）、永（州）以南，宜（章）、道（县）以北，分别堵剿追击。”蒋介石还亲自给前线各部队书写手谕：“务求全歼，毋容匪寇再度生根。”而红军的

战略意图是突破敌人的第四道封锁线继续西进。1934年11月25日，中共中央及红军总政治部发布了《关于我野战军突破敌人的第四道封锁线渡过湘江的政治命令》指出："根据敌人最后的部署，其企图是在湘江阻击我们，并从两翼突击我们。"湘江战役红军虽然损失惨重，但最后还是突破了敌人的第四道封锁线，粉碎了敌人全歼红军于湘江东岸的战略企图，实现了红军继续西进的战略意图。

查阅所有当年亲身经历过那场战役的红军高级将领的回忆录，无论他们如何感叹湘江战役的惨烈，但有一个共同点：无任何一人有只言片语承认那场战役是一个败仗。恰恰相反，时任红三军团政委杨尚昆在《杨尚昆回忆录·湘江血战突破敌第四道封锁线》一文中写道："湘江之战是红军长征以来最险恶的一仗。广大的红军指战员浴血奋战5昼夜，终于跨越天堑湘江，突破敌人的第四道封锁线，粉碎了蒋介石'务求全歼，毋容匪寇再度生根'的梦想。他们的功绩将永垂史册。"时任红一军团第一师政治部主任、解放后曾经担任中央军委常委、中国人民解放军总政治部主任的谭政大将，在《最后的一道封锁线》一文中这样写道："全州战斗，是长征战役中比较激烈的一仗，也是突破封锁线最后的一仗。全州战斗虽然没有给敌人以创巨痛深的打击，歼灭其有生力量，然而在天然的地形和人为的困难的条件下，七八万人的行军，从敌人重重封锁、重重配置的火网中从容不迫地过来了，又一次证明了红军的无坚不摧和其本身之牢不可破，宣告了敌人之无能与追击堵击截击计划之破产。全州战斗，我们在战略上是完全胜利了。这一胜利，在长征历史上，永不失其光辉的意义。它展现了胜利的前途，奠定了在云、贵、川活动和从此转入川西北之顺利条件。"我们也可以从湘江战役之后蒋介石责问白崇禧的电文得到反证："共匪势蹇力竭，行将就歼，贵部违令开放通黔川要道，无异纵虎归山，数年努力，功败垂成。设竟因此而死灰复燃，永为党国祸害，甚至遗毒子孙。"

第二，红军广大指战员表现出非凡的革命精神，是伟大长征精神的组成部分，在中共党史、军史上写下了光辉而又惨烈的一页。

如陈树湘，1905年出生，1925年加入中国共产党，中国工农红军第三十四师师长。1934年10月率部参加长征。在湘江战役中，他腹部中弹被俘，后趁敌不备，毅然绞断了自己漏出的肠子，履行了自己“誓为苏维埃新中国流尽最后一滴血”的诺言。

第三，宣告了“左”倾冒险主义军事领导的彻底破产。

长征途中先后担任五军团参谋长、红一方面军参谋长的刘伯承元帅解放后在《回顾长征》一文中写道：“虽然突破了敌人第四道封锁线，渡过湘江，却付出了惨重的代价，人员折损过半。广大干部眼看反五次“围剿”以来，迭次失利，现在又几乎濒于绝境，与反四次“围剿”以前的情况对比之下，逐渐觉悟到这是排斥了以毛泽东同志为代表的正确路线、贯彻执行了错误的路线所致，部队中明显地滋长了怀疑不满和积极要求改变领导的情绪。这种情绪，随着我军的失利，日益显著，湘江战役，达到了顶点。”

第四，为遵义会议的召开、确立毛泽东为代表的新的中央领导集体作了重要的铺垫。

时任一军团二师四团政委的杨成武上将在为《红军长征过广西》一书所写的《序》中写道：“红军长征途经广西的光辉战斗历程，是遵义会议召开的酝酿过程中一个重要组成部分。”

时任一军团政委的聂荣臻元帅后来在《聂荣臻回忆录》中写道：“这次过湘江，进一步暴露了教条宗派集团在政治上和军事指挥上的逃跑主义错误，促使人们从根本上考虑党的路线问题、领导问题。”

第五，是红军走向胜利的新起点。

湘江战役后，红军汲取了惨痛教训、积累了斗争经验，绝处逢生，浴火重生，开始走向成熟。同时，甩掉了包袱，队伍更加精干，机动能力更强，为取得长征和中国革命的最终胜利创造了条件。从湘江战役起，红军一路从胜利走向胜利，中国工农红军与中国革命开始走向伟大的转折，因此，湘江战役成为红军走向胜利的新起点。

由于"左"倾冒险主义的错误领导，红军遭到惨重的损失，留下了惨痛的教训：抬轿子、大搬家式的行进方式，影响了行军速度；一成不变的西进路线和消极被动的作战指挥，造成了红军的被动局面；排斥了以毛泽东为代表的正确军事路线。《遵义会议决议》指出："博古同志特别是华夫（李德）同志的领导方式是极端的恶劣。军委的一切工作为华夫同志个人所包办，把军委的集体领导完全取消……在转变战略战术的名义之下，把过去革命战争中许多宝贵的经验与教训，完全抛弃。"在突破第三道封锁线之后，毛泽东建议"杀他一个回马枪"，彭德怀也提出"以三军团迅速向湘潭、宁乡、益阳挺进，威胁长沙，在灵活机动中抓住战机消灭敌军小股，迫使蒋军改变部署"，但博古、李德拒绝了毛泽东、彭德怀的正确建议，一味向西退却，消极避战，造成了被动。

四、湘江战役的时代价值

湘江战役的革命精神是长征精神的重要组成部分。中共中央文献研究室指出："湘江战役已成历史，但湘江战役的革命精神是永存的。它是红军长征精神的重要组成部分，也是中华民族精神的重要体现。在当今，它是中国精神的重要资源。为了实现中华民族伟大复兴的中国梦，我们一定要继续弘扬这种伟大的革命精神。"

湘江战役的革命精神对开展"两学一做"具有重大借鉴意义。当前，我们回顾湘江战役那段历史，就是要学习红军在长征湘江战役中体现的革命精神，就是要在"两学一做"学习教育活动中，切实增强"四个意识"。

如"革命理想高于天"。长征之初，红军总政治部在《关于宣传教育工作要点的指示》中指出："要在困难的条件之下团结红色战士，不灰心，不丧气，坚定的为着我们光荣的任务，为着中国的工农解放而斗争到底。"1934年12月1日凌晨3时半，中共中央、中革军委、红军总政治部联名给红一、红三军团下达指令：一日战斗，关系我野战军全部……我们不为胜利者，即为战败者，胜负关全局。人人要奋起作战的最高勇气，不顾一切牺牲，克服疲惫现象，以坚决的突击，执行进攻与消灭敌人的任务……打退敌人占领的地方，消灭敌人进攻的部队，开辟西进的道路，保证我野战军全部突过封锁线，应是今日作战的基本口号。望高举着胜利的旗帜向着火线上去！

如大局意识。彭德怀曾经私下抱怨长征之初就像“抬着棺材走路”，但是，在实际行动中还是坚决执行中央决定。为了保证中央纵队安全渡江，他把指挥部设在距离界首渡口仅有几百米的地方，亲自靠前指挥。为了打好光华铺阻击战，三天三夜没合眼，终于不负重托，完成了战斗任务。

如铁的纪律。对博古、李德的错误决策，一些高级干部和指战员，在当时就有不同意见。但是，意见归意见，命令还须绝对服从。据《耿飚在湘江血战中的五天五夜》一文记载：“那时“左”倾路线还占统治地位，谁在作战时弯一下腰，也要被认为是‘动摇’而受到审查，轻则撤职，重则杀头”……

湘江战役的硝烟早已散去，但红军将士表现出的长征精神，到今天仍然是一笔宝贵的财富，将永远激励着我们为实现中华民族伟大复兴的中国梦而不懈奋斗！

26.2 学员论坛

2016-6-1 下午 晴

思想的盛筵，精神的烛照。

这是我对今天学员论坛的总体观感。

论坛由副班长周泽光主持，共有六名同学上台谈成长感悟。

一组：共青团陕西省委党组成员、纪检组组长张剑谈“山水人文、大

美陕西”。关键词：世界级山水。金句：假如没有秦岭，中国将不成其为中国。

二组：中核陕西铀浓缩有限公司总经理高海潮谈“认知无处不在的辐射——核科普”。关键词：严格。金句：不要漠视辐射，但也无需恐慌。

三组：山西省检察院反渎职侵权局局长周跃武谈“敬畏法律”。关键词：远离。金句：权力有风险，一定要谨慎，自由和健康是最宝贵的财富。

四组：华电金沙江上游水电开发有限公司总经理胡贵良谈“十三五电力发展展望”。关键词：能源格局。金句：大力发展清洁能源，守护“蓝天白云、繁星闪烁”。

五组：内蒙古食品药品监督管理局副局长杨凤屹谈“关注餐饮与食品安全”。关键词：监管。金句：对食品安全一定要充满信心。

六组：中国工商银行资产管理部总经理韩松谈“做坚定的探索者”。关键词：试错。金句：做第一个“吃蜘蛛”的更勇敢。

各逞才思，阐幽明微，囊锥露颖，为同学们点赞！其中，韩松的“试错”观点，引起了大家的强烈共鸣。大家议论说，现在一些领导干部为保乌纱、求平安，当起了小脚女人，玩起了鸵鸟政策，丧失了“敢为天下先”的勇气，再也不敢开辟试验田，担当探索者……政府应尽快出台“容错机制”，鼓励大家迈开步子，甩开膀子，扑下身子。

2004年，我曾写过述评《广东倡导“排头兵精神”正当其时》：在这春天的“两会”上，我们触摸到了一个词汇——“排头兵精神”，温暖而有力量；在这“两会”的春天里，我们聆听到了一种声音——广东应倡导“排头兵精神”，响亮而有激情……说实在话，广东，这一当年偏于南方一隅的普通省份，能屹立于我国社会主义现代化建设的浪尖潮头——GDP长期名列全国首位、精神文明建设浓墨重彩光前裕后、政治文明建设勇于探索先行一步，靠的是什么？靠的就是敢“饮头啖汤”的勇气、敢“吃螃蟹”的拼劲、敢“得陇望蜀”的意识、敢“涉险犯难”的精神！现在，改

革已进入攻坚期和深水区，“容易的、皆大欢喜的改革已经完成了，好吃的肉都吃掉了，剩下的都是难啃的硬骨头”，因此在做好顶层设计的同时，更要敢涉险滩、敢突重围，以开放的最大优势谋求更大的发展空间。从某种意义上来说，不敢闯不敢试，是更隐蔽的不作为，是更严重的不负责任。“不登高山，不知天之高也；不临深溪，不知地之厚也”，“如果我们过于爽快地承认失败，就可能使自已发觉不了我们非常接近于正确”。

人类最优秀的品质之一，是对未知的探索，“热爱真理的人在没有危险的时候爱着真理，在危险的时候更爱真理”。个人是这样，社会亦如是，国家、民族更是如此。为“吃螃蟹”者鼓掌，为“吃蜘蛛”者加油！

27.1 行洲

2016-6-2 上午 晴

背靠秀美杜鹃山，前揽湍急硃砂河，行洲，就这样诗意栖居在深谷幽壑里，苍松翠竹间。

如果不是老师讲授，恐怕谁也不会想到，这个井冈之南的美丽小村，却保存着一段极其宝贵的红色记忆。

行洲，距茨坪10公里，距硃砂冲哨口5公里。毛泽东、朱德等根据地领导人都在这里居住过。那时，行洲村以南是白色势力的范围，“是遂川反动民团萧家璧的天下”，行洲村以北便是红色根据地。所以，这个小村既是军事要地，也是开展对敌宣传的桥头堡。

红军来到井冈山后，进行了广泛的宣传活动，刷写标语是重要的形式之一。1928年五六月间，红四军在行洲村的民房墙上写有“实行马克斯（思）主义，实行共产主义”等30多幅标语，宣传共产党的纲领、红军的宗旨和各项政策，揭露国民党反动派罪恶。有些标语也反映了当时党内、军内存在的“左”的错误思潮。1929年1月，红四军向赣南闽西进军后，行洲的许多房屋被烧毁，而这些标语群却得到群众的保护。人们用一层黄泥巴把整面屋墙都糊起来，标语也被覆盖在里边。1973年，文物工作者精心地把黄泥巴洗刷掉，一行行大字赫然在目，虽然年代已久，但字迹仍很清晰。这是井冈山革命遗址中唯一保存完好的红军标语群，也是研究井冈山斗争历史的重要史料。

这些标语是井冈山革命根据地政治动员的重要手段与内容，也是那个年代中国共产党人政治主张与时代精神的真实记录。一条条看去，仿佛走入了时光隧道，也好像走入了政治宣言书、民生白皮书……光影斑驳，昨日重现。

你看，这标语多么主旨鲜明：共产党十大政纲——1. 推翻帝国主义在华的统治。2. 没收外国资本企业和银行。3. 统一中国承认民族自决权。4. 推翻军阀国民党政府。5. 建立工农兵苏维埃政府。6. 实行八小时工作制，增加工资救济失业、社会保险等。7. 没收地主阶级土地耕地归农。8. 改良士兵生活分给土地和工作。9. 取消一切军阀地方政府的苛捐杂税，实行统一累进税。10. 联合世界上无产阶级和苏联。

你看，这标语多么简洁有力：“红军是工人农民的军队”、“红军是为劳苦工农谋利益的先锋队”、“打倒帝国主义”、“打倒新军阀”、“建设工农兵苏维埃政府”、“建设中国苏维埃政府”、“不还债不纳粮不派捐”。

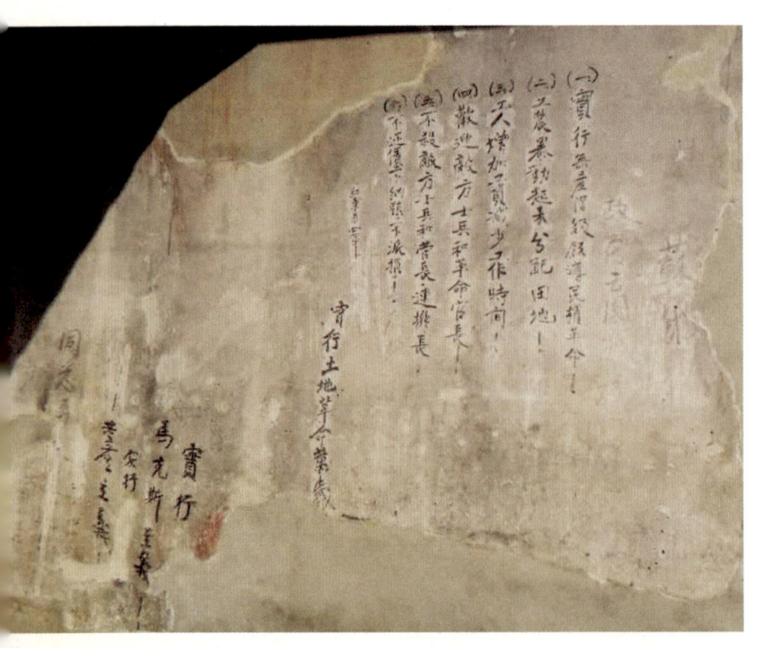

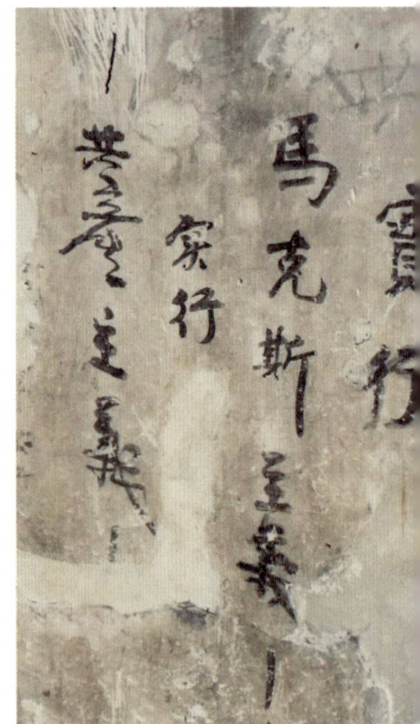

你看，这标语多么深入民心：“瓜分地主田地”、“工农暴动起来分配田地”、“一切土地归农民”、“实行土地革命”、“无产阶级只有分了（土地）才有饭吃有衣穿”、“不杀敌方士兵和营长连长排长”。

你看，这标语多么富有情感：“拥护中国共产党”、“实行马克斯（思）主义”、“中国共产党万岁”、“欢迎敌方士兵和革命官长”。

接地气，有力量，宏观与微观结合，口语与书面语兼顾，大道理与实际利益相融，至今读来都很有触动。

最让我们感叹的，是李足林、李开林家房子正面墙壁上的一行醒目标语：“红军是为劳苦工农谋利益的先锋队”。很显然，标语开头的第一个“红”字与后面的字体不一样，是经过涂改的。颜清阳老师告诉我们，当年敌我双方在宣传上进行了激烈的争夺。红军涂上后，离开了这里，白军来了，“红”字被改成了“国”字，白军走了，红军占领这个地方，又把“国”字改为“红”字，通过多次拉锯反复，最终被定格在“红”字上。

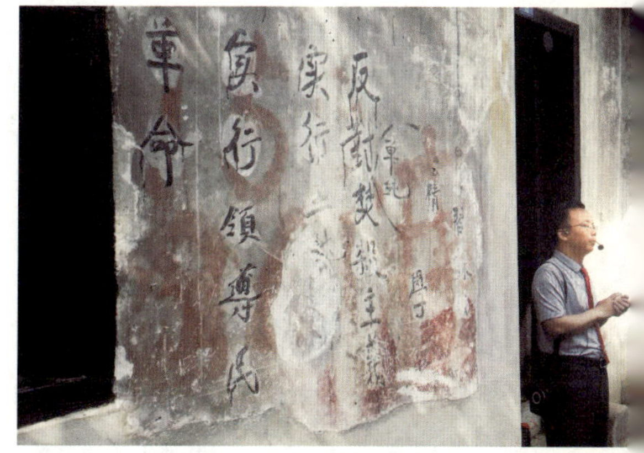

站在标语前，颜清阳老师由标语说开去，讲授《政策和策略是党的生命线》。

我党、我军一向重视通过宣传进行政治动员，体现我们的意志，普及我们的政策。1929

年，陈毅在《朱毛红军的历史与现状》中写道：红军现在有一个宣传兵制度，凡军队每一个机关（如连队、营部或政治部、卫生队等）均须派5个人担任宣传工作，这5个人不背枪，不打仗，不服勤务，名叫宣传兵。此5人分两组，一组为演讲队，担任口头宣传……其外一组为文字宣传组，两个人每人提一个石灰桶，大小笔各一支，凡军队经过的地方，墙壁上要统统写满红军标语，写字要正楷，以愈大愈好，要用梯子写得高，使反动派不能随便涂抹……如1934年7月初，以萧克为军团长的红六军团所部独立师，奉命突围西征前，驻扎在行洲，就在李焕湘的墙壁上书写了《国民党十大罪恶》：勾结帝国主义，出卖民族利益。背叛中国革命，屠杀革命群众。帮助资产阶级，禁止工人开会。庇护豪绅地主，加重租债剥削。克扣士兵军饷，以饱军阀私囊。强行党化教育，束缚青年思想。抽收苛捐什税，剥削工农小商。取消群众团体，剥削言论自由。滥发公债纸票，骗取民间现金。制造军阀混乱，酿成全国大乱。

在井冈山革命根据地时期，应该说党的纲领整体上是明确的、正确的，但也曾经出现了“左”倾错误思想。在李焕湘房主屋内右侧堂屋墙上，还留下这样几条标语：“暴动起来，夺取湘南！”“焚烧土豪劣绅及一切反革命的房屋、匪棚！”“杀尽土豪及一切反革命派！”“不烧无产阶级的房屋，只烧劣绅及一切反革命的房屋。”标语的落款都是“红军第四军十一师三十三团”。据专家考证，这个团是由湘南暴动时郴州农军第七师官兵随南昌起义部队上井冈山后缩编而成的一个团。中共湘南特委在湘南暴动期间，针对当时湘粤军阀的“会剿”而提出所谓“焦土战略”。这个战略的内容就是要烧毁从耒阳到宜章的“湘粤大道”两侧三十里以内的房屋，在湘南要实行“坚壁清野”等，并提出了“烧、烧、烧，烧尽土豪劣绅的房屋！杀、杀、杀，杀尽土豪劣绅的头颅！”“使小资产变成无产，然后强迫他们革命！”“一切工厂归工人”等一系列“左”的口号，在湘南实施“左”的焚烧政策。湘南暴动失败后，刚改编为红四军第十一师三十三团的原湘南农军第七师的官兵们，思想观念一时还没有转变过

来，所以他们在行洲也就写下了这些主张烧杀政策的标语。

当年井冈山革命根据地的军民同仇敌忾，为了把党的政策主张变成实际行动，做了大量的工作。如组建了自己的军队，建立了苏维埃政权，建立了自己的根据地，特别是满足了广大人民群众千百年来梦寐以求的夙愿：通过打土豪、分田地，拥有了属于自己的土地。土地是农民的命根子，给人民群众土地，在当时来说，就是满足了人民群众最根本的利益诉求，就是党的政策的一种实实在在的兑现，就是给人民群众以看得见的实惠。

小标语里大乾坤。恩格斯曾经说过："一个新的纲领毕竟总是一面公开树立起来的旗帜，而外界就根据它来判断这个党。"而政治宣传、政治动员中所使用的标语就是党的纲领的外在形象，是党的纲领、政策的具体内容的展现。表达了本阶级的利益，又凝聚了本阶级的政治意识。其导向正确，就能使大众对党的纲领、性质、宗旨、政策有科学全面认识和了解，从而把最广泛的力量凝集在自己的旗帜下，为实现党的主张提供思想意识的保证、力量的保障。导向不正确，就会出现列宁当年所担心的事情：汽车不是驶向掌握方向盘的人想去的地方。

这也提醒我们传媒人，要时刻牢记党媒姓党，始终恪守党性原则，充分体现党的意志、反映党的主张、维护党的团结，做到爱党、护党、为党，当好"党的政策主张的传播者、时代风云的记录者、社会进步的推动者、公平正义的守望者"。

27.2 实地考察·茨坪村

2016-6-2　上午　晴

在中国，恐怕还没有哪个村庄能像茨坪村一样，与国家、民族的命运如此紧密相连。

1927年10月27日，毛泽东率领中国工农革命军到达茨坪，建立了中国第一个农村革命根据地。茨坪就是井冈山革命根据地的政治、经济、军事中心，也是整个革命根据地党、政、军领导机关和后方单位的所在地。就是在这里，毛泽东写下了《井冈山的斗争》这篇光辉著作。

1929年1月底，井冈山失守。国民党反动派推行“石头要过刀、茅草要过火、人要换种”的“三光”政策，先后七次血洗井冈山。茨坪村所有房屋被烧毁，50余户、300多人的村庄最后只剩27户、不足200人。

学院就坐落在茨坪，我们平时经常在这里散步。与往日不同的是，今天学院请茨坪村的居民罗清梅、李香德等亲自带大家实地考察，并给大家详细讲解。他们没有华丽的辞藻、系统的论述，讲的全是爷爷奶奶、父亲母亲的故事，实录如下：

——我爷爷名叫李定开，1903年4月出生在茨坪。早年因为贫穷，只好

到王佐部下当一个“探子”，以此养家糊口。1927年10月27日，毛泽东率领工农革命军进驻茨坪。这天，恰逢我爷爷结婚，王佐主动邀请毛委员来参加婚礼，并安排他坐了上席。在酒席上，毛委员除了向新郎新娘恭贺道喜、向各位来宾致意外，还利用这个难得的好机会，向大家讲述共产党的性质、宗旨和工农革命军的任务，号召贫苦农民团结起来，打土豪、分田地、闹翻身。茨坪人民对此留下了深刻的印象，也为我爷爷的一生添上了浓墨重彩的一笔。从此，我爷爷坚定了跟红军走的决心。王佐部队升编为红四军三十二团后，我爷爷也成了三十二团侦察排的一名侦察兵，经常穿梭于险峻的山林中打探敌方情报。1928年夏天，我爷爷参加了著名的黄洋界保卫战，在战斗中不幸负伤。为了不拖累红军部队、增加红军负担，我爷爷主动要求留在家里养伤。1929年2月井冈山失守，伤好之后的爷爷仍然跟着地方武装转入到深山打游击，直到王佐被错杀。

——我父亲李国和是革命烈士，27岁参加革命，28岁牺牲于井冈山八面山战斗。井冈山革命斗争时期，现茨坪毛主席旧居的旁屋（有凉亭的那一边房屋）是我家的祖屋。以前常听母亲说，井冈山斗争时期，常看见一个人在油灯下抄抄写写，但当时并不知那就是毛委员，只知道是个当官的。国民党进山后，把我家房子烧了，我和母亲抬着家里仅有的财产——一头小猪躲进了黄拐湖，在那里用竹篾搭棚居住，国民党离开后，我和母亲把猪抬回来，卖了五块钱，修缮了房子。解放后，把房子献给国家作为文物保护单位。

——我的爷爷李尚发，1928年2月参加革命，曾任新遂边陲特别区工农兵政府首任主席，解放后曾任井冈山敬老院院长。1965年5月，毛泽东主席重上井冈山时，受到毛主席的接见，并合影留念。我爷爷在井冈山斗争期间，作为茨坪人，他带领全村男女老少投入革命，全力支持红军，多次打败敌人的进攻。在黄洋界保卫战中，他带领全村人，送枪送炮上黄洋界、削竹钉、布竹钉阵，为黄洋界保卫战的全面胜利，作出了应有的贡献。敌人对井冈山进行“会剿”时，有一次国民党军进入茨坪村烧杀抢，我爷爷背上他的老母亲准备躲难，突然有几个红军战士被敌人追杀，我爷爷将老母亲安置在一棵大树下，给红军带路直至安全后，回到大树下找母亲，老母亲不知去向，也不知死活……1928年冬，红军将缴获来的一些食盐分发给当地群众，解决群众食盐困难的问题，我爷爷也分得一小罐，但他一直不舍得吃，并小心保存起来。1929年2月，井冈山失守后，他将这罐食盐藏在自家屋后的树洞里，一直保存到解放。1929年5月，彭德怀、滕代远率红五军从赣南重返井冈山，恢复和重建边界革命政权，并在茨坪北桥召开了军民大会，给每个到会的群众赠送一块银圆以示慰问，我爷爷将这块银圆缝在儿子的风帽上，一直保存到全国解放后。1959年，我爷爷把那罐保存了三十多年的食盐和彭德怀发的那块银圆献给了井冈山革命博物馆收藏。这罐食盐和这块银圆是井冈山斗争艰难岁月的历史见证，也是茨坪村人民为了革命的胜利与红军同甘共苦命运的生动物证。

——在井冈山斗争时期，由于敌人对根据地实行严密的经济封锁，粮食、油盐、药品等都很困难，就拿油来说，炒菜要用油，点灯要用油，山上产的茶油，也不太多，红军下山打土豪搞到一点油，也就更为珍贵。为了应对敌人的经济封锁，毛泽东号召全体军民厉行节约，并向全军宣布了一个关于用油灯的规定，规定的内容大致是：团、营、连部晚上办公时用一盏灯，可点三根灯芯，办完公要熄掉；连部留一盏灯作带班、查哨用，只准点一根灯芯。按照上述规定，居住在茨坪村民李利昌家中的毛泽东本来晚上可点三根灯芯，但他一直坚持用一根灯芯办公、看书、写文章，还常常忙到深夜。

——1929年1月上旬的一天，红四军军长朱德来到茨坪与王佐等人一起研究如何抵御敌人的猖狂进攻。他们一坐下来讨论研究，就是一整天。制定好作战方案后，已经到下午该吃晚饭的时候。当时士兵的菜已经做好了。朱军长平时就和士兵们一起吃红米饭，喝南瓜汤。王佐想给朱军长改善一下伙食，就叫自己的手下从家里拿了一点腊肉，要求伙夫专门炒了一小碗。朱军长看见桌面上有三四个土钵盛的南瓜、香菇等菜，另外还有一小碗腊肉，

就风趣地对王佐说："哈哈，今天的菜真丰盛！该不会是我搞特殊吧？"说着，朱军长径直走进厨房，找来一个搪瓷大碗，把好几碗菜全部倒进了碗里，进到士兵饭堂，把菜全部倒进士兵锅子里的南瓜汤中，说："我们今天来吃个团结菜吧。"吃饭时，朱军长又语重心长地对士兵说："现在我们的生活确实很艰苦，天天吃的都是红米饭南瓜汤和野菜，但是这样的生活却把我们全体军民团结得都像一个人一样，这种精神十分可贵。"

……

如今的茨坪村，美如油画。天湛蓝，湖澄碧，绿树掩映，重峦叠嶂。置身于此，尤其感念先烈……记住那些在井冈山奋战过、却没等到新中国曙光的先烈吧——

记住毛泽覃吧，记住他写下的《造福人不享福》：造福人不享福，雇农自己没有谷，砌匠自己没有屋，木匠自己没凳坐，裁缝自己打赤膊。

记住伍若兰吧，记住她写下的《如今世道太不公》：如今世道太不公，富的富来穷的穷。富人高楼饮美酒，穷人赤膊喝北风。

记住黄公略吧，记住毛泽东为这位"飞将军"题写的挽联：广州暴动不死，平江暴动不死，如今竟牺牲，堪恨大祸从天降；革命战争有功，游击战争有功，毕生何奋勇，好教后世继君来。

……

27.3 向毛泽东诗词学习

2016-6-2　下午　雨

伟人气度！果然非凡。

毛泽东诗词，打小学习，但主要是单纯从诗词本身去理解，极少与背

景、寓意、趋势等相结合。今天，学院副院长汪建新教授高屋建瓴，大开大合，纵论《从诗词感悟毛泽东非凡的伟人气度》，令我们大开眼界，喜出望外。

“读懂毛泽东诗词，就能读懂毛泽东，也能够读懂中国”。汪建新教授认为，毛泽东诗词反映了特定时期中华民族的理性、情感、思维、行为和价值取向，已经转化为赋有价值形式的文化符号，已经汇入到中华民族的精神长河。我们今天就是要通过诗词，领略毛泽东的博大胸襟与磅礴气势，感悟毛泽东非凡的伟人气度，学习毛泽东极其可贵的精神品质，求解历史为什么会选择毛泽东这一命题。

汪建新教授不是单纯地讲述，他通过音像鉴赏、名篇解析、互动研讨等方法谈了四个方面的内容：一、毛泽东诗词概述；二、学毛泽东诗词的现实意义；三、向毛泽东诗词学什么；四、如何学毛泽东诗词。其中重点谈了“学什么”和“怎么学”。

向毛泽东诗词学什么？汪教授认为，领导干部毕竟不是一般意义上的诗词爱好者，学习毛泽东诗词的着眼点不在于诠释诗词本身的创作手法和艺术特色，不在于学习写诗填词，关键是要学习毛泽东的宏图大略、生活态度、处世方法、精神品质和思想境界。

比如如何对待志向。毛泽东的志向，可从他早年的《七绝·呈父亲》说起。1910年秋天，毛泽东离开闭塞的韶山，前往湖南省湘乡县城的东山高等小学堂求学。临行前，他改写了日本西乡隆盛的一首诗，夹在父亲每天必看的账簿里：“孩儿立志出乡关，学业不成誓不还。埋骨何须桑梓地，人生无处不青山”。毛泽东把原诗中的“男儿”改为“孩儿”，“死不还”改成“誓不还”，以这种特殊方式向父亲明志，但此时的他还只是一个求知心切的乡村少年。当毛泽东走向外面的广阔世界，尤其是走上救国救民的革命道路之后，他的人生追求、人生目标、人生理想在不断地升华，他开始将自己的人生追求同全民族、全人类的命运联系在一起。以下这些诗句，真切地表达了毛泽东的宏图大志：1929年秋，毛泽东在《清平乐·蒋桂战争》中写道：“收拾金瓯一片，分田分地真忙”；1936年2月，毛泽东创作了《沁园春·雪》：“北国风光，千里冰封，万里雪飘。望长城内外，惟余莽莽；大河上下，顿失滔滔。山舞银蛇，原驰蜡象，欲与天公试比高。须晴日，看红装素裹，分外妖娆。江山如此多娇，引无数英雄竞折腰。惜秦皇汉武，略输文采；唐宗宋祖，稍逊风骚；一代天骄，成吉思汗，只识弯弓射大雕。俱往矣，数风流人物，还看今朝。”

比如如何对待家国。1959年6月25日至27日，毛泽东回到阔别已久的韶山，写下了《七律·到韶山》：“一九五九年六月二十五日到韶山，离别这个地方已有三十二周年了。别梦依稀咒逝川，故园三十二年前。红旗卷起农奴戟，黑手高悬霸主鞭。为有牺牲多壮志，敢教日月换新天。喜看稻菽千重浪，遍地英雄下夕烟。”毛泽东所抒发的诗情，不是个人得志的“小我”之情，而是一位革命者重温革命征程，缅怀革命先烈，喜看家乡巨变的“大我”之情。

比如如何对待失败。1927年春，面对蒋介石叛变革命、破坏国共合作，一步步把中国人民拖入血海的时候，毛泽东伫立于长江之滨，啸啸于白云黄鹤之乡，心潮起伏，吟成了一首苍凉沉郁的诗作《菩萨蛮·黄鹤楼》：茫茫九派流中国，沉沉一线穿南北。烟雨莽苍苍，龟蛇锁大江。黄鹤知何去？剩有游人处。把酒酹滔滔，心潮逐浪高！毛泽东抒发了对革命前途沉重的忧虑，更表现了澎湃的革命激情和将革命进行到底的坚定信念和坚强决心。“把酒酹滔滔，心潮逐浪高”一句，将整首词的境界由“悲凉”提升到“悲壮”，足见其危难多志，险恶不惧，百折不挠的革命家、政治家品格。

……

毛泽东诗词内涵如此丰富，寓意如此深刻，意境如此高远，那么怎么学呢？汪教授给出了六点指引——

一、结合了解毛泽东生平事迹。毛泽东一生所亲历的重大历史事件在诗词中几乎都有反映，多读几本毛泽东的传记，更多了解毛泽东的奋斗人生和心路历程，有助于理解不同时期不同作品的特殊韵味。

二、结合解读毛泽东光辉思想。毛泽东诗词是毛泽东思想的艺术表现，多读一读毛泽东的理论文章，把握住毛泽东思想的根本观点和内容框架，有助于深刻理解毛泽东诗词的丰富蕴含。

三、结合把握毛泽东独特个性。毛泽东诗词是毛泽东最具个性的文化创造，阅读一些研究毛泽东本人的书籍，多了解毛泽东的情趣爱好、生活方式和个性气质，有助于掌握毛泽东诗词的独特魅力。

四、结合回顾中国的沧桑巨变。毛泽东既受所处时代的深刻影响，也深深影响了所处时代。多阅读一些中国现代史，把历史风云和社会状况了解清楚，有助于认识毛泽东诗词的时代特征。

五、结合学习中国的诗词文化。毛泽东诗词是中国古典诗词艺术的传承与创新，只有多阅读中国古典诗词作品，对中国悠久诗词传统有所了解，才能真正领略毛泽东诗词的艺术成就。

六、结合个人的独特人生体验。设身处地，换位思考。对毛泽东诗词的理解因时代不同，因人而异，异彩纷呈，毛泽东诗词才真正令人回味无穷。

……

汪教授讲课风趣，信息量又极大，大家一边忙着听，一边赶着记，真有点手忙脚乱呢。这样愉快又“狼狈”的听课经历，真不多。

掩卷深思。毛泽东的诗词如此气吞山河，他却十分谦逊。记得，在《毛泽东书信选集》上有一封他一九六五年给陈毅的复信——

陈毅同志：

你叫我改诗，我不能改。因我对五言律，从来没有学习过，也没有发表过一首五言律。你的大作，大气磅礴。只是在字面上（形式上）感觉于律诗稍有未合。因律诗要讲究平仄，不讲平仄，即非律诗。我看你于此道，同我一样，还未入门。我偶尔写过几首七律，没有一首是我自己满意的。如同你会写自由诗一样，我则对于长短句的词学稍懂一点。剑英善七律，董老善五律，你要学习律诗，可向他们请教。

西行

万里西行急，乘风御太空。
不因鹏翼展，哪得鸟途通。
海酿千钟酒，山栽万仞葱。
风雷驱大地，是处有亲朋。

只给你改了一首，还很不满意，其余不能改了。

又诗要用形象思维，不能如散文那样直说，所以比、兴两法是不能不用的。赋也可以用，如杜甫之《北征》，可谓“敷陈其事而直言之也”，然其中亦有比、兴。“比者，以彼物比此物也”，“兴者，先言他物以引起所咏之词也”。韩愈以文为诗，有人说他完全不知诗，则未免太过。如《山石》，《衡岳》，《八月十五，酬张功曹》之类，还是可以的。据此可以知为诗之不易。宋人多数不懂诗是要用形象思维的，一反唐人规律，所以味同嚼蜡。以上随便谈来，都是一些古典。要作今诗，则要用形象思维方法，反映阶级斗争与生产斗争，古典绝不能要。但用白话写诗，几十年来，迄无成功。民歌中倒是有一些好的。将来趋势，很可能从民歌中吸引养料和形式，发展成为一套吸引广大读者的新体诗歌。又李白只有很少几首律诗，李贺除有很少几首五言律外，七言律他一首也不写。李贺诗很值得一读，不知你有兴趣否？

祝好！

毛泽东

一九六五年七月二十一日

再想想毛泽另外几件谈到诗词的信，更觉他谦尊而光。1945年，他致柳亚子：“先生诗慨当以慷，卑视陆游陈亮，读之使人感发兴起。可惜我只能读，不能做。但是万千读者中多我一个读者，也不算辱没先生，我又引以自豪了。”1961年9月8日他致董必武：“遵嘱写了六盘山一词，如以为可用，请转付宁夏同志。如不可用，可以再写。”1961年12月26日他致臧克家：“所谈之事，很想谈谈。无奈有些忙，抽不出时间来；而且我对于诗的问题，需要加以研究，才有发言权。因此请你等候一些时间吧。”

这就是伟人，经天纬地，虚怀若谷。

28.1 官德

2016-6-3 上午 阴

早在2004年，习近平就在《用权讲官德 交往有原则》一文中指出：领导干部要做到“权为民所用”，就必须法德并举，既要依法用权，又要以德用权，归根到底用权要讲官德。

那么，什么是“官德”呢？广义上的“官德”是指治国方略+官员应该遵循的道德准则，狭义上的“官德”则是指官员所遵循的道德原则+官员的道德行为。“德”包含了两个方面：修己+待人。出发点是修己，落脚点是待人。说到底，官德就是为官的根基，“修其心治其身，而后可以为政于天下”。

上午，陆元兵老师讲授《儒家官德思想及其启示》。他删繁就简，主要讲了四个部分：儒家官德思想的发展历程、儒家官德思想的核心内容、儒家官德修养的主要途径、儒家官德思想的现实启示。

一、儒家官德思想的发展历程

吴敬梓在《儒林外史》写道：“人生南北多歧路，将相神仙，也要凡人做。”那么，什么是凡人呢？按照我国的传统说法就是有“七情六欲”的人（“七情”：喜、怒、哀、惧、爱、恶、欲，“六欲”就是见欲、听欲、香欲、味欲、触欲、意欲）。按照恩格斯所说：“人来源于动物界的这一事实，已经决定人永远不能完全摆脱兽性，所以问题永远只能在于摆脱得多些或少些。”也就是说，官德修养不可能一蹴而就，而要一直在路上。

儒家文化重视官德建设，主要是因为：一、儒家认为道德是政权合法性和公信力的基础。“德，国家之基也”，“皇天无亲，惟德是辅”，“不恒其德，无所容身”。二、儒家认为官员应该是道德的楷模。孔子：“为政以德，譬如北辰，居其所而众星拱之”。三、儒家认为官员个人的道德修养是政治的逻辑起点。《大学》：“其本乱，而末治者否矣。”

儒家官德思想发展的三个阶段：第一个阶段是先秦时期，也就是儒学创立并成为显学时期。这个阶段是我国儒家官德思想的源头。标志性的事件是孔子创立了儒家学派。孔子从人性善出发，明确提出“为政以德”的主张，要求统治者把“仁义礼智信”等道德原则作为治国理政的指导方针。第二个阶段是汉魏时期，也就是儒学上升为国家意识时期。这个阶段，标志性的事件是西汉时期董仲舒创立新儒学。董仲舒提出“五常”（仁义礼智信）的道德标准，在汉武帝推动下，儒家思想上升为国家意识。第三个阶段是唐宋之后，也就是儒学理学化时期。标志性的事件就是创立了程朱理学。这个学派提倡以德治国，要求官员做到“廉、公、仁、慎、勤、俭”。

我国古代社会始终注重官德建设，产生了一批又一批明君、忠臣和清官，比如诸葛亮、狄仁杰、岳飞、文天祥、包拯、海瑞、于谦、林则徐、曾国藩等等。

二、儒家官德思想的核心内容

“仁义礼智信，忠孝廉耻正”，始终是中华文明的DNA，是儒家官德思想中的核心内容。

1. 仁。习近平总书记谈到中国传统文化时，把儒家“讲仁爱”放在第一位。他说，“我们共产党人对人民群众要有仁爱之心。”“仁者，爱人。”爱自己+爱他人。爱自己，就是时刻注意修炼自己，而不是放纵自己。爱别人，就是尊重人、体谅人、关怀人、欣赏人、帮助人，绝对不去伤害人。具体来说就是：坚持“己欲立而立人，己欲达而达人”；坚持“己所不欲，勿施于人”；坚持做到“恭、宽、信、敏、慧”。这样的仁爱之心，就是孟子所说的恻隐之心，也就是我们老百姓所说的道德良心。

主要体现是指上级对下级，官员对百姓，强者对弱者的一种态度。推及政治，就是爱民惠民，就是以人为本，就是为政以德。

2. 义。适不适宜，正不正当，合不合理，道不道义。能够慈爱他人就是“仁”，能够约束自我就是“义”。儒家极力主张：“君臣有义。”第一，臣对君要有“义”。即下属要尊重上司，并且有责任引导上司走上正道。第二，君对臣也要有“义”。上司也要尊重下属。孟子：“君之视臣如手足，则臣视君如腹心；君之视臣如犬马，则臣视君如国人；君之视臣如草芥，则臣视君如寇仇！”

3. 礼。第一层意思是，要按规矩办事。孔子：“非礼勿视，非礼勿听，非礼勿言，非礼勿动。”第二层意思是“卑己而崇人”。

4. 智。主要是指有道德良知和是非之心。孔子说：“知者不惑，仁者不忧，勇者不惧。”

5. 信。就是诚实守信、言行一致。孔子：“人而无信，不知其可也。”领导者要“敬事而信”，“上好信，则民莫敢不用情”。

此外，还包括忠——忠诚老实，孝——敬重感恩，廉——不取不义之财，耻——有羞耻之心，正——公正无私，等等。

三、儒家官德修养的主要途径

儒家始终高扬人的主观能动性，认为人修炼后可以成为君子、贤人，乃至圣人。

1. 立志。孔子：“为仁由己，而由人乎哉？”“苟志于仁矣，无恶也。”只有确立了崇高的理想，把实现“仁道”作为自己的人生目标，这样才会主动加强自身道德修养。

2. 克己。克制内心过度的欲望。欲望没有止境。欲望一过就变成贪婪；贪欲缠身就容易失去理智，失去爱心，失去道德，最终失去自由甚至生命。

3. 力行。先秦儒家把道德分为德性（内在）和德行（外在）。孔子说，观察一个人的道德水平，必须“听其言而观其行”。

4. 内省。儒家认为，德性源于内心，所以加强官德建设，必须经常自省自警和自励，“吾日三省吾身”。

5. 勤学。孔子：“敏而好学，不耻下问。”荀子：“学者非必为仕，而仕者必为学。”

四、儒家官德思想的现实启示

对党员领导干部加强自身修养，习近平总书记多次提出明确要求。2013年，提出好干部“二十字”标准：信念坚定、为民服务、勤政务实、敢于担当、清正廉洁；2014年，提出“三严三实”：严以修身、严以用权、严以律己，谋事要实、创业要实、做人要实；2015年，提出“心中有党、心中有责、心中有民、心中有戒”，“对党忠诚、个人干净、勇于担当”……习近平指出：“我国古代主张民为邦本、为政以德、正己修身、居安思危等等，这些都能给人们重要启示。治理国家和社会，今天遇到的很多事情都可以在历史上找到影子。”陆元兵老师认为，党员干部加强自身修养，要学习两个老祖宗，一个是马克思，一个是孔夫子。

1. 做一个忠诚的领导。忠，诚挚无私、一心为民。孔子：“为人谋而不忠乎？”“君使臣以礼，臣事君以忠。”坚持原则，忠于集体、国家和人民，绝非愚忠。

2. 做一个清廉的领导。“廉”，不取不义之财，不贪不义之利。“吏不畏吾严而畏吾廉，民不服吾能而服吾公。公则民不敢慢，廉则吏不敢欺。公生明，廉成威。”

3. 做一个公正的领导。孔子：“政者正也。”政就是正：正人+正己。正人先正己。正己：“富贵不能淫，贫贱不能移，威武不能屈。”

4. 做一个勤学的领导。“好仁不好学，其蔽也愚；好智不好学，其蔽也荡；好信不好学，其蔽也贼”。荀子：“学者非必为仕，而仕者必为学。”

……

其中，陆元兵老师讲到的两件事，引发了我的思考和共鸣。

一是他采访曾志的女儿陶斯亮时，问她曾志如何评价晚年毛泽东。陶斯亮回答，曾志说“他是一个凡人，是一个（对我们）有恩的人，是一个病人”。我刚刚看过曾志的回忆录《百战归来认此身》，书中也有类似这样的记载：女儿陶斯亮总是问她一个问题：爸爸死得那么惨，你在“文化大革命”中受了那么大的罪，你怨不怨毛主席？曾志叹口气，对女儿说：“不怨，主席晚年是个老人，是个病人嘛！”曾志，真是一个充满大智慧、大情怀的革命家啊。

二是他在采访毛泽东秘书时获悉了两个细节：一，在整理毛泽东遗物时，发现了六个箱子，打开一看，三个放的是江青的衣物，两个放的是毛泽东的衣物，一个是放的是毛岸青的衣物……毛泽东没有什么物质财产；二，毛泽东时代形成定制，中央领导同志开会，喝白开水免费，要喝茶得交钱，一杯一毛钱，把钱放到箱子里，否则就不能喝。我去年在延安学习时也获悉过一个细节：1940年著名侨领陈嘉庚访问延安，毛泽东仅以白菜、咸饭相待，外配一味鸡汤。毛泽东抱歉地说：“我薪俸有限，没钱买鸡，这只鸡是邻居老大娘知我有远客，送给我的。”陈嘉庚看了看饭菜，感慨地对毛泽东说：“假如更多的人像中国共产党这样克勤克俭，兴利除弊，一心为人民的利益而奋斗，我们中华民族一定会成为世界第一强国”“得天下者，共产党也！”

28.2 文体活动

2016-6-3　下午　晴

下午是文体活动。

早早地，代永林就在群里喊：打球了。一呼百应，高手云集。包立

杰、杨凤屹、王凌宇来了，王喜凯、王海、赵金文也到了……他们捉对厮杀，轮番上阵，好不热闹。

没到现场的，也真没闲着。这真是一个有思想、有才华、有追求，又讲团结、讲奉献、讲大局的集体。你看，一连感冒了二十多天的杨春蕾同学，又猫在屋子里，带病制作短片《追溯红色岁月　躬身峥嵘洗礼》了，为了这个学习短片，她不知改了多少遍，费了多少心血。管建军同学，天天背着相机，记录下我们学习的每时每刻，当绝大多数同学都已进入梦乡时，他又将照片一张张上传。华敬锋同学，一些大案要他紧急处理，他每次都要找回课件，把没听的内容补上，“绝对不能落下一节课”……

我们抓住每一个学习机会，连车上、饭桌上、课间休息时都在交流。几个人，凑在一起，一开口，准是国计民生。仅以这两天为例，我先后和高琦、张西立等聊过社保问题，和赵金文、李涛、徐华蕊等谈过海洋战略，和王喜凯、王垂林、赵辉、高建光等交流过媒体转型，和白静、边巴拉姆、张俊英、彭勃等剖析过社会热点，和林青山、汪志军等谈及广东改革，和陈向阳、付磊、柳军、岳晓武、王士华等探讨过中原崛起……每一次大家都言论风生，兴致淋漓，钩深致远。

我当组长，更是感到了大家的活力、朝气、精神。每次论坛报名，只要一号召，立马有人站出来，根本不用动员。有一次，还出现了胡贵良、尹达两人几乎同时报名的情况，最后尹达主动让贤，一时传为佳话。以我所目见，这些当了多年的厅长局长们，有十足劲头，无一丝官气，有实事求是之风，无华而不实之态，有完全之理想，无分毫之废颓……我这个组长当得轻松啊。

同学之间，只开着一扇干净的窗户，只担着一份甜蜜的责任。我们虽然只相处了一个月，却仿佛已同窗多年……为所有的同学而骄傲，向你们学习，并致敬！

29.1 领导干部如何应对媒体

2016-6-4　上午　晴

没想到，同行来讲课了。学院的教学安排真是春风风人，惬心贵当。

著名媒体人、人民网总编辑余清楚走上讲台，讲授《领导干部如何应对媒体》。没有讲义，没有PPT，纯粹谈心式的教学，从领导干部要重视新媒体、新时代网民心理分析、领导干部要学会与媒体打交道、如何运用媒体应对突发事件等多个方面进行了阐述。学员们饶有兴趣，普遍反映“讲得好，真听进去了”。

余总编说，现代社会发展到互联网时代，以微博、微信、客户端为代表的新媒体技术迅猛发展，改变了信息传播格局。新媒体在传统媒体形成的舆论空间外，为民众的意见表达、思想传播以及公共讨论，开辟出新的“网络舆论场”，正确把握和引导网络舆论显得尤为重要。过去，有的

领导干部在出现一些突发事件、群体事件时，要么怕记者、躲记者，要么粗暴对待记者，必须说的不敢说、不会说，以至于坊间猜测淹没事实，虚假流言遮蔽真相。经验与教训表明，在新媒体时代，真心实意和记者打交道、交朋友，只有好处，没有坏处。我国地域辽阔，人口众多，每天发生和面对的，既有好事喜事，也有难事苦事。出现灾害、遇到突发事件，在所难免，只要认真对待，把真相如实告知媒体和大众，事情总能妥善解决。可怕的是忽悠记者，掩盖真相，自陷被动，自食苦果。正如习近平总书记所指出的，领导干部要增强同媒体打交道的能力，善于运用媒体宣讲政策主张、了解社情民意、发现矛盾问题、引导社会情绪、动员人民群众、推动实际工作。就在今年的4月19日，习近平总书记又在网络安全和信息化工作座谈会上作重要讲话——古人说："知屋漏者在宇下，知政失者在草野。"很多网民称自己为"草根"，那网络就是现在的一个"草野"。网民来自老百姓，老百姓上了网，民意也就上了网。群众在哪儿，我们的领导干部就要到哪儿去，不然怎么联系群众呢？各级党政机关和领导干部要学会通过网络走群众路线，经常上网看看，潜潜水、聊聊天、发发声，了解群众所思所愿，收集好想法好建议，积极回应网民关切、解疑释惑。善于运用网络了解民意、开展工作，是新形势下领导干部做好工作的基本功。各级干部特别是领导干部一定要不断提高这项本领。

政府官员如何与媒体打交道呢？余总编给出了五条建议：一、善待新媒体，多交好朋友；二、遇到突发事件，要第一时间发声，回应社会关切；三、及时告诉群众真相，争取群众理解；四、协调内部关系，共度舆情难关；五、主动设置议题，讲究沟通艺术。

余总编也谈到了传统主流媒体的困境。我从业20年，真是感同身受，心有戚戚焉。两个月前，我写去年工作总结时也剖析过自己的心路历程，以及转型探索，收录于后，算是交个作业吧。

2015，我的五个梦

请原谅
我不在园区133天

铿锵　铿锵
穿过《黄河大合唱》
一步一步　进入冼星海的童年
我看见
果蔗　大段大段
截取音乐家的嫡传曲谱
横着，是歌唱
歌唱甜蜜蜜
竖着，是歌唱
歌唱
节
节
高

我的沙田在哪儿
哪儿漂流咸水歌
哪儿长满果蔗林
哪儿飞舞漫天的香云纱
就在哪儿
云纱轻轻
轻轻
披在南沙肩上

南沙　南沙
我深味你榄核深处的灵魂
你就在我的额尖
总想高举你
如同夜举起火把
风举起星辰
让诗出阁让远方出手让时间出刀
把汗珠子分成八瓣
把劳作的号子分成五味
叫醒一袭征衣　一曲春天

这不是诗，甚至算不上“打油”，只是我的一点心绪罢了。落入“托物言志”的窠臼，又郑重其事地置于文前，实乃心有所感——2015，于我是脱胎换骨的一年。

所谓脱胎换骨，一是指事业。从最熟悉的报业，彻底转型到陌生的产业。虽然2014年就投身到了产业，但多少还带着点幻想、忸怩、半信半疑，属于“试试看”；到了2015年，已然大势难逆、时不我待、坚定不疑，完全是“迎难而上”。从甲方到乙方，从会者不忙到两眼墨黑，从嘴上求生存到脚下谋发展，从“书生快意三尺剑”到“征人枉挂一把刀”……固有的自尊、自信、自负，根本就经不起产业洪流的冲袭。物不因不生，不革不成，“事之当革，若畏惧而不为，则失时为害”，于是第一次真正对自己动了大手术——凡悖离市场之思维、言行尽皆除去。二是指思想。“人之所以痛苦，在于追求错误的东西”，“一个民族一个党，如果没有批评和自省、自我检讨的精神，则不能保持清醒，就没有前进的动力”。在“三严三实”专题教育和中国延安干部学院的党性培训中，我系统学习了习近平总书记系列重要讲话精神，重读了《论共产党员的修养》，实地回顾了“延安整风”，理性思考了“耿飚之问”，深刻认识到

“全心全意为人民服务”永远是共产党人政治标准、党性标准和道德标准的有机统一，更加确信要把“实事求是”这个精髓、“艰苦奋斗”这个传统作为我们安身立业之本。我的心灵被深深震撼——如同李维汉当年所言“经过延安整风，我的世界观得到根本性的转变”，我想时时回到初心，回到当年举起右手那一刻的思考：我们从哪里来，要到哪里去？

2015年，我主要是协助陈心宇总经理处理集团公司日常工作，分管市场部、艺术公司、广东建设报、生活传媒公司（至7月22日）、南沙智融公司、艺术研究院。年初，我曾在管委会上描绘了我的五个梦——南沙梦、音乐梦、艺术梦、读书梦、电影梦。言而有信，现一一对照，算作一份答卷吧。

南沙梦，悄悄照进现实。南沙自贸区，作为国家战略，如同三十年前的深圳，充满着想象空间、成长机会、无穷魅力。刘红兵社长多次讲过：如果说东风东（老宅）是我们的昨天，金融城（主园区）是我们的今天，那么南沙就应该是我们的明天。在社长、心宇总经理的亲自指挥下，我带领工作小组夙夜匪懈，用心、用脑、用脚、用眼睛丈量南沙的每一寸土地，发掘每一个项目。截至目前，已较好推进了“两协议一基地一园区一博物馆”的构想。4月29日和11月27日，集团分别和南沙区管委会、榄核镇政府签订战略合作协议，正式确立了集团作为“南沙文化运营商”的特殊地位、优先权力、未来方向，明确了合作的四大重点区域和项目——明珠湾“南沙国际文创传播中心”、榄核“星海故里音乐小镇”、万顷沙“生态旅游产业园”、庆盛“升级版羊城创意产业园”；10月30日，羊晚星海艺术基地正式揭牌，运营土地面积220亩、建筑面积1500平方米；12月30日，星海艺术产业园移交我集团，占地面积18亩、建筑面积7000平方米，无偿使用期限长达15年，预期保底租金收入共计2200万元；12月18日，共建“香云纱博物馆”达成意向，部分政府扶持资金现已到位，华农艺术学院组建的设计团队也已进场；此外，果蔗节、国画展、田园音乐会等活动有

序展开，音乐学院附中、文化中心、星海雕塑等项目稳步推进，南沙智融文化产业投资发展有限公司成功注册……我想，局外人看到的多是“纸上风光”，只有工作组体味的才是真切的“现实风霜”。每一步，都走得那么不容易，那么艰难竭蹶，毕竟这是新开一局，毕竟这要协调各方，毕竟我们有知识空白、视野局限。但不管怎样，我们都可以自豪地说，南沙合作的蓝图已绘就，正待集团高歌猛进、跃马扬鞭。

音乐梦，在春天里起航。红兵社长一直强调三句话：传媒树品牌，园区聚要素，产业促融合。那么，我们的羊城创意产业园到底聚集了哪些要素？何以形成产业？怎样促进融合？集团把目光锁定在了音乐产业上。在集团统一部署下，我分管的生活传媒公司携手创意园公司，联合园区企业华语音乐巨头滚石国际、全国第一大音乐演艺互动平台欢聚时代YY、全国第一大手机音乐客户端酷狗音乐，于2月4日共同主办了“亚洲网络音乐节”，开启了 “广州音乐之春2.0”；7月，又连续举行了三场“咖啡因乐会”，邀请段钟潭、宋柯、陈洲、陈小奇等重量级嘉宾分享了运营音乐产业的经验……7月22日起，我不再分管转型为活动平台的生活传媒公司，仍具体牵头负责音乐产业的推进事宜。“征实则效存，徇名则功浅”，我和工作组的刘勐希望能在音乐产业上有实质性的突破，而不是图个好看、搞些花架子。经过反复研判，多轮洽谈，我们终于和酷狗音乐达成了合作共识。双方拟携手成立合资公司，运营全新的孵化平台——“音乐众创空间”，公司选址、联合请示、合作文本草拟等工作现已全部完成，只待公司注册挂牌。如果这个公司顺利诞生的话，相信我们可以更有底气地说：我们是一个名副其实的音乐园区，我们在音乐产业的蓝海里起航了。

艺术梦，往南又走到北。我从不掩饰对艺术公司的喜爱，也从不讳言它所遇到的困境。应该说，艺术公司在2014年从无到有、开门大捷后，如何保持持续盈利能力、打造核心竞争优势，殊为关键。2015年，我和艺术公司的小伙伴们为此绞尽了脑汁，想尽了法子，一直在创新、创新、创新……重要的话说三遍。我们确定了八字方略：固本培元，南拓北进。南拓，我们在南沙打造了“羊晚星海艺术基地”，启动了“大地艺术节”，推出了大型文献整理工程——“百问中国艺术名家”并结集为丛书出版，主办了“‘情系蔬笋 意远烟霞’岭南书画名家花鸟画作品展”，邀请了艺术名家前往榄核挥春送“福”；固本，我们推出了“团结艺术家、服务大社会”的两项品牌活动，一是别具匠心的“艺术局”——邀约潘鹤、刘斯奋父子、陈永锵父子、卢延光父女等著名艺术家与艺术爱好者欢聚，共同探讨艺术的过往、当下与未来；二是“分享喜悦 传播艺术——关爱留守儿童美术启蒙公益行动”，组织艺术家给孩子们授课、写信，并专门在广州给留守儿童办了一场特殊的画展；北进，我们在湖北巴东打造了“艺术旅游基地”，承办了“巴东情岭南风”大型采风活动——廖宗怡、张树军等7名岭南名家在那里绘“百草五谷，桐琴木矢”，画“大江奔流，万山雄峙”，勾勒“古亭晓月，巴蜀栈道”，我们还统筹了中国美协副主席、省美协主席许钦松先生“长江揽胜”之三峡写生艺术行……“化繁复于至简，行大道在曲途”，艺术公司就这样履险蹈难，逆流而上，营业收入、利润额双双完成挑战值。

读书梦，延安掀开一角。书籍是屹立在时间的汪洋大海中的灯塔，读书可以医愚，可以更充分地证明自己的无知是无垠的……总之，我想读书！感谢组织，经中组部选调，2015年五、六月份我到中国延安干部学院年轻干部班学习了一个月。这一个月里，我如饥似渴地读，没日没夜地学，特别是实地踏访陕甘边革命根据地，由延安而照金，由照金而马栏，由马栏而南梁，全程奔袭两千六百里，感民族大义，知创业艰辛，念理想之煌煌，体信仰之灼灼……意志砥砺，党性锤炼，灵魂澄净，此行不虚矣！习总书记讲“一物不知，深以为耻，便求知若渴”，因此我极其珍惜每一堂课，每一次交流，在延安的每一天……我写下了近二十万字的《延安笔记 寻找精神密码》。此书是中国延安干部学院开办十年来的第一本学员著作，出版后受到不少肯定和鼓励，也被学院配备到了每一个学员宿舍以供阅读。老实说，吓死宝宝了——学员宿舍配备的除了领袖著作就是教材，我一个后生晚辈的一孔之见、一得之愚，何以享此殊荣？如果非要

我说出个子丑寅卯，我只能说它是一个年轻干部的精神补钙录、信仰再造记、灵魂净化史，是我最为深刻的一次党性检视、作风检修、自我检讨。字里行间，浸透着我对“理想高于天”的无限向往，浸透着我对革命前辈的无比尊敬，浸透着我对自身的无情解剖——小我、自我。在学院的鼓励下，我对书中的一些史实进行了订正，目前已推出修订版。

电影梦，在那不远地方。年初，市场部向我提出和北京电影学院合办广东培训中心时，坦白讲，我是有过犹豫的。一方面，觉得电影培训前景应该不错，一方面又不知优势究竟在哪里、到底从何处入手。我们到北京、哈尔滨两个中心进行了考察，发现他们的确做得都很好。但很显然，他们的盈利模式无法复制。此时，本应进行更深入的调研、探讨，但大伙热情高涨，加上北京电影学院常务副院长的到访，我们觉得应趁热打铁，就匆促上会了。果然，对大家的一些疑虑、担心，我们无法给予清晰的回应。这让我清醒了——搞产业不能感情用事，不能头脑发热，不能决策失误。顺时应势，我们采取了灵活措施——引导、协调该中心落户园区，边收租边观察边寻找机会，对方也被我们的诚意打动，表示“羊晚什么时候合作都欢迎”。或许是失之东隅，收之桑榆，我们和榄核合拍的微电影《江南三月》（冼星海当年参演电影，未能上映，但为电影谱成的此曲却流传甚广），现已杀青，很快可以和观众见面，或许可以算作对我电影梦的一点小小慰藉。

这五个梦，是年初之愿。时移势易，计划赶不上变化，按集团部署，我又多做了一个梦——“智城梦”。

智城梦，深耕开出花朵。我分管的广东建设报，是一份历史悠久的专业报，一直深耕住建行业。2015年，集团按照“园区聚要素”的思路，把一项大活动——中国（广州）智慧城市大会，交给了建设报这家小报来承办。令我感动的是，集团各个参与部门、园区各个相关企业都给予了无私的帮助。9月19日，在省住建厅厅长王芃等领导的点赞下，一扇蓝色的大门缓缓打开，2015中国（广州）智慧城市大会正式开幕，来自北上广深的大咖们一起为中国智慧城市建设献计献策。活动取得了社会效益、经济效益的双丰收，也很好地锻炼了建设报的队伍。由此出发，广东建设报不断推出《南粤工匠》等各种特刊，大力开展“设计生活沙龙”等各项活动……顺利完成了营业收入、利润额两项挑战值。

需要说明的是，只要是集团交给我的任务，无论是否属于我分管范畴，我都满腔热情地执行、尽心尽力地办好。比如大量的园区改造和提升工程，比如繁杂的招标工作，我都视为分内事，“人生须知负责任的苦处，才能知道尽责任的乐趣”。集团是大家的，一荣俱荣，休戚相关，只有人人奋起，个个尽责，才看得见未来，看得见光亮。

还要说明的是，上述几个梦、很多工作都是在社长、总经理的直接领导下完成的，我个人只是起了个牵头或协助的作用；上述很多工作都是多部门、一批人联合作战，他们才是真正的无名英雄；上述很多工作都和采编息息相关，离不开晚报社、新快报社、新媒体板块的鼎力支持。在此，深深地感恩每一个同事，和你们在一起，我感受到信任、温暖、力量，我愿意多做一些，做好一些。

2015，奔走在转型路上；2016，我愿借舒婷的《也许》，再出发——

也许我们点起一个个灯笼
又被大风一个个吹灭
也许燃尽生命烛照黑暗
身边却没有取暖之火
也许泪水流尽
土地更加肥沃
也许我们歌唱太阳
也被太阳歌唱着
也许肩上越是沉重
信念越是巍峨
……

29.2 延安整风的回顾与思考

2016-6-4　下午　晴

小伙伴们都惊呆了。

下午是中央党校教授卢毅讲授《延安整风的回顾与思考》。他用翔实的史料、生动的事例，深刻解读了延安整风的历史背景、基本过程、深远影响，思想深邃、内涵丰富、论述精辟，让我们深受震撼、深受教育、深受启发。

卢毅教授从当下的“整四风”说开去——“整四风”与“延安整风”既有相似之处，如都是自上而下、都开展了自我批评等，也有明显区别，“整四风”针对的是形式主义、官僚主义、享乐主义、奢靡之风这些脱离群众的工作作风问题，“延安整风”针对的是主观主义、宗派主义、党八股这些脱离实际的思想认识问题。

卢毅教授认为，20世纪40年代的延安整风，是中国共产党历史上一次全党范围的普遍的马克思主义教育运动，也是一次伟大的思想解放运动。在新的历史条件下回顾延安整风，从中吸取宝贵的经验教训，对于我们今天加深理解马克思主义中国化的必要性，对于开展批评与自我批评，具有

十分重要的意义。

卢毅教授从三个方面进行了系统讲授：

一、延安整风的历史背景

（一）起因——毛泽东为什么要发动整风？

毛泽东之所以要发动延安整风，有着深刻的历史背景，尤其是与马克思主义中国化的曲折历程有关。

第一，王明“左”倾教条主义给中国革命带来了严重危害，必须从思想路线上加以彻底解决。

延安整风之前，我们党曾先后发生过瞿秋白、李立三、王明等三次“左”倾错误，其中在1931年1月召开的六届四中全会上台的王明“左”倾教条主义是理论形态最完备、持续时间最长、影响最深、危害最大的一次。它在军事上实行冒险主义，在政治上实行关门主义。这一系列“左”倾错误直接导致中央苏区第五次反“围剿”失败，南方各根据地相继丧失，全国红军从30万人减少到3万人，党员从30万人减少到4万人，白区的党组织也几乎损失殆尽。

尽管在遵义会议上博古“左”倾中央的统治宣告结束，但由于环境和条件的限制，当时只是解决了最为迫切的军事和组织问题，而思想上、政治上的路线问题并未做出正确的结论。此后，毛泽东在1940年12月政治局会议上曾试图解决这一问题，彻底否定六届四中全会以来形成的“左”倾政治路线，但是由于教条主义在党内的思想基础仍然根深蒂固，他的努力没有获得完全成功。这让毛泽东逐渐认识到，必须在全党范围开展一次整风运动，才能从根本上彻底解决思想路线问题。

第二，抗战初期王明的右倾错误一度引起党内思想混乱，必须予以肃清。

1937年11月，王明从莫斯科回国。这一次，他又教条地搬用共产国际指示，提出“一切服从统一战线，一切经过统一战线”的右倾口号，主张

对国民党让步。在1937年12月政治局会议和1938年3月政治局会议上，他还一再反对洛川会议以来党坚持统一战线中独立自主的路线、方针、政策，并不点名批评了毛泽东。当时，毛泽东虽然赞成与国民党建立统一战线，但他认为我们不能过分相信国民党，必须时刻保持自己的独立性。从后来的事实来看，毛泽东的这种主张无疑是正确的，但在当时却受到王明的批评。由于王明手握共产国际指示这道“圣旨”，而共产国际当时在中共党内有着很高的威信，因此他的这种右倾思想一度占了上风，这就给全党带来了很大的思想混乱，给党在抗战初期的工作造成了不良后果。而要纠正这种右倾错误，就必须通过开展整风，肃清教条主义的影响。

必须承认，在延安整风前，我们党在处理中国革命问题时还不够成熟，时常犯“左”倾或右倾错误。而无论是“左”还是右，其实在很大程度上都是照搬照抄共产国际指示的结果，都是教条主义的表现。这就说明我们党还没有把马克思主义与中国革命的具体实际很好地结合起来。因此，如何把马克思主义中国化，就成为摆在我们党面前的一项重大任务。正如毛泽东在《关于共产国际解散问题的报告》中所说：“我党近年的整风运动，反对主观主义、宗派主义和党八股这些不好的东西，就正是为了使中国共产党更加民族化，更加适合抗战建国的需要。”

（二）条件——毛泽东为什么能发动整风?

20世纪40年代初，抗战已经进入相持阶段，局势相对平稳，特别是党中央所在地陕甘宁边区的形势比较稳定，这就为我们党集中时间进行整风提供了客观条件。与此同时，党内逐渐形成了一批在政治上比较成熟的领导骨干。尤其是毛泽东在探索中国革命规律的过程中，创造性地提出了工农武装割据、农村包围城市的革命道路理论，并在40年代初形成了新民主主义理论体系，他的领袖地位也因此得到了进一步的确立和巩固，并获得共产国际的承认和支持。这些都为延安整风提供了条件。

在遵义会议上，毛泽东重返中央领导层，但当时他的领袖地位并不稳固。尤其是王明回国后，更是不断向他和中央发出挑战。1938年9月，扩大的六届六中全会召开，王稼祥传达了共产国际执委会总书记季米特洛夫的口信，其中最重要的内容就是承认毛泽东是中共领袖。在这种情况下，毛泽东取得了与王明斗争第一个回合的胜利。

时隔三年，在1941年9月召开的政治局扩大会议上，大家围绕土地革命战争后期的“左”倾错误和抗战初期的右倾错误展开了热烈讨论。毛泽东首先严厉批评了长期在党内占统治地位的主观主义思想路线。他的这一重要讲话，使与会同志受到很大启发和教育，博古与张闻天等人均对自己曾经犯的错误做了诚恳和深刻的自我批评。而王明却一再推卸责任，为自己辩解，他的这种拒绝认错的态度遭到了与会者的一致批评。至此，毛泽东获得了与王明斗争的最终胜利，为开展全党整风运动提供了条件。

二、延安整风的基本过程

延安整风于1942年正式拉开了帷幕。延安时期的全党整风运动按毛泽东的部署，大体可划分为三个阶段。

（一）思想动员阶段（1942年2月至4月）

1942年2月上旬，毛泽东先后在中央党校的开学典礼以及中宣部和中央出版局联合召开的宣传工作会议上，做了《整顿学风党风文风》和《反对党八股》的报告，全面系统地提出了反对主观主义以整顿学风、反对宗派主义以整顿党风、反对党八股以整顿文风的任务，同时阐明了整风的宗旨和方针是“惩前毖后，治病救人”。

（二）整顿三风阶段（1942年4月至1943年10月）

1942年4月3日，中宣部发出《关于在延安讨论中央决定及毛泽东同志整顿三风报告的决定》，进一步对整风运动的目的、要求、方法和步骤做出明确规定，从此开始了以整顿三风为中心内容的全党整风。

1942年4月至8月初，重点是反对主观主义以整顿学风。毛泽东着重指出，必须把马克思主义的普遍原理与中国革命的具体实际紧密结合起来，把马克思主义中国化。1942年8月至12月中旬，重点是反对宗派主义以整

顿党风。毛泽东认为，宗派主义是主观主义在组织关系上的一种表现，它妨碍了党内的统一和团结，必须加以反对。1942年12月中旬到1943年3月中旬，重点是反对党八股以整顿文风。毛泽东指出，党八股是主观主义和宗派主义的宣传工具和表现形式，因此必须反对党八股，才能使主观主义和宗派主义无藏身之地。

（三）总结历史经验阶段（1943年10月至1945年4月）

1943年10月，中共中央决定高级干部进一步研究和讨论党的历史问题，延安整风由此转入第三阶段。这一阶段的主要任务是在整顿三风的基础上，对党的历史经验特别是党史上几次大的路线错误进行全面、系统的总结并做出结论。当时，广大干部主要围绕《六大以来》、《六大以前》、《两条路线》等党史文件汇编，展开了热烈的学习和讨论。通过这些学习和讨论，大家普遍提高了马克思主义理论水平，端正了思想方法和政治路线，更好地认识了党史上的重大路线是非问题，从而使党在政治上、思想上、组织上达到了空前团结和统一。

在充分讨论和反复修改的基础上，1945年4月20日，党的六届七中全会通过了《关于若干历史问题的决议》，系统总结了党在各个时期的经验教训，对党史上的若干重大问题做出结论，并且高度评价了毛泽东对马克思主义中国化的杰出贡献。至此，延安整风胜利结束。

三、延安整风的深远影响

延安整风历时三年，取得了很大的成就，对后来的历史发展尤其是马克思主义中国化的进程产生了积极深远的影响。

（一）破除了对共产国际指示的迷信

延安整风前，教条主义在党内有着深厚的思想基础，许多人把苏共经验和共产国际指示奉为金科玉律予以照搬照抄，甚至不惜牺牲我们自己的民族利益。通过整风学习，全党来了一次思想大解放，出现了建党以来最大规模的学习马克思主义的高潮，并把马克思主义与中国革命的具体实际结合起来，重新认识中国革命的历史问题与现实问题。这样，就使广大党员和干部逐渐从教条主义的思想禁锢中解放出来，从根本上端正了对待马克思主义的态度，进一步明确了必须坚持理论联系实际的原则。历史已经证明，经过延安整风运动，我们党初步确立了实事求是的思想路线，克服了长期盛行的把马克思主义教条化、把共产国际指示神圣化和绝对化的错误倾向，扫清了马克思主义中国化的障碍，极大地推动了它的历史进程。

（二）确立了毛泽东思想的指导地位

在延安整风前，尽管毛泽东在中国革命问题上已经提出了许多真知灼见，形成了马克思主义中国化的第一个理论成果——毛泽东思想。但是由于教条主义的干扰，其理论家地位并没有被人们普遍认可，毛泽东思想也没有成为全党的指导思想。而正是经过延安整风，毛泽东思想的指导地位才在七大上得到正式确立。

（三）开创了以整风进行党的思想建设的方法

我们党在历史上曾经开展过多次反对“左”、右倾错误思想的斗争，但由于方法不妥当，“一方面，没有使干部在思想上彻底了解当时错误的原因、环境和改正此种错误的详细办法，以致后来又可能重犯同类性质的错误；另一方面，太着重了个人的责任，未能团结更多的人共同工作”。有鉴于此，毛泽东创造性地提出了通过开展整风来解决党内思想问题的办法，这是对党的建设学说的创新与发展，是马克思主义中国化的一个重大理论创新。实践证明，延安整风的这一方针是完全正确和行之有效的，不仅在当时使全党达到了空前的团结，而且至今仍然具有指导意义。

延安整风的启示：认真开展批评和自我批评。正如毛泽东所言：“以‘惩前毖后，治病救人’为宗旨的整风运动之所以发生了很大的效力，就是因为我们在这个运动中展开了正确的而不是歪曲的、认真的而不是敷衍的批评和自我批评”，“有无认真的自我批评，也是我们和其他政党互相区别的显著的标志之一”，“批评是批评别人，自我批评是批评自己。批评和自我批评是一个整体，缺一不可，但作为领导者，对自己的批评是主

要的”。

在讲授中，卢毅教授认为没有必要刻意回避所谓的“整王明、是权力斗争”的谬论。因为确实存在权力斗争因素，关键是权力用来干什么？是为公还是为私？谁掌权能领导好这个党？我们知道毛泽东是一个有宏伟抱负、远大理想的人，他很清楚想干大事必须要有权力。毛泽东曾光明磊落地直言过：“什么伟大谦虚，在原则性问题上，从来没有客气过”，“如在王明和毛泽东之间选择时，我投自己的票。因为我看清楚了，你王明那一套，第一次是冒险主义，第二次是投降主义”。更确切地说，延安整风，是打倒了王明所代表的路线。

对“武装保卫苏联”的口号，卢毅教授也没有回避。1929年张学良出动武力强行收回了长期被苏联占据的中东铁路，苏联出兵后，双方发生武装冲突，这就是历史上著名的“中东路事件”。那时国内所有的舆论都支持张学良，认为他这是爱国之举，都谴责苏联入侵。苏联却从自身利益出发，要求中共表态反对，“应毫不犹豫地促使本国政府在这一战争中失败”，“不要让资产阶级以叛国罪名把自己吓唬住，因为只有苏联才是无产阶级的真正祖国”，共产国际甚至还要求中共提出一个“武装保卫苏联”的口号……当苏联跟德国开战后，把主要力量放在欧洲，担心日本趁机从东边进攻苏联，所以三番五次发电报给中共中央，要求我们出动主力部队去进攻驻扎在中蒙边境的日军，分散日军的注意力。但毛泽东认为这样的要求超过了我们的能力，致电周恩来、刘少奇说：我们决心在现在条件下以最大可能帮助苏联红军的胜利，但我们在军事上的配合作用恐不很大。假若不顾一切牺牲来动作，有使我们被打坍，不能长期坚持根据地的可能，这不管在哪一方面都是不利的。大规模动作仍不适宜，还是熬时间的长期斗争方针，原因是我军各种条件均弱，大动必伤元气，于我于苏均不利。这等于明确拒绝了苏联和共产国际的瞎指挥。

卢毅教授也没有回避“审干运动扩大化”。康生当时讲：“我说出来，也许会把你们吓一大跳，到延安来的党员也好，干部也好，有百分之

七十、八十，在政治上都是靠不住的，是各式各样的特务、叛徒、坏人！各单位要按照这个指标去抢救失足者，谁不完成指标，不是麻木不仁，就是他本人有问题”。短短半个月，延安就挖出了所谓特嫌分子1400多人，一年内延安和陕甘宁边区共清理出15000名特务。其中，延安警卫团，80%～90%的人被打成特务；西北公学500多人，只有20人幸免；晋西北师范学校，99%被打成特务。1944年9月17日《中央党校二部学风学习总结》中记载：“头痛、失眠、减少饭量，面色发黄，以致旧病复发。”毛泽东决意纠正，并多次公开道歉。他在中央党校就讲：整风并不是完全好的，有过抢救运动，整错了人，搞冤假错案。我给大家敬个礼，如果你们不表示态度，我的手就不放下来。《胡乔木回忆毛泽东》中也写道：“整风运动，一方面很民主，一方面又很紧张。让我给整风打分，我不会打100分。因为整风很紧张，所以才会一下子转到审干，当然这里面康生起了关键的作用。”

虽然延安整风有过失误，但这并不能遮蔽它的伟大。杨尚昆就认为，如果没有延安整风，全党思想统一不了，七大可能开不成功，以后中国革命的发展也不会那么快取得胜利。卢毅教授还专门从国民党方面的反应来反证延安整风的成功——据《蒋介石日记》记载：1947年9月2日，“阅毛匪《整风之决定》讲稿，本日前后连看其中共中央决定等文件五篇，甚恨读之不早也”；6日，“阅读共党整风文集，视为至宝”；7日，“阅共匪之整风文集，几乎手不掩卷”。9月9日，国民党召开六届四中全会，还专门印发了延安整风的3篇文件：《关于调查研究的决定》、《关于在职干部教育的决定》、《关于增强党性的决定》。9月14日，蒋介石在全会上讲：“现在共匪力量增强，其力量大半是由于他这个整风运动而发生的。今后我们各级干部，必须把他们这一运动的内容和办法作为研究共匪内容的中心资料，用他们的方法再加以切实的整理，来制定比他们更高明更正确的方案，同他们斗争，这样才能消灭敌人。”

卢毅教授引用了大量一手资料，有不少我是第一次看到，有一些虽然

以前看到过，今天再读又有了新的认知。摘录几段如下，以供慢慢消化：

——1942年6月底7月初，中央党校期末考试题：什么是教条主义？你所见到的最严重的表现是哪些？你自己在学习和工作中是否犯过教条主义的错误？如果犯过，表现在哪些方面，已经改正了多少？

——张闻天检讨："过去的错误，我是最主要的负责者之一。共产国际把我们这些没有做过实际工作的干部提到中央来，这给党带来了很大损失"，"过去我们对苏维埃后期的错误没有清算，这是欠的老账，现在必须偿还。"

——博古检讨："其实我和一些同志当年都还只是学生，只学了一些理论，拿了一套公式和教条就回国了，当时我们完全没有实际工作经验，因此过去党的许多决议，不过是照抄照搬国际的指示而已，完全没有结合中国的实际……这次检查过去错误，感到十分严重和沉痛。现在我有勇气研究自己过去的错误，希望在大家帮助下逐渐克服。"

——毛泽东批"山头"："我们党过去有很多山头，逐步联合成为统一的党……在延安党校，夕阳西下，散步时也分山头。上馆子吃饭也分山头"，"山头之内无话不讲，话不好给别的山头讲。在陕北甚至躲飞机时，外来干部和本地干部也分两条路走，要命时也不混杂。我们采取什么政策呢，要认识山头、承认山头、照顾山头、消灭山头"。

——毛泽东批"三风"："这批人自封为马克思主义理论家，家里有成堆的马克思主义出卖，直到被人戳穿西洋镜，才发现其宝号里面尽是些假马克思，或死马克思，臭马克思，连半个真马克思、活马克思、香马克思都没有"，"他们一不会耕田，二不会做工，三不会打仗，四不会办事。只要你认得了三五千字，学会了翻字典，手中又有一个什么书，公家又给了你小米吃，你就可以摇头晃脑的读起来。这是世界上最容易的事，这比大师傅煮饭容易得多，比他杀猪更容易。你要捉猪，猪会跑，杀它，它会叫。一本书摆在桌子上，既不会跑，又不会叫，随你怎样摆布都可以”，“那些将马列主义当宗教教条看待的人，就是这种蒙昧无知的人。对于这种人，应该老实对他说，你的教条没有什么用处，说句不客气的话，实在比屎还没有用。我们看，狗屎可以肥田，人屎可以喂狗。教条呢，既不能肥田，又不能喂狗，有什么用处呢？”

——张国焘在《我的回忆》中评价王明：王明当时俨然是捧着上方宝剑的莫斯科“天使”，说话的态度，仿佛是传达“圣旨”似的，可他仍是一个无经验的小伙子，显得志大才疏，爱放言高论，不考察实际情况，也缺乏贯彻其主张的能力与方法。……我当时就料定王明斗不过毛泽东。“毛的武器是强调马列主义中国化，依据中国实际情况行事，反对王明那种国际派邪说。”

——毛泽东谈“过生日”等：“生日决定不做。做生日太多了，会生出不良影响……我的思想自觉没有成熟，还是学习时候，不是鼓吹时候”，“决议把许多好事挂在我的账上，我不反对，但这并不否认我有缺点错误，只是因为考虑到党的利益才没有写在上面，这是大家要认识清楚的，首先是我”，“孔夫子七十而从心所欲不逾矩，我即使到七十岁，相信一定也还是会逾矩的”，“人家喊万岁，我说我五十二岁。当然不可能也不应该有什么万岁”。

——毛泽东谈纪律：“决定规定要写笔记，就得写笔记。你说我不写笔记，那可不行，身为党员，铁的纪律就非执行不可。孙行者头上套的箍是金的，列宁论共产党的纪律是铁的，比孙行者的金箍还厉害，还硬，这是上了书的。我们的‘紧箍咒’里面有一句叫做‘写笔记’，我们大家都要写，我也要写一点。”

……

30.1 撰写学习小结

2016-6-5　上午　晴

上午是撰写学习小结。

真想再晚点写，多么难得的学习时光啊，灵魂放慢，目光走远……没办法，一大早就有胡贵良、赵金文、李涛、崔鹏伟、徐华蕊等同学向联络员肖文初老师报告：小结已发您邮箱。

好吧，榜样在前，不拖后腿，写——

走进朱德笔下的“天下第一山”，入读干部培训的国家队——中国井冈山干部学院，若游子归乡，似深山探宝，真是“灯窗苦读觉身癯”，“爱竹劲思持玉节”……这是现实中的一个月，更胜生命中的十来年。

我能说的，我要说的，我必须说的，归结为两个字：感恩！因为，从2016年5月7日到6月7日，我呼吸到了精神的气息，触摸到了理想的脉动，谛听到了生命的拔节……我的眼前，尽是那红色基因。

我感受到了信仰的高度。在小井红军医院旁，在莲花一枝枪，在华屋村的十七棵松，在湘江战役中的陈树湘，在大井朱毛旧居前，在3.1公里的挑粮小道上，在那块写有5个别字的入党誓词的红布，在那罐保存了三十一年的食盐，在那枚摩挲了一万多个日夜的银圆……我看到了不惧生死，无畏前行，我看到了信仰——世界上最高的山。因为信仰，我们的党才无比强大，我们的队伍才会像井冈山的竹子一样“青了又黄，黄了又青，不向残暴低头，不向敌人弯腰，竹叶烧了，还有竹枝，竹枝断了，还有竹鞭，还有深埋地下的竹根”，我们的事业才会于挫折中奋起，在水穷处重生，才会像八角楼的灯光，一直闪闪亮……

我体味到了感情的温度。在毛泽东打下的那口“红井”，在最不起眼的甘祖昌将军宅院，在曾经“炮声隆”的黄洋界，在十字路口的三湾改编，在“红军饭”的辣与淡，在“团结菜”的香与甜，在星罗棋布的列宁小学，在于都长征第一渡的那一晚……我理解了“我是谁、为了谁、依靠谁”的终极拷问，感受到了宗旨的深植、深耕、深化，体会到“苏维埃可以救中国，革命必能得最后的胜利”这句誓言的力量与内涵，认识到“一心为了群众，紧紧依靠群众”是中国共产党和它领导的军队区别于一切政党、旧军队的最鲜明的标志。为人民而战、为人民服务、为人民鞠躬尽瘁，绝非虚言，这是根基，也是高地，更是行为准则。

我触摸到了探索的深度。没有任何一项事业，是一帆风顺的，更何况中国共产党领导的是亘古未有之千秋伟业。在安源路矿工人运动纪念馆，在秋收起义烈士纪念碑前，在“莲花决策，引兵井冈”，在龙江书院“朱毛会见”，在《井冈山的斗争》，在苏区大规模的政权实践，在“宣言书、宣传队、播种机”的长征，在“靠小米加步枪打天下”的延安……我看到了中国共产党人不懈探索的脚步，看到了毛泽东带领中国共产党人逐步走出了一条最具中国特色的革命之路——农村包围城市、武装夺取政权，看到了聂荣臻描绘的那一份担当——红军长征，打仗打的是党团员，打的是干部，每一仗下来，党团员负伤之数，常常占到伤亡数的25%，甚至50%。

我寻访到了纪律的强度。从雷打石前，毛泽东宣布三条纪律——行动听指挥、打土豪筹款子要归公、不拿老百姓一个红薯，到井冈山上只点一根灯芯，再到加入“洗澡避女人、不搜俘虏腰包”两条注意，最后形成“三大纪律八项注意”，从枪决基建工程所主任左祥云，到杀了毛泽东妻弟贺敏仁，再到处分名将陈光，可以说，中国共产党从来都是高标准、严要求，钢规铁律。纪律面前一律平等，党内不允许有不受纪律约束的特殊

党员。因为，我们的党除了最广大人民的利益，没有任何自己的私利，为了人民的利益不惜付出任何代价。

我领会到了调查的力度。没有调查，就没有发言权，更没有决策权。不做调查没有发言权，不做正确的调查同样没有发言权。《兴国调查》、《长冈乡调查》、《才溪乡调查》、《寻乌调查》……调查之深，决策之好，效果之强，引为经典，叹为观止。我们也带着感情、使命开展了社会实践——“拿山调查”，走村串户，发放问卷，促膝长谈，集中探讨，形成了“散发着泥土气息”的调查报告，已提交给学院。

我享受到了学院的厚度。在中井院学习，真是一种精神上的享受、灵魂上的洗礼。课程安排是那么合理，老师授课是那么认真，现场教学是那么生动，学术探讨是那么热烈，师生关系是那么和谐，文体活动是那么丰富……大山、大师、大熔炉，大院、大气、大格局，不愧是“中”字头、国家队、顶级“加油站”、一流教育基地！在这里，哪怕只学上几个星期，也会深深爱上这个地方，其实不想走，其实我想留。

红米饭里出政治，南瓜汤中有精神，井冈山上留真情！中井院，我愿意在最短的时间内，像诗人一样“带一万座大山来见你”。

30.2 分组谈学习体会

2016-6-5　下午　晴

井冈山上的云，是长在山脚的。飘着，飘着，就飘进了教室……教室，生动而氤氲起来。

分组谈学习体会。大家谈得都很动情，全是掏心窝子的话——胡贵良：在这里，看到了信仰之光，真希望再来一次；吴万雄：补上了革命传统这一课，修正了原来的一些看法，非常幸福的时光；包立杰：更加明白了责任与担当，今后要内化于心，外化于行；尹达：三大作风要发扬，一定弘扬好井冈山精神；代永林：理想信念高于天，为共产主义不懈奋斗；管建军：在这里洗脑洗肺，一次井冈行，一生井冈情；张建军：真是寻根之旅、补钙之行，受教育啊；华敬锋老大哥谈了如何“知行合一”后，语重心长地叮嘱大家：平安即幸福，千万不要去贪腐，既要飞得高，更要飞得安全……

我留意到，所有同学都谈到了信仰的力量，就像方志敏说的“敌人只能砍下我们的头颅，决不能动摇我们的信仰！因为我们信仰的主义，乃是宇宙的真理”，就像惠特曼说的“没有信仰，则没有名副其实的品行和生命；没有信仰，则没有名副其实的国土”，就像纪伯伦说的“信仰是心中的绿洲！”

我发自肺腑地与同学们相约：红四军（本组）的兄弟们，务必时刻牢记“四个一”——莲花一枝枪、写满错别字的一块红布、保存了31年的一罐盐、珍藏了一万多个日夜的一枚银圆，不忘初心，为党和人民努力工作！

走出课室，我看到了大家眼中的不舍。大家不约而同：去拍点照片吧，把井冈山的“两件宝（历史红、山林好）”带回去……

此时，同学们的诗作也开始在微信群里翻飞——

华敬锋真情流露：重逢井冈实在难，同学情谊逼云端。寒暑更替催人老，老骥伏枥要加鞭。井冈延安同根源，信念二字存心间。如烟往事挥不去，心中有爱天地宽。

付磊挥笔写下《七律·上井冈》：走进井冈忆往昔，充电补钙谱红旗。黄洋界上听炮声，挑粮小道敢攀登。中井院里结友谊，挹翠湖畔斥方遒。待到漫山杜鹃开，再上井冈叙友情。

汪志军汪洋恣肆：万里江山万里路，井冈山下挹翠湖。似花似草经风雨，如切如磋磨案牍。小楼一统灯不孤，天下熙攘影自独。此去经年有朋怜，满天星辉耀心屋。

31.1 访谈式教学

2016-6-6　上午　晴

我的眼泪悄悄流下来……

鲁迅说："历史都写着中国人的灵魂，指示着将来的命运。"而80多年前，井冈山这块土地就曾经血雨腥风，这里的每一个故事都浸染着烈士的鲜血，每一个情节都饱含着心灵的震荡，每一个形象都记录着信仰的坚定。

上午的访谈式教学，围绕的主题就是"井冈山精神代代传"。主持访谈的是肖小明老师，接受访谈的四位是：袁文才烈士的嫡孙袁建芳、王佐烈士的曾孙王华生、曾志大姐的曾孙蔡军、甘祖昌将军的女儿甘公荣。

回忆的闸门一旦打开，历史的潮汐必将奔涌。袁建芳、王华生端坐在沙发上，深情回忆了袁文才、王佐波澜壮阔的人生，澄清了时下的一些认识误区。众所周知，袁文才、王佐是大革命时期活跃在井冈山地区的两支农民"绿林武装"的首领，对毛泽东创建井冈山革命根据地作出了重大贡献。但就是这两位传奇人物，却在1930年2月24日被错杀于永新（史称"二二四"事件），成为党内的一大冤假错案。毛泽东对袁、王被错杀的态度一直是鲜明的：1930年10月，陈正人向毛泽东汇报袁文才、王佐被杀事件时，毛泽东当即就说"杀错了"；1950年前后，时任江西省委书记的陈正人再次向毛泽东提到袁文才、王佐之事，毛泽东再次表示"杀袁文才、王佐是一个错误"；1937年，毛泽东在延安对美国记者埃德加·斯诺说"我在井冈山期间，他们（指袁文才、王佐）是忠实的共产党人，是执行党的命令的"；1951年，毛泽东在与张国华一起回顾井冈山斗争岁月时，毛泽东讲："袁、王就是闹点独立性也不要紧，就是‘反水’也不要解决”；1965年，毛泽东重上井冈山，亲切接见了袁文才的妻子谢梅香和王佐的妻子兰喜莲。

宋任穷在回忆录中也写道：我听说袁文才、王佐被错杀，感到十分痛惜。他们经历了许多次战斗，作战勇敢，逐渐成长为无产阶级的坚强战士。他们虽有缺点错误，但不坚持错误，仍不失为优秀的共产党员、杰出的红军指挥员。

此时，我想起了曾看到过的一些材料。一、一封信。那是1928年5月19日《江西省委转来毛泽东的信》，信上写道：我们的永久通讯处是宁冈袁文才。二、一份访问记录。那是《访问陈伯钧同志记录》，陈伯钧说：那时是革命低潮时期，不靠袁文才、王佐我们就没有办法支持武装斗争，没有井冈山就无法发展，在井冈山一年多渡过了革命的难关。对于袁文才、王佐要足够估计他的作用。三、一份回忆资料。那是《刘良益关于“罗克绍事件”的回忆资料》，刘良益回忆说：那时处决袁、王的原因，也有人说是一九三〇年正月十三日捉到五县联防总指挥罗克绍没有及时枪毙他而放了他。可是，袁文才当时的意思是：在捉到罗克绍的同时，又捉到了

二十八个枪工。袁想到用罗勾通五县敌人反水到红军这边来。同时利用枪工到长沙运来钢材造枪，一切办妥后再杀罗不迟。当时谢希安等就向边界特委告袁文才是别有用心……

袁文才、王佐被错杀后，其家人境遇凄惨。袁文才的妻子谢梅香把两个女儿都送给人家做童养媳，自己带着4岁的儿子隐居山林，住在草棚子里。王佐的妻子兰喜莲也带着儿子逃进了深山，后来还住过马厩。解放后，袁文才和王佐的儿子一起被中央邀请参加了开国大典。此后，党和政府对他们两家一直很照顾，习近平等领导人都接见过袁、王的家人。

从袁、王被错杀，到平反，说明我们的党是实事求是的党，讲感情的党，负责任的党。袁文才烈士的嫡孙袁建芳、王佐烈士的曾孙王华生都动情地表示，身为烈士的后代，一定要扎根井冈山，宣传好、传承好井冈山精神。王华生还特意讲了两件史实：一是1927年10月24日，毛泽东率部到达王佐部队的驻地，受到王佐的热烈欢迎。王佐把新屋场营房让给毛泽东的部队住，还杀了四头肥猪款待工农革命军。毛泽东当即决定赠送70支枪给王佐。王佐非常高兴，在那个年代可是“宁可人死，不可枪丢”啊。王佐也马上赠送500担谷子接济工农革命军。二是1927年10月27日，王佐陪同毛泽东到达茨坪。说来也巧，这天正好是王佐部下李定开办酒席的日子。按当地风俗，上席应该王佐坐。王佐却说要改改规矩，请“毛委员”坐上席。他解释说“毛主席是党中央来的，这样有身份的人来到我们这里，不坐上席还能让他坐下席吗？”……于是，毛泽东坐在了上席，成了井冈山人民心中的贵宾。

曾志的曾孙蔡军，谦逊，平和。他双手按在膝盖上，静静地讲了四个故事：

一是在井冈山斗争时期，曾志生下了第一个孩子，却无法抚养。当时她才17岁，对喂养孩子一窍不通，加上战争环境那么艰苦残酷，如何带得了孩子？她只好把孩子送给了王佐部队一个姓石的副连长，这个孩子就是后来的“石来发”。石副连长牺牲后，石来发生活极其困难，和瞎子奶奶

相依为命。每天，都是瞎子奶奶带着他去讨饭，为避难，他和奶奶住过山洞、地窖……

二是1985年，井冈山的石来发带着两个儿子去北京看望已是中组部副部长的曾志。当时，石来发家生活困窘，他的儿子石金龙就向奶奶委婉地提出能否帮忙解决个“商品粮”。话还未说完，曾志的脸色就沉了下来……收拾碗筷时，曾志说：“你看我们吃的都是农民种的，有田种，何苦呢？”应该说，在很长一短时间内，石金龙家对此事都很难理解。曾志临终前对石金龙说：“金龙啊，对你们家照顾不到，你能体谅奶奶吗？”直到这一刻，石金龙一家才真正理解了老人：老人不是不关心儿孙，而是身为一个老共产党员，她不能动用手中的权力为儿孙谋任何利益。

三是1987年，曾志回到井冈山小井。当车行驶到她曾担任党总支书记的小井红军医院时，她第一个抢先下车，一边喊着“同志们，我来看你们来了”，一边冲向当年伤病员牺牲的地方。在那里，她长跪不起，放声痛哭。她留下遗嘱，死后要把骨灰埋在井冈山，来陪伴这些战友们。1998年曾志去世后，便回到了战友们的身旁。

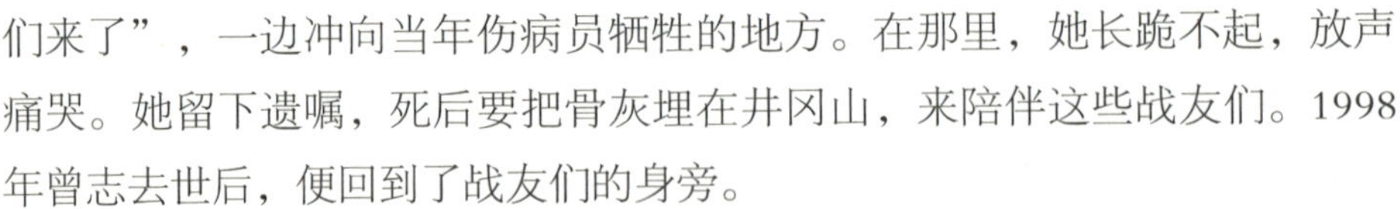

四是1992年7月20日，曾志在北戴河写下了《生命熄灭的交待》：我曾在写给中央的一份倡议信上签了名，即死后不开追悼会，不举行遗体告别仪式。除了上述这些，还不要在家里设灵堂。我死了，除陶斯亮和北京的家里人，在京外的，如志修……和北京的任何战友都不要通知。把我的遗体先交医院解剖，有用的留下，无用的火化……我的骨灰一部分埋在井冈山一棵树下当肥料，还留一点，放在家里的骨灰盒里，埋在白云山有手印的那块大石头下。埋下去，静悄悄的，决不要搞什么仪式……死后三个

月，由陶斯亮发一个讣告，并在报上登个消息，不要写简历生平……我上述所有愿望，请女儿陶斯亮尊重我的遗愿，照办。

故事还在讲着，同学们已眼含热泪。这是什么样的情怀？这是什么样的精神？感天动地！也许，只有曾志本人的话才能解读这一切："我不仅是一个女人，更是一名战士"，"我对我选择的信仰至死不渝，我对我走过的路无怨无悔"。

第四位接受访谈的是甘祖昌将军的女儿甘公荣。此前，我们已专门去过甘将军故居，了解了他"从农民到将军，又从将军到农民"的传奇一生和他夫人龚全珍的感人事迹。但他女儿甘公荣的讲述依然令我们感叹、感动——

爸爸甘祖昌是在去基层时，乘坐的汽车从十多米高的桥上翻了下去，受了重伤，留下了脑震荡后遗症。他感觉到自己如果继续在这个位子上待下去，只会影响工作，所以从1955年开始，他连续3年给新疆军区上呈报告，要求回乡当农民。

这之前，他还要求降过级。1954年，部队开展评定级别，为1955年推行军衔制做准备。当时我妈妈所在的新疆军区子弟学校也和部队同步评定，一些老师因为没有评到自己期望的级别而闹情绪。回到家，妈妈就和爸爸谈论起这个事情。爸爸说："我就有蛮大的意见。"妈妈觉得很奇怪，就问他："你有什么意见啊？"爸爸说："你猜他们给我评了什么？他们竟然给我评了个师级干部！我怎么能当师级干部呢？我干个连级干部就可以了，到营级就已经到头了。评师级干部我有意见，我不同意。"不久，他就向中央军委写了报告，要求降级，但是中央军委没有同意他的请求。

爸爸一向非常节省，那时他给自己规定：不吃超过一块钱的食物，不穿超过一块钱的衣服。有一次，妈妈买了一块钱的甲鱼想给他补补身子，当时是七毛钱一斤。结果，做好了端上来，他很生气，说这么贵，我不吃……后来妈妈就再也不敢买这么贵的菜了。爸爸年年养猪，年年卖给国家。叔叔们想过年杀个猪吃个肉，但在一起住了五年，也没有杀过猪，后来就干脆分家了。

有一次，爸爸去吉安买拖拉机，晚上去住旅馆，但是服务员告诉他没有房间了，爸爸说，那你就给我一张凳子、一点木炭，我在这里坐到天亮就行了。过了一会儿，又来了几个旅客，服务员却给他们开了房间。爸爸这时才明白，原来服务员是看他穿得这么烂，看不起他，觉得他没钱住店。后来，吉安市的领导知道爸爸来了吉安，去各大旅馆找都没找到，最后在这个小旅馆的角落里找到了爸爸。服务员听说这个穿得破破烂烂的老头就是大名鼎鼎的甘祖昌，吓坏了。这时，爸爸就对她说："小同志，不要看不起农民，农民是我们的衣食父母啊！"

爸爸是绝对不会利用自己的权力为我们找工作的。新疆解放以后，大哥去新疆找爸爸，以为爸爸可以给他安排一个好工作，没想到爸爸却说他没有文化，干不了什么技术活，还是让他在新疆种田，甚至比在老家时还辛苦。大姐在吉安卫校读书的时候想当兵，爸爸说，他不能出面去帮她，因为这里的指标很少，有不少烈士的子女也想当兵，还是让他们去吧！大姐就说，那我就去新疆报名。爸爸说，那也不行，新疆有新疆的指标，你插进去，不就打乱别人的征兵计划了吗？后来大姐只能自己去吉安报了名。有次爸爸带妈妈去吉安看病，吉安军分区的领导听说爸爸来了，就赶去看望他，并跟他说大姐报名参军了，想听听首长的意见。爸爸说："她想当兵我没意见，但是希望你们在体检的时候严格把关，看看她身体有没有什么问题。我知道她的眼睛有点近视，是不太合格的。"大姐听了这话，当时就被气哭了，说不指望你帮忙就算了，还到处宣扬我有近视眼。

妈妈健康时，每周去一次福利院，为孤寡老人做一些力所能及的事情，每两周到中小学为孩子们作一次爱国主义革命传统教育讲座；在每月20号之前，将捐助的郭小兰等5名贫困大学生生活费寄到她们手中。有病时，不住特殊病房，不用价格昂贵的进口药品。她经常说，能医则医，不能医则不要勉强，以免浪费国家医保资金。

妈妈还提前作了交代：逝世后，生前最后一个月的工资作为此生最后的党费，生前捐助的5名贫困大学生，要求子女们继续捐助到毕业；告诫子女们不能以将军后人名义，向党组织提任何要求。

……

肖小明老师打出了几段引语，很精当，就当作本文的结语吧——

共产党是这样的一个党，它是正确的，所以是光荣的和伟大的。它会犯错误，但是它总是能把错误改正过来。革命中是如此，建设中也会是如此。过去是如此，希望将来也是如此。

——陆定一

共产党人，革命利益高于一切，除了信仰之外，一切都是可以舍弃的，包括自己的鲜血和生命。因为，我不仅是一个女人，我更是一名战士。

——曾志

我们干革命绝对不是为了个人升官发财，也不是为了推翻一个剥削阶级再培植一个特权阶层。我们干革命为了解放全人类，实现共产主义。

——甘祖昌

31.2 教学评估

2016-6-6　上午　晴

除了远山偶尔的一点声响，教室里静得出奇。

中组部的教学评估正在进行中。

发放问卷，作说明……问卷设计很细，大家都一丝不苟，逐项作答。诸多选项，每项我都给了最高分——无丝毫讨好之意，有完全叹服之心。多么难得的三十天啊，我们都仿佛回到了纯真年代，像小孩子一样在真理的沙滩上追逐，时而拾到几块坚硬的石子，时而捡到几片美丽的贝壳，时而轻抚几株茂盛的水草……水气清新，海天辽远，一切都宛如故乡。“寻根之旅”、“补钙之行”，绝非虚言，而是烙在生命中的真实一页。

在建议的部分，我勾选了“教学形式更加丰富”的选项，具体说就是希望增加“主题辩论”的内容。墨子讲：“夫辩者，将以明是非之分，审治乱之纪，明同异之处，察名实之理，处利害，决嫌疑。”毛泽东在致谢觉哉的信中也谈到：“各去所偏，就会归于一是”。法国科学家普鲁斯特和贝索勒进行了长达九年的辩论，越辩越明晰，最终发现了定比定律。他后来激动地对贝索勒说：“要不是你的责难，我是难以深入去研究定比定律的。”我党创立时期的老党员邓中夏，更有过精彩之辩——1933年5月15日，邓中夏不幸在上海巡捕房被捕，一个国民党中央委员劝降说：“你是共产党的老前辈，现在受莫斯科那些小字辈的欺压，我们都为你不平……何必为他们牺牲呢？”邓中夏当即反驳道：“我要问问你们，一个害杨梅大疮到第三期已无可救药的人，是否有权讥笑那些偶感伤风咳嗽的人？我们共产党人从不掩盖自己的缺点错误，我们有很高的自信力，敢于揭发一切缺点与错误，也能克服一切缺点与错误。我们懂得，错误较诸于我们的正确主张，总是局部的，有限的。你们呢？背叛革命，屠杀人民，犯了不可饶恕的罪行，民心不可侮，你们注定失败，真正的日暮途穷了。”总之，我觉得真理越辩越明，辩论的过程就是学习的过程，甚至是更加深入学习的过程，辩论应该走入中井院的课堂。

接下来，是默写入党誓词。在专用纸上，我工工整整地写下了誓词——“我志愿加入中国共产党，拥护党的纲领，遵守党的章程，履行党员义务，执行党的决定，严守党的纪律，保守党的秘密，对党忠诚，积极工作，为共产主义奋斗终身，随时准备为党和人民牺牲一切，永不叛

党”，并郑重签下了自己的名字和日期。

默写，是一种重温，也是一种激活，更是一种燃烧。当我们在人生路上迷茫，或为世俗所累，或为得失所忧，想一想我们的入党誓词吧。回到初心，回到那最热切的要求——“全党同志要牢记自己的第一身份是共产党员，第一职责是为党工作。”

31.3 结班式

2016-6-6 下午 晴

下午是结班式。最不愿到来的，不得不到来的，最不想面对的，不得不面对的……多么希望它是开班式啊，因为我们已深深爱上井冈山，深深爱上中井院，深深爱上这里的红与绿……

14:30，全班高唱国歌：

起来！
不愿做奴隶的人们！
把我们的血肉，筑成我们新的长城！
中华民族到了最危险的时候，
每个人被迫着发出最后的吼声。
起来！起来！起来！
我们万众一心，冒着敌人的炮火前进！
冒着敌人的炮火前进！
前进！前进！进！

心潮澎湃，热血沸腾！

班长于海田代表全班汇报学习体会。一如平时的雄深雅健，他深情地回忆起这三十个日日夜夜：全班64名同学喝着井冈山的泉水，呼吸着茨坪镇的清新空气，读着毛主席的光辉著作，聆听革命先烈可歌可泣的事迹，走在井冈山的小道上，思索着……思索着……培训中，大家广泛讨论、深入钻研，既研究探讨了党在早期革命时期的历史经验，又结合当前形势和思想工作实际，交流自身的心得与体会。通过学习，大家提升了理论水平、开阔了发展视野，深刻感受到我们党的光荣和伟大，深刻感受到作为一名共产党人的责任和使命……

春容大雅，深切著明，言有尽而意无穷……心声啊，大家报以热烈而持续的掌声。

交旗！学习委员张西立将我们扛了一个月的班旗交回给学院副院长匡胜。此后，班旗将永久保存于学院，与岁月同行，和光阴并肩。这是特殊

的礼遇，更是郑重的嘱托——永远的中井院校友！

匡胜副院长发表了热情洋溢的讲话：时间真是快啊，开学的情景仿佛就在昨天。年轻干部班有几个特点：一是主题鲜明，目的明确。到这里来，就是来传承红色基因——伟大的井冈山精神、苏区精神，增添正能量、原动力的。二是形式多样，内容丰富。通过现场教学、课堂讲授等各种形式，让井冈山精神入脑入心。三是团结友爱，学风优良。不管是日晒雨淋，还是身体不适，大家都克服了困难，坚持完成了学业。四是运行平稳，效果良好。外出教学横跨大半个江西，社会实践时间长，但运行顺畅。现场教学时，很多同学都流下了眼泪……这得益于：一是领导重视。这是中组部直接交办、评估，学院着力打造的品牌班次。为了办好这个培训时间最长的班，我们的教学内容多次调整、充实、完善。二是班委、小组长尽心尽责，比较好地实现了自己管理自己。三是全体学员学习自觉，严格自律。我很高兴地了解到，很多同学下了课去图书馆借书，拿山调查适逢大雨无一人退缩……

匡副院长殷切期望同学们：一、做井冈山精神的传人。每个学员都要知行合一，在传播井冈山精神上负起更大的责任，在工作实践中给予更

好地落实。二、做学习的模范。每个学员都要带着感情走，带着使命走，担负更加艰巨的学习任务，要特别牢记习近平总书记的叮嘱——“中国共产党人依靠学习走到今天，也必然要依靠学习走向未来。我们的干部要上进，我们的党要上进，我们的国家要上进，我们的民族要上进，就必须大兴学习之风，坚持学习、学习、再学习，坚持实践、实践、再实践”。三、做优秀的校友。大家结业后，要继续关心学院。上井冈山伟大，下井冈山也伟大，重上井冈山更伟大，常上井冈山最伟大！

情切切，意殷殷。世上有一种教诲，叫老师的教诲……无私而直抵人心，有意而送君千里。掌声，哗哗哗……其中，匡副院长讲话中提到的息烽集中营里共产党人还坚持学习的故事，令人震撼。1938年11月，国民党反动派在贵州息烽设立了一座全国最大的关押、屠杀共产党人和爱国志士的秘密监狱“息烽集中营”，先后共关押1200多人，屠杀和折磨致死600多人，400多人下落不明，幸存者不足100人。人们熟知的罗世文、杨虎城、杨拯贵、宋绮云、小萝卜头、黄显声、马寅初等都曾囚禁于此。共产党员们在狱中建立了中共秘密支部，奋力争取阅读书报的权利——这些书报都是从共产党人身上搜下来的。在那里，至今保存着陈策写的反抗诗《天快亮的行凶》，宣灏抄写的海涅的诗歌，谭沈明用外文写的日记，冯鸿珊、李仲达、陈河镇、石作圣四个烈士坚持读书的借书卡……

紧接着，是院领导颁发结业证书环节。我们六个小组长作为代表，上台接过了由中央政治局委员、中组部部长、中国井冈山干部学院院长赵乐际签发的结业证书，并迅速分发给每个同学。大家轻轻打开，个个喜笑颜开……

全体起立，奏国际歌！最后，和我们朝夕相处的班主任朱荣兰深情话别：第四期的“番号”永不撤销，第四期的队伍永远向前，愿每位学员的生活像井冈山的竹子节节高，工作像黄洋界的日出喷薄而出，身体像主峰——五指峰一样挺拔伟岸！

32.1 第四期年轻干部党性教育专题研修班班级总结

淄博市委副书记　于海田

为期一个月的党性教育培训即将结束。5月7日，我们从五湖四海来到这里——神圣的中国井冈山干部学院，6月7日，我们将从这里走向四面八方——各自的工作岗位。

一个月来，在学院和各位领导、老师的精心组织安排下，通过不断的学习、考察、交流，既体验了火热的革命传统教育，又接受了深刻的党性修养教育和群众路线教育，净化了心灵、提升了境界、锤炼了党性、重铸了灵魂。学院和各位老师不辞辛劳、事无巨细、亲力亲为，为我们创造了良好的学习环境和氛围。班委会和各位组长尽心尽力组织活动、服务学员，发挥了应有作用。大家共同的感受是，这次学习培训既是学习充电之旅，也是红色革命之旅，更是寻根补钙之旅。

一个月来，全班64名同学满怀激情、共同学习、共同进步，结下了深厚的友谊。大家喝着井冈山的泉水，呼吸着茨坪镇的清新空气，读着毛主席的光辉著作，聆听革命先烈可歌可泣的事迹，走在井冈山的小道上，思索着……思索着……培训中，大家广泛讨论、深入钻研，既研究探讨了党在早期革命时期的历史经验，又结合当前形势和思想工作实际，交流自身的心得与体会。通过学习，大家提升了理论水平、开阔了发展视野，深刻感受到我们党的光荣和伟大，深刻感受到作为一名共产党人的责任和使命。

我们深刻感受到学院严谨的校风学风和一流的管理服务水平，总结起来，体会比较深的有以下几点：

一是教学内容丰富、水平精湛。学院为研修班安排了坚定信念增强党性、牢记宗旨为民造福、严明纪律为政清廉、实践锤炼健康成长四个专题教学，从井冈山的斗争讲起，深刻阐述了党的信念宗旨、优良传统，主题鲜明、主线清晰，既有理论内涵，更有实践特色，既有革命传统教育、党章党纪教育，也有领导修身为官之德等方面课程，对同学们今后工作生活具有很强的针对性、指导性。授课老师，既有深厚的理论素养，又有丰富的实践经验，老师们围绕政治、党性修养、如何当一个好干部、党风廉政建设等方面内容开展教学，事例鲜明、内容翔实，分析专业、讲解透彻，使同学们对很多问题的认识提升到了全新层面。通过认真学习思考，大家了解了井冈山斗争的曲折过程，认识了井冈山精神的丰厚内涵，重温了党奋斗历程中的苦难与辉煌，感受了先辈们的牺牲与奉献，加深了对中国特色社会主义道路的理解与自信，特别是对党中央十八大以来一系列战略部署要求和习近平总书记系列重要讲话精神有了新的认识和领悟，思想认识和理论水平有了新提高。

二是教学形式多样、特色鲜明。学院充分利用井冈山丰厚的红色历史资源，把专题教学、现场教学、体验式教学、访谈式教学、社会实践教学、激情教学、音像教学、党性分析、研讨自学等融为一体，展现了动态与静态相结合、感性与理性相统一的教学模式的独特魅力。学院安排了现场教学26次，专题学习20次，社会实践教学2次，体验式教学2次，学员论坛2次12人次，党性分析1次，激情教学1次，访谈式教学1次，音像教学4次，教学演出1次（长征组歌），分组讨论4次，联欢晚会1次，体育比赛1次，还安排了重点阅读书目和文章，可谓重点突出、丰富多彩。〔培训期间，学院先后组织参观瞻仰红色革命遗址30余处，使大家每天都沉浸在激情燃烧的革命岁月，沉浸在红色革命传统教育之中。同学们在井冈山革命烈士陵园学习革命先烈为理想信念无私奉献的崇高品质；在茨坪革命旧址群学习彭德怀顾全大局、光明磊落的伟大风范；在大井朱毛旧居学习何长工为

国为民做“长工”的高尚品格；在小井我们缅怀革命前辈，学习他们为革命信仰而战的高尚情怀；重走朱毛红军挑粮小道同学们体验艰苦奋斗、官兵平等；在新余罗坊会议纪念馆学习老一辈无产阶级革命家团结统一、顾全大局的高尚品质；在彭家州兴国调查旧址感悟“没有调查就没有发言权”的深刻意义；在秋收起义萍乡陈列馆、安源路矿工人运动纪念馆、工人俱乐部、总平巷、谈判大楼使我们认识到紧紧依靠工人阶级、夯实党的阶级基础、保持党的先进性的重要性；在三湾改编旧址群学习三湾改编民主实践、发扬社会主义民主作风；在工农革命军军官教导队（龙江书院）学习朱毛团结的典范；在茅坪八角楼学习马克思主义中国化的伟大开篇；在黄洋界哨口的学习使我们深刻认识了取得斗争胜利要紧紧依靠群众；在瑞金叶坪乡华屋小组蛤蟆岭红军烈士纪念亭学习革命烈士崇高的理想信念（十七棵松的故事）；在毛泽东作长冈乡调查纪念馆学习苏区干部好作风、关心群众生活。战争的硝烟早已散尽，艰苦的岁月也已远去，但每一处革命旧址、每一张老照片、每一段光荣历史，都是党艰难前行、披荆斩棘、夺取胜利的历史见证，也一次次让大家心潮澎湃、热血沸腾。〕

三是培训组织严密，学习氛围浓厚。学院对这次培训活动高度重视、全程关注，黎院长百忙之中亲临培训班开班式并作重要讲话，体现了组织对大家的关心与厚望。学院相关部门在教学内容、教学方法、教学管理等方面都做了严谨周密的部署，现场教学、专题讲座、学员论坛、分组研讨、社会实践、读书活动、文体活动等各项学习活动科学紧凑、环环相扣，真正使大家摒除杂念、全身心地投入到了学习中。实地教学辗转近两千公里，历时八天，班主任、老师、司机顶着极大的工作强度和压力，做了大量细致的服务工作，让大家深受感动。班委会认真组织学员完成各项学习活动和任务，发挥了模范带头作用。各位学员都倍加珍惜这次学习机会，严格遵守各项纪律规定，没有出现迟到早退、无故缺席教学活动等情况，在课余大家也抓紧一切机会加强交流、相互借鉴，形成了共同学习、共同探讨、共同进步的良好学风。特别是学员们非常热心集体事务，学习中互相关心、互相帮助，有任务踊跃上前、主动承担，始终保持了团结和谐的良好氛围。在此，我代表全体学员，对学院为我们付出的心血与汗水，表示深深的感谢和诚挚的敬意！

学员们一致认为，通过本次学习，大家在理想信念、精神境界、理论知识、能力素质等各方面都收获很大、进步明显。主要表现在以下五个方面。

一是爱党忧党兴党护党的党性修养得到提升。这次培训的主题是党性教育。面对复杂多变的国际国内形势和艰巨繁重的发展改革任务，加强党员干部特别是年轻领导干部党性教育显得更为迫切、更加重要。中国共产党人革命道路、法宝、传统、精神的源头在井冈山，先辈们对马列主义信仰的坚定，对群众观念、群众利益的坚守，对调查研究、实事求是、追求真理的坚持，是留给后人的一笔宝贵财富。尽管现在形势任务不同了，环境条件改变了，物质生产和生活条件有了极大改善，今天的我们不再像当年的红军将士那样历经腥风血雨，喝南瓜汤、盖“金丝被”了。但是我们党历史传承积淀下来的优秀革命传统不能丢，在长期的革命、建设实践中形成的鲜明党性原则不能变。大家一致反映，到井冈山干部学院是人生一次难得的学习机遇，通过对井冈山这段党的历史和井冈山精神、苏区精神的学习了解，不仅学到党的基本理论知识，更亲身感受革命战争的历史，感受无数先烈用鲜血和生命换来的今天的分量，感受传承井冈山精神、弘扬党的优良传统的责任，感受到铸造灵魂、增强党性、培养情操、加强修养的重要，真正找到了我们的根在哪里、路向何方，真正知道了共产党员应该是什么样子，明白了自己今后的努力方向。培训活动虽然结束了，但加强党性教育是终身必修课，只有真正把爱党、忧党、兴党、护党落实到学习工作生活各个环节，才能对得起党的信任和重托，确保革命先辈用鲜血和生命打下的红色江山永不变色。

二是听党话跟党走的理想信念更加坚定。井冈山精神的灵魂是“坚定信念、矢志不渝”。大革命失败后，井冈山的革命火种靠什么点燃了“工农武装割据”的燎原之火、照亮了中国革命的前程？为什么中国共产党能由弱到强、由败转胜？靠的就是千千万万拥有坚定信念的共产党人，为了改变积贫积弱的旧中国，为了推翻封建专制的反动统治，为了穷苦民众翻身的解放，在困难失败面前百折不挠，在诱惑挫折面前坚贞不屈，在奋斗历程中坚定了正确的政治方向。正如习近平总书记强调的，坚定的理想信念是共产党人的精神之“钙”，一个党员理想信念动摇，精神上就会缺钙，思想上就会蜕化变质，丧失对各种腐朽思想的免疫力，容易坠入腐败堕落违法犯罪的深渊。今天，在市场经济和改革开放的环境中，理想信念仍然必须坚定、绝不能动摇。作为一名党培养出来的领导干部，只有把坚定理想信念作为立身之本，牢记为人民服务根本宗旨，增强角色意识和政治担当，努力发扬优良作风，克服“四种危险”，坚定“三个自信”，才能成为一名合格的共产党员、合格的领导干部，才不会辜负组织的重托和群众的信任。

三是联系群众服务群众的宗旨意识更加牢固。井冈山精神之一是依靠群众求胜利。在瑞金“二苏大”旧址，毛泽东同志作出的“真正的铜墙铁壁是什么？是群众，是千百万真心实意地拥护革命的群众”的论断振聋发聩；在蛤蟆岭十七棵松前，根据地群众送子参军、誓死保卫苏维埃的壮举让人热血沸腾、倍感敬仰；在甘祖昌龚全珍事迹展览馆，老将军夫妇一生联系群众、服务群众，回乡务农、造福乡里的为民情怀和高尚情操，深深感动了大家。可以说，井冈山革命斗争时期，红军始终相信群众、依靠群众、同群众打成一片，真心实意为群众谋利益，这是革命根据地得以立足并发展壮大的根本原因。在此后的革命和建设年代，也正是我党始终与老百姓心连心、手牵手，同呼吸、共命运，才团结了千百万穷苦大众、战胜了各种艰难险阻，最终取得了伟大胜利。我们深刻体会到，只有人民群众才是创造历史的真正英雄，党的根基在人民、血脉在人民、力量在人民。随着党所处环境的不断变化，不同历史时期贯彻群众路线的形式、方法和手段虽然有所不同，但为人民服务的宗旨是一以贯之的，密切联系群众永远是党的工作一大法宝。密切联系群众，就要摆正与人民群众的关系，牢记党员干部作为人民公仆的位置，牢记一切权力属于人民、一切权力服务于人民，把服务群众、造福百姓作为最大责任；就要不断密切与人民群众的血肉联系，在思想上尊重群众、感情上贴近群众、工作上依靠群众，真正做到知民情、察实情、办实事、出实效；就要始终代表人民群众根本利益，认真倾听群众呼声、反映群众意愿，把群众满意作为一切工作的出发点和落脚点，着力解决好群众最关心、最直接、最现实的利益问题。

四是严明纪律、严守规矩、艰苦奋斗的思想防线更加夯实。用铁的纪律保障和维护人民群众利益，是井冈山斗争的重要保证。在荆竹山雷打石，诵读着三大纪律条文，大家深刻体会到，严明的纪律是革命取得胜利的坚强保障。贺子珍的弟弟长征时饿了几天，到寺庙拿铜钱违反了纪律，最终被处决，对比今天党内一些腐败现象，让人倍感痛心。今天我们进入全面建设小康社会的关键时期，社会安定祥和，物质生活丰富，对党员领导干部来说，没有了枪弹的威胁、没有了生死的考验，但“四风”问题禁而不绝的问题依然突出，面临的“四种考验”和“四种能力不足”的形势依旧严峻。这些年来处理的一大批党员干部特别是高级领导干部，就是在金钱、美色、名誉、地位这些糖衣炮弹的诱惑下迷失了自我，陷入了犯罪泥潭。“以古为镜，可以知兴替；以人为镜，可以明得失。”大家深深感到，作为年轻领导干部必须见贤思齐、见恶警惕，始终保持艰苦奋斗政治本色，认真遵守中央八项规定等要求，坚决克服享乐主义和奢靡之风，传承好老一辈不畏艰苦、无私奉献、勤俭节约办一切事情的优良传统；必须严守党的纪律规矩，在思想上政治上行动上与党中央保持高度一致，严格规范权力运行，严格执行党风廉政建设各项规定，做廉洁自律、遵纪守法的模范；必须恪尽党员职责、发挥先锋作用，自觉抵制歪风邪气，时刻注意防微杜渐，始终清白做人、干净做事。只有这样，才能经得住群众、组织和历史的检验。

五是实事求是闯新路的认识得到提高。井冈山斗争时期，敌我力量对比悬殊，革命条件异常艰苦。面对暂时的挫折，一些人对革命前途悲观失望。毛泽东同志敏锐地察觉到了这一思想问题，写下了《中国的红色政权为什么能够存在》和《井冈山的斗争》这两篇光辉著作，运用马克思列宁

主义基本原理，结合井冈山革命斗争实际，详细分析了中国革命的特点，科学论证了中国的红色政权存在和发展的原因以及工农武装割据思想，他大胆地预见：“不但小块红色区域的长期存在没有疑义，而且这些红色区域将继续发展，日渐接近于全国政权的取得。”由此，中国共产党人开辟了农村包围城市、武装夺取政权的革命道路，引导中国革命不断从胜利走向胜利。实事求是、敢闯新路，是井冈山精神的核心。今天，我们面临经济下滑、利益诉求多元等方面的巨大压力，如何解决好思想观念的突破、发展方式的转变、利益格局的调整、体制机制的创新等一系列重大问题，正需要大力弘扬井冈山精神，在实事求是中敢闯新路，在敢闯新路中推进改革发展事业顺利向前。实事求是是解放思想、敢闯新路的前提，它要求我们坚持一切从实际出发，什么时候坚持实事求是，党和人民的事业就会取得胜利，反之就会遭受损失甚至是严重挫折。

回顾一个月的学习生活，我们深深感受到学院领导和老师的重视与关心，是这次学习取得实效的关键。梅院长亲自参加我们的社会实践教学活动，匡胜院长亲自做我们班的带班领导，多次参加我们的学习、调研等活动，多次询问我们的学习生活等情况，让我们深受感动。组织员朱荣兰主任、联络员肖文初老师、评估员肖小华、唐海英老师全程参加我们的现场教学，无微不至地安排照顾我们的学习生活等事宜，不仅是我们学习的良师，也是我们生活中的挚友，让我们倍感温暖。各位任课教师的深厚理论功底、严谨的治学态度、深入浅出的讲解，让同学们心悦诚服，赢得了一次又一次的掌声。我提议，让我们以热烈的掌声对学院的领导、老师表示衷心的感谢！之所以取得良好的培训效果，这与同学们良好的学风和认真学习的态度是分不开的。同学们迅速完成从一个领导干部到学员的角色转换，珍惜机会，同学们的素养、博学，令我钦佩。

美好的时光总是短暂的，离别就在眼前，每当我想起班委各位委员、各组组长的认真负责，汪志军的诙谐幽默，摄影家杨春蕾、管建军、林青山为我们提供的一幅幅精美照片，章晓彬、杨凤屹、王凌宇、张建军等同学运动场上矫健的身影，彭勃、韩正、代永林、周忠科等同学那美妙的歌声，现场教学肩扛班旗的同学，挑粮小道上同学们相互鼓励的一幕幕，心中弥漫着浓浓的留恋和淡淡的惆怅。这里的点点滴滴，都会成为我们人生美好生活的记忆，我相信，我们虽天各一方，但我们的友情不曾远离。

井冈山精神是中国共产党人的精神家园，是全党全国人民从胜利走向更大胜利的力量源泉和制胜法宝。井冈山干部学院是年轻干部成长进步的摇篮和熔炉。“一月井冈行，一生井冈情。”这次学习培训虽然结束了，但践行井冈山精神永远没有终点。我们一定把这次学习成果带回去，立足本职岗位，大力弘扬井冈山精神，带头践行“两学一做”，不断提高能力水平，为实现中华民族伟大复兴中国梦作出应有贡献。

最后，代表即将卸任的班委和各位组长，感谢同学们对我们工作的支持、帮助和包容。向同学们致以真诚的祝福，祝大家工作顺利，万事如意，身体健康，阖家幸福！

注：为行文需要，笔记中略去了多数同学的单位与职务。现一并收录，以供参详。

中国井冈山干部学院第4期
年轻干部党性教育专题研修班学员名单

第一组（11人）：

田胜伟　西藏自治区纪委副秘书长、办公厅主任
于海田　山东省淄博市委副书记
龚景华　山西省高级人民法院审判管理局局长
林青山　广州民航职业技术学院党委副书记、纪委书记
罗长明　重庆市监狱管理局党委副书记、政委
张　剑　共青团陕西省委党组成员、纪检组长
穆范椭　水利部综合事业局总经济师
汪志军　深圳海事局党组副书记、纪检组组长
柳　军　国家食品药品监督管理总局综合司副司长
刘　敏　中国银行总行个人金融部副总经理
黄涛涛　中国电子系统工程总公司党委副书记兼纪委书记

第二组（10人）：

王凌宇　上海理工大学党委副书记、副校长
周泽光　北京市平谷区人民政府副区长
崔晓辉　河北省民族宗教事务厅副厅长、党组副书记
彭　勃　江西省委党史研究室副主任

柯继铭　四川新华发行集团副总裁、党委委员
杨学农　宁夏日报报业集团党委委员、副总编辑
李仲明　安徽省通信管理局副局长、党组成员
崔鹏伟　农业部人事劳动司副巡视员
高海潮　中核陕西铀浓缩有限公司总经理、党委副书记
高建光　天津报业印务中心主任

第三组（11人）：

高　琦　人力资源和社会保障部信息中心党委副书记
张西立　求是杂志社红旗文摘杂志社总编辑
周跃武　山西省人民检察院反渎职侵权局局长
付　磊　河南省委全面深化改革领导小组办公室专职副主任
边巴拉姆　西藏自治区高级人民法院党组成员、副院长
李　涛　新疆维吾尔自治区高级人民法院党组成员、副院长、政治部主任
刘连安　民政部地名研究所副所长
范东军　审计署哈尔滨特派办副特派员
王士华　河南省地震局党组成员、副局长
奚继兴　中航工业沈阳所党委书记
章晓斌　中国机械工业集团有限公司所属天津电气科学研究院有限公司党委书记、总经理

第四组（10人）：

李宜航　羊城晚报报业集团党委委员、管委会副主任，羊城晚报社副社长
华敬锋　公安部治安管理局副局长
包立杰　北方国际信托股份有限公司党委副书记、总经理

尹　达　湖北省恩施州委常委、宣传部部长

代永林　云南省委第五巡视组副组长

管建军　司法部司法鉴定科学技术研究所纪委书记

张建军　国务院国资委冶金机关服务中心副主任

杨春蕾　中证资本市场运行统计监测中心党委委员、纪委书记

胡贵良　华电金沙江上游水电开发有限公司总经理、党组书记

吴万雄　中国劳动关系学院副院长

第五组（11人）：

马　奎　中国移动通信集团云南有限公司董事会董事、董事长、总经理、党组书记、总会计师、通服公司总经理

张俊英　吉林省人大常委会研究室副主任

王文胜　中建装饰集团董事、总经理、党委副书记

王垂林　南方报业传媒集团党委副书记、总经理

徐华蕊　桂林电子科技大学党委常委、副校长

陈向阳　山东大学党委副书记、纪委书记

岳晓武　国土资源部执法监察局副局长

吴　洮　新疆生产建设兵团二师铁门关市党委常委、副师长

刘志红　中国建银投资有限责任公司党委委员、监事长

王成立　国核电力规划设计研究院副院长、党委委员

杨凤屹　内蒙古自治区食品药品监督管理局副局长、党组成员

第六组（11人）：

刘开树　贵州省科协副主席、党组成员

王　海　国家认监委信息中心主任

赵　辉　辽宁日报社党委常委、副总编辑、辽沈晚报社社长

马　翔　云南省工商行政管理局党组成员、副局长

白　静　甘肃省档案局（馆）副局（馆）长、党组成员

江　嵩　教育部社科中心副主任

陈　凯　福建海事局纪检组组长、党组成员

王喜凯　国家新闻出版广电总局机关服务中心主任

韩　松　中国工商银行四川省分行党委书记、行长

周忠科　神华鄂尔多斯煤制油公司党委书记

赵金文　现中远海运能源运输股份有限公司党委委员、副总经理

（以上排名不分先后）

后 记

从南湖摆渡人，到大国掌舵者，从仅有五十来人的小党，到拥有8750万党员的世界第一大执政党——中国共产党筚路蓝缕，百舍重茧，书写了“中国没有，世界上也未曾见到”的传奇。

“一个政党，如一个人一样，最宝贵的是历尽沧桑，还怀有一颗赤子之心”，习近平总书记多次寄语全党：不忘初心。

初心是什么？来路在哪里？基因何处觅？

不能说完全“一问三不知”，但不少时候的确是“水中月镜中花”。特别是脚步太快的时候，灵魂没有跟上，甚至走丢了……于是，会怨天尤人，会愁肠百结，会看不到彩虹，会忘了入党誓词那80个字的神圣。

“我离开你太久了，母亲！……我要回来，母亲！”当《七子之歌》再次唱湿眼眶，我背起行囊来到了“郴衡湘赣之交，千里罗霄之腹”的井冈山。

今年的5月7日至6月7日，在中国井冈山干部学院，我学习了整整720个小时。之所以要以小时计，是因为我珍惜在这里的分分秒秒，也确实是把常人喝咖啡的时间都用在了学习上，哪怕是最忙累的时候，也只是眯上几个钟头。这是职业习惯，更是被精神感召。

什么精神？井冈山精神，苏区精神，长征精神。它们，像高原呼唤我，像磁铁吸引我，像宝藏诱惑我……我仿佛回到了故乡，重逢了童年。世界睡去，大地寂静，先烈们向死而生，而我在竹林深处穿梭。

于是，我明白了：无论别人的潮汐多么喧嚣，都不如自己的心海一片蔚蓝；于是，我明白了：人民的利益至上，“如果不从全人类出发，只拘于目前小事，那么头发不仅要白，而且要掉光了”；于是，我明白了：人心是最大的政治，“共产党并不曾使用什么魔术，他们只不过知道人民所渴望的改变”；于是，我明白了：“真正的铜墙铁壁是什么？是群众，是千百万真心实意拥护革命的群众”；于是，我明白了：“敌人只能砍下我们的头颅，决不能动摇我们的信仰！因为我们信仰的主义，乃是宇宙的真理”……

我，作为中井院的一个学员，用心做了一点笔记，兼有零星的思考，现集纳成册，不胜惶恐。要感谢每一位授课的老师，他们才是本书真正的作者；要感谢学院领导和班主任朱荣兰、联络员肖文初，他们给了我写作的勇气；要感谢每一位同学，他们给了我无私的帮助；要感谢我在中国延安干部学院学习时的同学、福建省委党史研究室副主任黄玲，她帮我校正了所涉的全部史实；尤其要感谢中组部、广东省委组织部，他们给了我最宝贵的学习机会……

太多太多的感谢，在书里。谢谢你来读。

谢谢。

李宜航

2016年6月8日